Reinhold Messner, Bergsteiger aus Berufung und Neigung, wurde 1944 in Villnöss/Südtirol geboren. Dort leitet er – wenn er nicht gerade zu Kletterfahrten, Expeditionen und Vortragsreisen in alle Welt unterwegs ist – die von ihm gegründete »Alpinschule Südtirol«. Er hat in über 25 Jahren seiner Bergsteigerkarriere extremste Touren und Erstbegehungen in den Ost- und Westalpen, in den Anden und im Himalaja gemacht, von denen hier nur einige genannt seien:

1965 Erste Begehung der Ortler-Nordwand in der Direkten; erste Westalpenfahrt.
1966 Walkerpfeiler an den Grandes Jorasses.
1968 Eiger-Nordpfeiler, 1. Begehung.
1969 Andenexpedition; Droites-Nordwand, 1. Alleinbegehung; Philipp-Verschneidung an der Civetta, 1. Alleinbegehung.
1970 1. Begehung der Rupalflanke am Nanga Parbat (8125 m).
1972 Manaslu-Südwand (8156 m), 1. Begehung.
1974 Aconcague-Südwand (6959 m), 1. Begehung; Eigerwand in 10 Stunden.
1975 Hidden-Peak-Nordwand (8068 m) im Karakorum in Seilschaft.
1977 Expedition zur Dhaulagiri-Südwand im Himalaja.
1978 Mount Everest (8848 m) 8.5.78, als erster ohne Sauerstoffgerät.
1978 Besteigung des Nanga Parbat (8125 m) über eine neue Route, im absoluten Alleingang.
1979 Besteigung des K-2 (8611 m) in Rekordzeit.
1980 Alleingang auf den Mount Everest, ebenfalls ohne Sauerstoffgerät.

Reinhold Messner erhielt für seine alpin-schriftstellerische Arbeit im Laufe der Jahre mehrere Auszeichnungen: 1968 den Literaturpreis Premio Monti, 1975 den ITAS-Preis im Rahmen des Trento-Festivals und 1976 den Buchpreis des Deutschen Alpenvereins für das beste Sachbuch auf dem Gebiet der alpinen Literatur.

Hast Du auch so begonnen, Hans?

Von Reinhold Messner sind außerdem als Knaur-Taschenbücher erschienen:

»Die Herausforderung« (Band 3603)
»Die großen Wände« (Band 3622)
»Die Extremen« (Band 3651)
»K 2 – Berg der Berge« (Band 3674)
»Bergvölker im Himalaja« (Band 3702)
»Zurück in die Berge« (Band 3704)
»Der gläserne Horizont« (Band 3733)
»Sturm am Manaslu« (Band 3752)

Vollständige Taschenbuchausgabe
Droemersche Verlagsanstalt Th. Knaur Nachf.,
München/Zürich
Lizenzausgabe mit freundlicher Genehmigung der
BLV Verlagsgesellschaft mbH, München

Umschlaggestaltung Franz Wöllzenmüller, München
Satz Appl, Wemding
Druck und Bindung Ebner Ulm
Printed in Germany 8 7 6 5 4
ISBN 3-426-03638-X

Reinhold Messner: Alleingang

Nanga Parbat

Mit 104 zum Teil farbigen Abbildungen

Knaur

Hans im Glück

Die Einsamkeit ist eine Kraft,
die dich umbringt,
wenn sie unvorbereitet aus dir ausbricht;
die dich über deinen Horizont trägt,
wenn du sie für dich zu nützen verstehst.

Inhaltsverzeichnis

Nanga

Tike

Diamir

25 Jahre Nanga-Parbat-Besteigung

Die Selbstzerstörung des Sahib geht so weit,
daß er alles wissen will und dabei nichts mehr sieht;
daß er nur an die Technik glaubt;
daß er überall und immerzu einteilt;
daß er aus Furcht vor der Einsamkeit die Masse sucht
und dort vereinsamt;
daß er den Tod totschweigt
und immerzu denkt, denkt, denkt …

Dawa Tensing, Sherpa aus Pangboche

Nanga

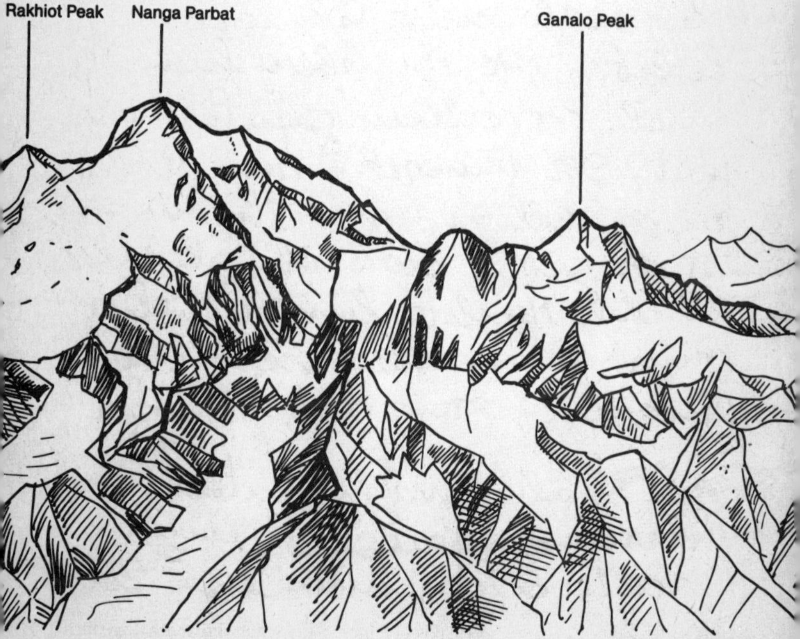

Ich kann es nicht, wieder nicht, meine Einsamkeit ist zur Verzweiflung angewachsen. Ich bin sicher, daß ich am Fuße des N.P. in besserer seelischer Verfassung sein würde, weiß jetzt aber auch, daß ich in meinem derzeitigen Zustand nicht bis dorthin komme. Es ist weniger die Angst vor der Tour, als vielmehr eine innere Leere, die mich mit Schmerz erfüllt. Nie im Leben habe ich mich so allein gefühlt wie jetzt. Der Wunsch, mit Uschi zu sprechen, mit ihr zu sein, ist so groß, daß ich gleich in die Nacht hinausgehen muß, um laut reden zu können, von ihr, zu ihr.

Ich habe mich entschlossen zuerst aufzugehen und nach die Schneelage zu

1973 beim ersten Versuch und 1978 bei meinem Alleingang führte ich Tagebuch.

Ich bin eine Steilstufe emporgeklettert, und oben, außer Atem, sehe ich, daß ich nicht wieder zurück kann. Ich bin wie gelähmt, schwitze, obwohl es kalt ist im Zelt. Rauhreif hängt an der düsteren Plane über meinem Gesicht. Ich sage etwas, rufe, aber ich höre mich nicht. Die Furcht, die mich anfaßt, erlebe ich körperlich. Ich möchte schreien vor Angst.
In einem Augenblick, während ich im Halbschlaf bestimmte, vorgedachte Kletterbewegungen vorausvollziehe, bin ich plötzlich allein. So allein, daß sich meine Bauchmuskeln vor Angst verspannen.
Die Wand, in der ich hänge, ist so groß, daß ich nicht bis zum Einstieg sehen kann. Die Tiefe unter mir ist ohne Boden.
Innerhalb von Augenblicken drückt mich die Furcht zu einem zitternden, kraftlosen Bündel zusammen. Ich will mich in die Wand verkriechen, weinen, nur nicht hinabsehen müssen. Meine Finger können sich nicht mehr festklammern, gehen auf, die Knie geben nach. Als ich die Augen schließen will, bleiben sie offen. Es ist noch Nacht, sogar durch die vereiste Zeltwand sehe ich die Sterne. Es dauert lange, bis ich mich entspannen kann. Dann massiere ich meine Arme und Beine.
Die ganze Verzweiflung, ich selbst zu sein, wirbelt durch meinen Körper. Obwohl ich mir nicht erklären kann, was meine Panik ausgelöst hat, hält der Zustand der Furcht an: der Furcht, da zu sein; der Furcht weiterzumachen; der Furcht, überhaupt ein Mensch zu sein. Es ist nicht die Furcht vor dem Absturz, die mich lähmt; es ist, als ob ich mir in diesem Alleinsein verlorenginge.
»Es hat keinen Sinn«, sage ich, »ich gebe auf«, und nicke gleich ein. Als ob ich mich zum Rückzug entschließen müßte, um schlafen zu können.
Um fünf Uhr morgens dann beim ersten Hellwerden der endgültige Entschluß: »Ich steige ab, fahre nach Hause.« Ich krieche tiefer in den Schlafsack und döse wieder ein. Die Ruhe in meiner Brust dauert nicht lange. Abermals sehe ich die Felspfeiler über mir aufgetürmt, die Diamirflanke des Nanga Parbat. – Dieser Name ist aus dem Sanskrit abgeleitet und bedeutet »Nackter Berg«. – Vielleicht sollte ich es doch versuchen. »Nanga solo«, sage ich mir, »aber was soll's?« Ich will absteigen und denke ans Weiterklettern, ans Höhersteigen. Ich lege meine Hände aufs Gesicht, trotzdem sehe ich, daß schon Tag ist. So oder so, ich muß hier heraus, bevor die ersten Lawinen kommen. »Ich muß aufstehen!« befehle ich mir.
Der endgültige Entschluß aufzugeben gibt mir die Kraft, mich im Schlafsack aufzurichten. Umständlich schäle ich mich aus der warmen Daunenhülle. Stöhnend hole ich die Schuhe herauf, die am Fußende

unter der Schlafmatte liegen. Ich greife hinein: eisstarr. Nochmals lege ich mich hin, nehme die Schuhe in den Schlafsack, um sie anzuwärmen. Ich spüre, daß all diese kleinen Handgriffe nur das Scheitern hinauszögern sollen. Ich muß es vor mir selbst rechtfertigen. Eine Zeitlang hantiere ich mit dem Höhenmesser herum. Es hilft nichts; das Wetter ist gut, nur viel Schnee in der Wand. Zum Kochen habe ich keine Lust. Warum sollte ich auch? In zwei Stunden bin ich unten im Grünen, und wenn ich mich beeile, ist der Firn noch hart. Unten finde ich Wasser und Holz.

Einerseits gefällt mir der Plan abzusteigen, gleichzeitig aber verachte ich mich dafür. Ich bin nur noch ein gequältes, zerrissenes Wesen: Ich will hinunter, beschäftige mich aber unablässig mit dem Aufstieg. Ich habe Angst; Angst vor der Angst, da oben die Einsamkeit nicht zu ertragen, mich aufzulösen. Ich bin ein einziger Zwiespalt aus Wunsch und Angst.

Plötzlich ein Krachen über mir. Irgendwo haben sich Steine gelöst. Ich höre, wie die Trümmer in riesigen Sätzen die Wand herunterspringen, vertiefe mich in die wechselnden Geräusche: ein Singen und Pfeifen in der Luft, das Einschlagen im Fels oder Eis, das Auseinanderspritzen der Splitter. Ohne es zu wollen und ohne mir dessen bewußt zu sein, krieche ich aus dem Schlafsack, öffne den Zelteingang. Ich schaue hinaus. Es ist hellichter Tag. Dort, wo die Steinlawine niedergeht, sind Staubwolken zu sehen. Zwischendurch kommen schwarze Punkte an die Oberfläche, Steinbrocken. Diese stürzen schneller, schlagen wieder auf, neue, dichtere Staubwolken aufwirbelnd ...

Links von mir, zwischen Mummery-Rippe und Kinshofer-Weg, ist die Wand vom Steinhagel bestrichen, lebendig. Ich weiß sofort, daß es mich nicht erwischen kann und richte meinen Blick gerade nach oben. Aus meiner Position erscheint mir der Weiterweg jetzt gar nicht so steil.

Über der spitzen Pyramide des Ganalo Peak ist der Himmel voller Morgenlicht. Die wirren Eiskaskaden des Diamagletschers liegen unter mir wie die Wogen in einem urplötzlich erstarrten Meer; weißblau die Gischt, schmutzig und schwarz die Löcher. Von hier aus kann ich erst recht übersehen, wie viele mühsame Umwege ich gestern machen mußte, um den Eisschlauch zu überwinden. Nun sehe ich die weiteren Etappen des Aufstiegs vor mir liegen. Vom Biwak hier unter der oberen Mummery-Rippe bis zum Gipfel wären es noch zwei oder drei Tage.

Wie eine Vision ziehen die Erlebnisse der vergangenen Tage noch einmal an mir vorüber: der Anmarsch durch das wüstenhafte Industal; der viele Schnee im hinteren Diamirkessel; meine ungeduldigen Akklimatisationstage am Wandfuß. Drei Träger hatte ich nur bis ins Basislager. Niemand, der unten wartet. Ob das Zelt noch steht? Während ich lese,

Erst nachdem ich aus dem Zelt gekrochen war, verflüchtigten sich meine Ängste. Während ich es abbaute, entschloß ich mich, doch noch weiterzugehen.

was ich vorgestern ins Tagebuch geschrieben habe, wird mir klar, daß ich erst gar nicht hätte einsteigen dürfen.
»1. Juni 1973. Es ist schon weit nach Mitternacht, ich kann nicht schlafen. Die wenigen Bissen, die ich beim Abendessen hinuntergewürgt habe, liegen mir im Magen. Ich denke an Uschi und werde dabei von Weinkrämpfen geschüttelt ... Sonderbarerweise werde ich das beklemmende Gefühl, das mir Hunger und Durst verschlägt, nicht los. Es ist nicht mein großer Plan, der mich nicht essen und schlafen läßt, es ist das Getrenntsein. Ich bin nicht im seelischen Gleichgewicht, um ein so großes Unternehmen sicher zu Ende führen zu können.«
»Heute ist der dritte Juni«, sage ich, während ich im offenen Zelt packe. Zwischendurch stecke ich den Kopf hinaus. Wie riesige Schutzwälle riegeln senkrechte Eisbrüche – Séracs – den Wandaufbau über mir ab. Das Licht darüber wechselt gerade von einem nachtwarmen Grau in das kalte Blau des Morgens. Als ob ich nur etwas tun muß, um wieder stark und mutig zu sein. Wenn ich schnell gehe, denke ich, bin ich in vier oder fünf Stunden so hoch oben, daß mich die Lawinen nicht mehr erwischen. Ich kann der Herausforderung nicht widerstehen. Der Himmel über mir ist weder bewölkt noch klar; er ist verschleiert. Auch der Gletscherstrom, der tief unten zwischen den steilen Wänden der Vorberge hinauszieht, ist jetzt grau. Er hebt sich kaum von den beiden Moränen rechts und links ab. Das Wetter, die Luft, das Eis – alles ist anders geworden über Nacht.

»Du mußt ja nicht.« Niemand zwingt mich. Ich will absteigen. Diese Angst im Bauch! Es ist, als ob sie auf und ab ginge in mir. Vom Kopf bis zum Bauch, vom Bauch bis zum Kopf.
Solange das Zelt noch steht, muß ich keine Entscheidung treffen. Ich kaue ein Stück hartes Brot. Während ich die Schuhe anziehe, den Reißverschluß am Anorak schließe, packt mich eine Welle von Angriffslust. Alles mache ich betont langsam, vorsichtig, als wolle ich dadurch Kraft sparen. Wofür nur?
Kurz vor dem Aufbruch bin ich wieder ruhig. Zwischen den zwei gegensätzlichen Kräften in mir scheint eine stille Übereinkunft zu bestehen: Es kann erst dann eine Entscheidung geben, wenn das Zelt abgebaut ist. Es ist nicht Lustlosigkeit, was mich lähmt; es ist die Angst vor dem Alleinsein, die beim Nichtstun, beim Abwarten aus mir ausbricht. Sie bringt mich um, wenn sie mich höher oben überfällt.
Als das Zelt eingerollt ist, binde ich es auf den prallvollen Rucksack. Einen Augenblick lang stehe ich da und starre auf das rote Bündel, das vor mir im Schnee liegt, so, als ob darauf stünde, wohin ich zu gehen habe. Es ist niemand da, der mir die Entscheidung abnimmt, niemand, der ja oder nein sagt, nickt oder den Kopf schüttelt. Kein Gesicht, keine Augen, kein aufmunternder Blick.
Warm angezogen bin ich. Der einteilige Sturmanzug, den ich als äußerste Schicht trage, gibt mir sogar das Gefühl von Geborgenheit. Nur die Füße sind noch kalt. Die Hände sind in Daunenfäustlinge eingepackt. Ich spüre Schweiß zwischen den Fingern. Noch trage ich keine Schneebrille. Auch die Mütze habe ich in den Rucksack gesteckt. Meine Haare sind lang und dicht. Mein Zögern empfinde ich jetzt nicht mehr als Schwäche, es ist wie ein tiefes Durchatmen. Erst als ich den rechten Trageriemen des Rucksacks fasse, um das 20 Kilogramm schwere Bündel auf die Schultern zu schwingen, weiß ich endgültig, was ich will. Ich will aufwärts klettern, so bis auf 6500 Meter. Von dort komme ich noch an einem Tag zurück, denke ich, und: Noch ist die Lawinengefahr nicht groß. Mit einigen Bewegungen bringe ich den Rucksack in angenehme Position, nehme dann den Eispickel auf und gehe ein paar Schritte.
Es ist inzwischen heller geworden. Die Farben am Himmel sind gespenstisch, changieren zwischen violett und grau. Zuerst steige ich entschlossen, so wie jemand, der weiß, was er will. Der Firn ist hart. Er trägt, und doch kann ich ihn mit den Rändern der schweren Bergstiefel ritzen. Ich denke nicht daran, die Steigeisen anzuziehen. Die Felsen am Beginn der Mummery-Rippe scheinen trocken zu sein. Mit dem An- und Ausziehen der Steigeisen würde ich nur unnütz Zeit verlieren. Es geht mir wieder gut, ich bin vergnügt.
»Was kann mir schon passieren?« Wie war es nur möglich, daß die

Als ich im Juni 1973 von Gilgit nach Rawalpindi zurückflog, kam ich unmittelbar am Nanga Parbat vorbei. Die Diamirflanke stand in ihrer ganzen Steilheit da. Ich war damals nur bis an den Fuß der Mummery-Rippe (unterster Bildrand) gekommen.

ganze Nacht lang Ängste durch meinen Körper strömten? Plötzlich merke ich, daß ich abwärts gehe, Richtung Eisschlauch, Richtung Basislager. Aber ich wollte doch, ich hatte mich doch entschieden, ein Stück ... Mein Körper geht, wohin er muß, und ich lasse mich gehen.
Die Strecke, für die ich gestern beim Aufstieg einen vollen Tag gebraucht habe, bewältige ich im Abstieg in wenigen Stunden. Ich springe über Spalten, balanciere über Eisbrücken, zwischendurch laufe ich, das Gesicht talwärts gerichtet, über flachere Eishänge. Den Weg finde ich leicht. Noch bevor die Sonne kommt, sitze ich im Basislager.
Die konkave Wand wirkt jetzt am Morgen kleiner. Trotzdem sieht sie

Mummery, einer der fähigsten Alpinisten Großbritanniens, hat den Nanga Parbat für die Bergsteiger entdeckt.

wie eine riesige Mauer aus, als Abschluß an das Ende des Tales gestellt, eine Sperre für immer und für jedermann. Die felsigen Schultern links und rechts des Hauptgipfels sind leicht gekrümmt. Scharf stehen sie gegen das schwarze Blau des Himmels. Von einer Sekunde zur nächsten wechselt das Licht. Eine Wolke hat sich vor die Sonne geschoben, und im Nu ist alles wie in Eis erstarrt. Unwillkürlich erschaudere ich. Ich muß an den Abstieg im Jahre 1970 denken. Nach dem Aufstieg über die Rupalwand mußten wir hier herunter. Mein Bruder Günther war langsamer, und ich suchte den Weg. Wie oft wollte ich aufgeben beim Abstieg durch diese Wand! Liegenbleiben, nicht mehr weitermachen. Drei Tage lang mühten wir uns ab. In den 4000 Höhenmetern vom Gipfel bis hierher gab es ausweglose Situationen genug. Aber wir kamen durch. Und dann ist es passiert: Am obersten Diamirgletscher erfaßte Günther am Wandfuß eine Lawine.
Inzwischen habe ich diese Erlebnisse verarbeitet; nicht verdrängt, bewältigt. Sie gehören zu mir, zu meinem Leben. Seit 1971, seit ich bei einer Suchexpedition alles wiedergesehen habe, weiß ich, daß es so sein mußte. Auch wenn man meinen Bruder nie wird finden können. Damals wurde ich oft von schlimmen Träumen geplagt, nachts, beim Anmarsch, im Basislager. Ich sah Günther, wie er mir am Gletscher entgegenkroch. Über den Schrecken und die Freude, ihn gefunden zu haben, wachte ich auf. »Schicksalsberg« nennt man den Nanga Parbat.

Welzenbach hat ihn im deutschen Sprachraum populär gemacht.

Albert Frederic Mummery hat hier bereits 1895 den ersten Versuch unternommen, im zentralen Wandteil hochzuklettern. Es war der erste Sturm auf einen Achttausender überhaupt. Zunächst studierte er vom Rupaltal aus die Südseite des Nanga-Parbat-Massivs, eine ungeheure, 4500 Meter hohe Steilflanke. Dann wurde das Basislager in das Diamirtal verlegt. Von hier schritt Mummery zuerst mit zwei, dann mit einem Gurkha-Träger zum Angriff, und zwar direkt hinauf zum Hauptgipfel. Über eine steile Felsrippe stiegen sie ein gutes Stück empor. Da wurde Ragobir, sein Begleiter, bergkrank. Rückzug. Wenig später blieb Mummery mit zwei Gurkhas beim Versuch, die Diamascharte im Nordgrat des Nanga Parbat zu überqueren, verschollen. Die Suche nach ihm war erfolglos.

Seit Mummerys Verschwinden blieb es ruhig am Nanga Parbat. Nach wie vor donnerten die Lawinen von seinen riesigen Flanken, heulten die Stürme um seinen einsamen Gipfel. Die abergläubischen Bauern spannen ihre Legenden um jene riesenhafte Erscheinung, die sie nicht zu fassen vermochten. Niemand dachte mehr daran, einen Weg zum Gipfel zu suchen. Im Jahre 1913 umwanderte ihn der englische Reisende Candler, aber dem eigentlichen Bergmassiv blieb er fern. Ein Jahr später kam der unermüdliche Himalaja-Pionier Dr. Kellas zum Nanga Parbat, reiste aber wieder ab, ohne ihn versucht zu haben.

Anfang 1930 faßte Dr. Willo Welzenbach den Plan, den Nanga Parbat zu

besteigen. Er ging dabei von der Annahme aus, daß der Nanga Parbat der leichteste Achttausender sei. Ebenso wie Mummery wollte er den Berg von der Diamirseite besteigen. Es kam nicht soweit.
Anstelle des hervorragenden deutschen Alpinisten Willo Welzenbach, der aus beruflichen Gründen verzichten mußte, übernahm 1932 Willy Merkl die Leitung einer neuen Nanga-Parbat-Expedition. Merkl wählte die Nordseite des Berges für seinen Angriff. Der Versuch erstickte im tiefen Neuschnee. Allerdings war Merkl überzeugt, nunmehr die ideale Route gefunden zu haben, und zwei Jahre später stellte er eine Riesenexpedition auf die Beine: neun Bergsteiger, ein Hauptlagerverwalter, drei Wissenschaftler und zwei Transportoffiziere, dazu 35 der besten Sherpas und 500 Träger! Rasch wurden vier Lager errichtet. Trotz eines tödlichen Zwischenfalls – Alfred Drexel starb an akuter Lungenentzündung – machte die Expedition weiter. Am Silberplateau, knapp unterm Gipfel, überraschte sie beim Schlußangriff der Schneesturm. Rückzug. Drei Sahibs – Wieland, Welzenbach, Merkl – und sechs Sherpas starben an Erschöpfung.
1937 verschüttete eine Lawine das Lager unter dem Rakhiot Peak und 16 Menschen. Eine kleine Expedition, die unter Führung von Paul Bauer nach Indien geflogen war, konnte nur noch einen Teil des zerstörten Lagers ausgraben und Tagebücher bergen. 1938 wurde sogar eine in Srinagar stationierte dreimotorige Junkersmaschine für den Lastentransport eingesetzt.
Am Mohrenkopf fanden Bauer und seine Expeditionskameraden die Leichen von Merkl und seinem Träger Gay-Lay. Sie brachen das Unternehmen ab. Trotz des gewaltigen Aufwands und des Wunsches, die Hakenkreuzfahne auf den Gipfel des Nanga Parbat zu pflanzen, war der Erfolg bescheiden.
Schon begann man dieses aufwendige System zu diskutieren: »Der Bergsteiger vertraut im wesentlichen auf Pickel und Seil. Wohl lassen sich die Grenzen des Erlaubten, des sportlich Zulässigen, nicht ganz starr halten; aber es gibt ein gesundes Empfinden, das dem wahren Bergfreund sagt, wo er haltmachen muß. In der englischen Bergsteigerei hat sich schon eine Gegenbewegung gegen die allzu umfangreichen, allzu kostspieligen Everest-Fahrten eingestellt; die Geschichte der deutschen Himalaja-Fahrten zeigt die umgekehrte Entwicklung. Sie begann mit der gerade wegen ihrer Einfachheit berühmt gewordenen Fahrt auf den Kanchendzönga, den Kantsch, im Jahre 1929 und endete mit dem Riesenaufgebot am Nanga Parbat im Jahre 1938. Vielleicht war das keine echte bergsteigerische Entwicklung.
Das Ringen auf dem Nanga Parbat war ja längst nicht mehr das freie Abenteuer einer wagemutigen Freundesschar; schon allein der Geldauf-

wand zeigte, daß es zu einer Sache des damaligen deutschen Staates geworden war.«
1939 wurden die alte direkte Mummery-Route und ein Weg über den Nordgipfel an der Diamirflanke erkundet.
Eine kleine Expedition mit Peter Aufschnaiter und Heinrich Harrer gab wegen Lawinengefahr und Steinschlags auf. »Nicht nur die technischen Schwierigkeiten, auch die objektiven Gefahren dieser Wand sind bedenklich.«
Die »Willy-Merkl-Gedächtnis-Expedition 1953« hat das vollbracht, was zwei Bergsteiger-Generationen in Deutschland erträumten: Der Nanga Parbat wurde bezwungen! Dem Tiroler Hermann Buhl gelang das schier Unmögliche. Dr. Herrligkoffer hatte in seiner ungewöhnlichen Hartnäckigkeit die Finanzierung und Organisation gegen alle Widerstände durchgesetzt. Die Mannschaft arbeitete bis auf 6900 Meter hart und schuf so die Voraussetzung für Hermann Buhls Gipfelangriff: Rund 1400 Höhenmeter ohne Sauerstoffgerät, von 2 Uhr nachts bis 7 Uhr abends, zum Teil schwere Felskletterei, etwa 40 Stunden in der Todeszone, das war eine Leistung, für die es keinen Vergleich gibt.
Zwischen 1895 und 1953 wurden insgesamt über 200 Expeditionen in den Himalaja und Karakorum organisiert und nur drei Achttausender bezwungen. Die damaligen Bergsteiger besaßen Ausdauer und bewundernswerten Mut, aber die Ausrüstung war schwer und die Erfahrung noch gering. Erst nach dem Zweiten Weltkrieg kamen Seile, Kleider, Schlafsäcke, Zelte aus synthetischen Fasern, dazu Haken, Karabiner, Sauerstoffapparate und Steigeisen aus Leichtmetall. Im Laufe von nur 15 Jahren wurden alle 14 Achttausender bestiegen.
Abgesehen vom technischen Fortschritt, von der Entwicklung der Klettertechnik und der modernen Verkehrsmittel, folgten alle Himalaja-Expeditionen der von Saussure bei der Montblanc-Besteigung 1787 angewandten Taktik: Um Kräfte und Zeit zu sparen, benutzten die Bergsteiger qualifizierte Hochträger aus den einheimischen Stämmen wie Baltis, Gurkhas, Hunzas, Sherpas. »Die Lösung der Probleme im Himalaja bedingt andere Voraussetzungen als die Bezwingung unserer Ost- und Westalpen. Denn es ist ein Unterschied, ob man alle seelischen und körperlichen Kräfte auf Tage oder auf Monate zusammenfassen muß. Im Himalaja handelt es sich nicht so sehr um die augenblickliche Stoßkraft einer ungeheuren Willensanstrengung, wie sie oft für die schwierigsten Wände unserer Alpen ausschlaggebend ist, als vielmehr um ein stetiges Ausharrenkönnen, um ein ständiges Bereitsein zum Kampf. Was im Himalaja entscheidet, ist das Zusammenwirken gleichgesinnter

* Rudolf Skuhra: »Sturm auf die Throne der Götter« (S. 190)

Charaktere, ist die Gemeinschaftsarbeit, die nicht dem persönlichen Ehrgeiz, sondern einzig dem großen Ziel dient.«*

Wie oft habe ich das alles gelesen. Mir gefiel es nicht. Ich selbst war immer zu sehr Individualist gewesen, um mich mit diesem System anfreunden zu können. Deshalb gelang es mir früher auch nicht, die Faszination der Achttausender zu enträtseln; bis zu dem Tag, an dem ich den Nanga Parbat sah. Er war der erste Achttausender, den ich bestieg.

Später sah ich die Annapurna, den Dhaulagiri, bestieg den Manaslu, sah den K2**, den Broad Peak und wieder den Nanga Parbat. Nun erst zog mich das Geheimnis endgültig an, und ich dachte, daß es in nächster Zukunft möglich sein müsse, Achttausender in Seilschaft oder allein zu besteigen und zwar ohne Hochträger, ohne Lagerkette, mit so alltäglichen Mitteln wie Seil, Pickel und Zelt. So würden Expeditionen aufhören Materialschlachten zu sein, und die Geheimnisse würden bleiben.

Meist begreifen die vielen Bergsteiger nur das Ausmaß des Wagnisses, die ungeheure neue Möglichkeit der Gefahr, die diese Art von Abenteuer mit einschließt; das Berauschende der Möglichkeit ist ihnen unzugänglich.

Die riesigen Dimensionen des Himalaja erlauben es nicht, den Gipfel vom nächsten Dorf zu stürmen, wie etwa den Montblanc von Chamonix aus. Träger und Hochträger waren nach Meinung der Himalaja-Pioniere unbedingt notwendig. Ohne sie war von vornherein alles zum Scheitern verurteilt. Aber je größer die Zahl der Teilnehmer, der Hoch- und Anmarschträger, desto länger die Vorbereitung des Endsturms, um so teurer und umständlicher die Expedition. Es ist ganz natürlich, daß Versuche folgten, die mit der klassischen Tradition mehr oder weniger brachen. 1954 bezwangen die Österreicher Herbert Tichy, Sepp Jöchler und Helmut Heuberger den 8189 Meter hohen Cho Oyu mit vier Zwischenlagern und elf Hochträgern. 1957 bestiegen die Österreicher Markus Schmuck, Fritz Wintersteller, Kurt Diemberger und Hermann Buhl den Broad Peak, 8047 Meter hoch, mit nur drei Zwischenlagern und ohne Hochträger. Es sollten aber 18 Jahre vergehen, bis ein Achttausender im reinen Westalpenstil möglich wurde. Im August 1975 stieg ich mit Peter Habeler nach einer zwölftägigen Akklimatisation ohne Hochträger, ohne Zwischenhochlager, ohne Sauerstoffgerät auf den 8068 Meter hohen Hidden Peak.

Was noch fehlte, war der Achttausender im Alleingang, die letzte Auseinandersetzung Mensch-Berg: ein Mensch und ein Achttausender.

Schon 1929 hatte der junge Amerikaner Farmer im Alleingang den

* Willy Merkl: »Ein Weg zum Nanga Parbat« (S. 183)

** Besteigung am 12. Juli 1979, zusammen mit Michael Dacher

Kantsch versucht, 1934 der Engländer Wilson sogar den Mount Everest. Sie kamen beide nicht zurück. Wieder schaue ich hinauf in die Diamirflanke. Ich bin zwar zurück, aber ich war noch nicht ganz oben. Die Herausforderung bleibt. Eine Idee läßt sich nicht totdenken.

»Diamir« oder »Nanga Parbat« nannte schon Adolf Schlagintweit 1856 diesen Berg. 125 Kilometer nördlich von Kaschmirs Hauptstadt Srinagar erhebt er sich als westlicher Eckpfeiler des Himalaja. Neben dem K2 und dem Mount Everest ist er der bekannteste Achttausender. Unter dem Kaschmiri-Namen Nanga Parbat kennt ihn im Himalaja jedes Kind. Weniger gebräuchlich ist sein anderer Name: Diamir – König der Berge. Fast 7000 Meter ragt er im Norden über das nahe, wüstenhaft trockene Industal auf. Von meinem Standort sieht er aus wie eine Fledermaus.

Der konkave Mittelteil der Wand ist von Eiskaskaden durchsetzt. Wie eine umgekehrte Treppe liegen sie übereinander. 100 und 200 Meter hoch brechen die Eiswülste senkrecht ab. Diese Séracs kalben fast täglich, das heißt, von ihren Rändern brechen Eisstücke ab. Das macht den Aufstieg im unteren Wandbereich zu einem russischen Roulette. Im halbrunden Kessel am Wandfuß nämlich sammeln sich alle Lawinen. Und dort gibt es kein Entkommen. Eislawinen sind in der Diamirflanke an der Tagesordnung. Nur wenige Felsrippen, Inseln gleich, ragen aus der senkrechten Schneewüste.

Ich habe mir geschworen, es nie wieder zu versuchen. Und doch läßt mich die Idee noch nicht los. Ich lege die Sonnenbrille zur Seite und blicke hinauf zum fein gezeichneten und zugleich furchteinflößenden Gipfel. Was ich sehe, ist weit weg und doch so nahe. Ich könnte irre werden an der Unfähigkeit, die wahren Dimensionen zu erkennen. Ich weiß wirklich nicht, wie groß er ist, dieser Nanga Parbat.

Ein Drittel der Höhe hatte ich vielleicht, und es war nur ein Tag bis dorthin gewesen. Von meinem Basislager aus wirkt die Mazenomauer fast so mächtig und ebenso hoch wie die Diamirwand. Und doch, ich weiß es, fehlen ihr 1000 Höhenmeter auf den Nanga-Parbat-Gipfel, und 1000 Meter in der Todeszone sind viel. Schon die Mazenowand ist dreimal so hoch wie die Droites-Nordwand im Montblanc-Gebiet, die als die wildeste unter den großen Alpenwänden gilt.

Die natürliche Arena im Diamirtal ist so mächtig, daß man nicht alles fassen kann. Es fehlen die Vergleiche. Wer kann sich schon zwei Eiger-Nordwände übereinander vorstellen? Hier aufgetürmt reichten sie nicht bis zum Gipfel des Nanga Parbat. Dabei ist mein Basislager schon höher als der Eigergipfel. Langsam wird es Nacht. Immer, wenn ich ein Stückchen gehe und die Luft schnuppere, im feinen Abendwind jetzt, kann ich die Dimensionen spüren. Der Berg kommt mir so unendlich groß vor. Und wieder kann ich nicht daran glauben, daß er von einem allein zu

schaffen ist. Alles scheitert an meinen Ängsten, an der Unfähigkeit, das Alleinsein im schier Unendlichen zu ertragen.
»Morgen werde ich heimgehen«, tröste ich mich, »vielleicht werde ich nie mehr wiederkommen.« Mit den ersten Sternen über den Gipfeln wirken die Berge gläsern und kalt. Die braunen Waldrücken am westlichen Horizont sind eingefaßt von den mattweißen Firnkuppen der Mazenoausläufer und der Ganalorücken. Von dort bin ich gekommen. Einige Tage Fußmarsch, Hitze, Staub, und ich werde in Gilgit, auf der nächsten Flugpiste sein.
Die beiden Burschen, die sich mir als Träger für den Rückmarsch angeboten haben, sitzen zwischen drei Steinmäuerchen und trinken Tee.
»Tschai?« fragen sie mich.
»Tike«, sage ich und geselle mich zu ihnen. Am Lagerfeuer der Träger spüre ich die schicksalergebene Ruhe der Asiatenseele. Ihr starker Glaube an das Unabänderliche ist ohne die zerpflückenden Fragen nach der Kausalität alles Geschehens. Was sind dagegen mein Sinn für Tatsachen und die Fähigkeit zu logischem Denken?
Erst spät erheben wir uns vom verglimmenden Feuer und tappen aus dem Lichtkreis dem Zelt zu. Hoch oben am Gipfelgrat des Nanga bricht der Mond durch die ziehenden Wolken.
Im Eilmarsch geht es zurück. Zwei Tage später schon bin ich in Gilgit. Ich gehe ins Dorf und schicke ein Telegramm an meine Frau. Als ich das Büro verlasse, bewegen mich Gedanken und Gefühle, die mich bisher wohl nur im Unterbewußtsein begleitet haben: Uschi in München, nicht mehr in Villnöß, nicht mehr bei mir ...
Im Stadtbüro der PIA will ich den Flug nach Rawalpindi buchen; dabei erfahre ich, daß die Maschine, die mich nach Gilgit geflogen hat, bei der Rückkehr eine Bauchlandung machen mußte und nicht mehr einsetzbar ist.
»Es kann einige Zeit dauern«, sagt der Mann im Office. Wenn ich alleine – ohne Uschi – durchs Industal zurückfahre, werde ich verrückt; also versuche ich zu warten.
Der Nachmittag ist stürmisch, es ist bewölkt; ich beginne zu lesen. Es gelingt mir nur zeitweise. Auch schlafen kann ich nicht. Uschi beschäftigt mich so sehr, daß ich versuche, mir über meine Beziehung zu ihr ganz klar zu werden.
Diese Expedition hat mir deutlich gemacht, daß ich im Grunde auf alles verzichten kann, nur nicht auf sie. Sie ist der einzige mir ganz vertraute Mensch, und wenn ich daran denke, daß sie vielleicht nicht mehr da ist, bin ich verzweifelt, leer. Ich weiß, daß ich das Maß an Liebe, das ich für sie empfinde, nicht zeigen kann. Durch die Trennung erst wird mir das klar.

Wider Erwarten kommt einen Tag später die erste Maschine. Ich atme auf. Wir können fliegen.
Auf einmal sehe ich, in weiter Ferne, den Gipfel des Nanga Parbat über den Wolken. Der Pilot hält genau auf ihn zu. Dort der Rakhiot Peak und daneben der Mohrenkopf; unmittelbar darüber der Silbersattel. Hier, in 7500 Meter Höhe, liegt das Plateau, ein Gletscher von mehreren Quadratkilometern Ausdehnung, wo 1934 die Tragödie begann. Über diese Fläche war die Spitzengruppe vorgedrungen. Der Gipfel ist von dort noch weit! Ein schmaler Firn- und Felsgrat führt zum Vorgipfel hinüber, der in die Bazhinscharte abbricht. Dahinter der Hauptgipfel – eine firngekrönte Pyramide. Nach allen Seiten fällt sie mit dachziegelartig geschichtetem Fels ab. Der untere Teil des Massivs steckt im Nebel, aber oben ist alles frei. Wir fliegen über den Grat nach Süden. Plötzlich haben wir die Diamirflanke zur Linken. Alles in mir zittert. Ich bin nicht aufgeregt, etwas geht durch mich hindurch. Ich spüre, daß ich mit dieser Wand Kontakt habe, auch durch die Scheibe des ovalen Flugzeugfensters hindurch, über die vielen Kilometer hinweg. Ich bin völlig in ihr drinnen, und sie kommt in mich hinein. Ich weiß, daß ich wiederkehren werde. Eine seltsame Kraft läßt mich aufstehen. Ich höre, wie jemand »tike« sagt. Dann bin ich wieder ich selbst.
Über die Vorberge gleiten wir nach Süden. Unverwandt schaue ich zurück. Der Nanga ist nicht mehr zu sehen.

Die schwarze Einsamkeit

Fast genau vier Jahre später, 1977, bin ich wieder auf dem Weg zum Nanga Parbat. Diesmal ist mein jüngerer Bruder Hansjörg dabei. Er ist mehrere Monate lang durch Indien gezogen und hat sich dann in Kathmandu meiner Dhaulagiri-Expedition angeschlossen. Auf der Heimreise wollen wir noch einen Abstecher zum Nanga Parbat machen. Die Idee vom Achttausender im Alleingang ist immer noch in mir lebendig. Dies ist mein dritter Anlauf.
Hatte ich beim zweiten Versuch den Broad Peak ins Auge gefaßt, so will ich jetzt wieder zum Nanga, aus technischen und emotionalen Gründen. Die Felspfeiler und geschlossenen Eiszungen reichen am Nanga Parbat bis in die grünen Talsohlen hinab; die Spaltensturzgefahr ist deshalb gering. Trotz der Tatsache, daß der Höhenunterschied vom Wandfuß bis zum Gipfel an diesem Achttausender größer ist als bei den meisten anderen, habe ich immer noch das Gefühl, daß dies *der* Berg für einen Alleingang ist. Rational gibt es sonst keine Gründe, emotional aber gibt es keinen Zweifel.

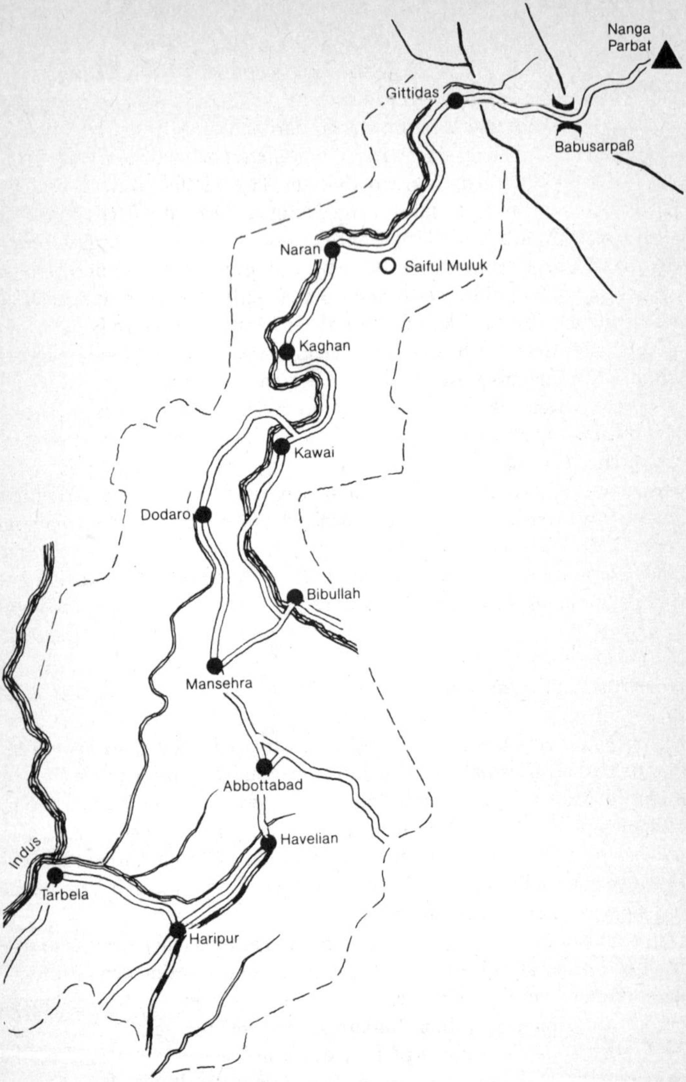

Bei meinem zweiten Anlauf zu einer Alleinbegehung des Nanga Parbat, 1977, kam ich nur bis Naran. Im Kaghantal schon zwang mich die Angst vor der Einsamkeit, aufzugeben.

Diesmal komme ich nicht einmal so weit wie die beiden ersten Male. Bei der Fahrt durchs Kaghantal überfällt mich eine so starke Verzweiflung, daß wir kehrtmachen müssen. Der Achttausender im Alleingang ist mir plötzlich so unwichtig. Die Leidenschaft für diesen Weg hat sich in einer Welle von unbeschreiblicher Einsamkeit aufgelöst, seit ich weiß, daß Uschi gegangen ist.
Nachts im Halbschlaf und auch unterwegs, wenn ich meinen Blick über die schütter bewaldeten Bergrücken gleiten lasse, sehe ich sie fortgehen. Sie sieht sich nicht nach mir um. Wohin ich auch fahre, schaue, gehe – sie geht in die entgegengesetzte Richtung. Ich sehe ihr nach, bis sie in der Ferne verschwindet; bis sie sich auflöst oder ich aufwache aus meinen Träumen. Auf der Heimreise – im Flugzeug, im Hotel – gehen diese Gefühle in mir umher. Und manchmal komme ich bei ihr an und sage, daß ich nun bleiben wolle. Aber sie antwortet nicht, und mich befällt eine zerrüttende Traurigkeit. Ich hoffe, daß all diese Angst unbegründet sei; da ich von Uschi schon seit Wochen nichts gehört habe, bleibe ich unruhig, verzweifelt.
Am Flugplatz in München holt sie mich ab. Zum endgültigen Abschied. Ich habe es gewußt, aber nicht wahrhaben wollen. Mit der Gewalt eines Erdrutsches stürzt in diesen Augenblicken alles über mich herein. Gleichzeitig erfüllt mich eine müde Traurigkeit. Keine Wut, keine Selbstvorwürfe mehr. Ich bestehe nur noch aus Einsamkeit. Ich blicke sie an, und mir ist, als ob mich diese geheimnisvollen, türkisgrünen Augen in Stücke reißen. Ganz deutlich spüre ich, daß in mir ein Loch ist, daß sie mir alles genommen hat. Alles. Und ich weiß, daß sie die Kraft hat, zu gehen, wohin sie will.
Der Schreck, plötzlich allein und leer zu sein, treibt mich in eine grenzenlose Gefühlsverwirrung. Monatelang weiß ich nicht, was ich tue. Ich schlafe nicht mehr, bin nicht Herr meiner selbst. Ihre Ausstrahlung ist stärker, als ich sie je bei anderen Menschen erlebt habe. Auch nach unserer Scheidung noch. Ich mache mich kaputt, indem ich versuche, sie zu halten. Etwas, das ganz unabhängig von meinem Willen ist, hält mich bei ihr fest. »Ich muß eine neue Richtung finden«, sage ich mir. Aber es ist zwecklos. Irgendwie weiß ich: Das ist mein Ende. In Anfällen von nackter Verzweiflung bricht die Einsamkeit aus mir heraus, und ich will sterben. Kurzfristig entschließe ich mich, in diesem Sommer 1977 wieder allein zum Nanga Parbat zu fahren. Ich werde die Einsamkeit töten oder mich von ihr töten lassen.
Frauen sind uns Männern unerreichbar überlegen. Sie können Kinder haben, leichter aus sich heraus leben. Das weiß ich plötzlich in der Hoffnungslosigkeit des Alleinseins und im Schrecken meiner Vergänglichkeit.

Der Tod wird mir zur letzten Stütze.
Wie schon damals, vor sieben Jahren, als ich nach der Überschreitung des Nanga Parbat halb bewußtlos durch das obere Diamirtal abwärts kroch – den Bruder verloren, ausgehungert, mit schweren Erfrierungen an Händen und Füßen –, sitzt auch jetzt das Wissen um meinen Tod im Vordergrund meines Bewußtseins. Ich bin nun gerüstet, ohne Bedauern aufzubrechen; alles, was mir bisher wichtig war, zurückzulassen und für immer wegzufahren. Ich habe keine andere Absicht mehr; ohne Träume, ohne Hoffnung will ich losfahren.
Wo ist meine Selbstsicherheit? Beruhte sie allein auf ihr, auf Uschi? Gab allein sie mir Trost? In meinem ausgeleerten Zustand habe ich plötzlich wieder furchtbare Angst. Zerfasert und zusammenhanglos sind meine Gedanken. Doch auf einmal ist der Knoten gelöst: Ich weiß, daß etwas in mir nur so tut, als stürbe ich vor lauter Angst. Ich will packen.
Der Reisepaß ist in Ordnung, Geld habe ich genügend, die Kletterausrüstung für den Alleingang liegt im Keller. Ich habe alles beisammen; ich brauche nur aufzubrechen, loszufahren. Und ich will losfahren!
Eine Stunde später schon liegen all die Dinge, die ich für mein selbstmörderisches Vorhaben brauche, ordentlich vor mir: der Rucksack, eine

Der Nanga Parbat ragt von allen Seiten weit über die umliegenden Gipfel auf. Besonders eindrucksvoll ist die Diamirseite von den Anhöhen oberhalb von Bunar.

Tragkraxe, zwei Fotoapparate, ein Stück Seil, ein kleines Bündel Haken, natürlich einige Eisschrauben, ein Eispickel und Steigeisen, Schlafsack, Zelt, Höhenmesser und Kompaß, die alte Nanga-Parbat-Karte ...
Während ich das alles in meinem Wohnzimmer durchsehe, weine ich plötzlich. Ich lege mich auf das Sofa und weine. Ich liege eine Zeitlang so da und weiß, daß ich nicht fahren werde. Wieder füllt mich tiefe Traurigkeit aus. Ich fahre nicht. Sicher würde ich umkommen, wenn ich jetzt führe.
Die Idee des Freitodes ist mir geläufig, und noch nie war der Wunsch, davonzulaufen von allem, was ich kenne und mag, so stark. Die letzte Möglichkeit meiner Freiheit, mein Schicksal einem tödlichen Spiel anzuvertrauen, reizt mich. Mein Tod ist doch meine Sache! Dann aber erkenne ich den Trugschluß. Meine Sache ja, aber nicht ihre.

Ein halbes Jahr vergeht. Ich lebe nicht mehr wie früher in eine Richtung. Ich gehe mal hier-, mal dorthin. So aber komme ich nicht vom Fleck. Es ist, als würde ich auf der Stelle treten, und ich spüre, wie ich mich verzettle und verliere.
Die Idee, den Nanga Parbat im Alleingang zu machen, schreibe ich in

den Wind. Zum Mount Everest will ich vielleicht fahren. Vielleicht auch nicht. Aus dieser Unsicherheit gelingt es mir, mich im Mai 1978 am Mount Everest zu sammeln, auf einen Punkt zusammenzuziehen. Und im richtigen Augenblick gehe ich bis zum »Endpunkt« – ohne Sauerstoffmaske bis zum Gipfel der Welt.
Auf der Heimreise vom Mount Everest weiß ich, daß ich sechs Wochen später zum Nanga Parbat aufbrechen werde.
Ob sich in meiner Beziehung zu Uschi inzwischen etwas geändert hat? Ich weiß nur, daß ich wieder leben kann.
Irgend etwas hat sich verändert, dessen bin ich ganz sicher. Mehr denn je wage ich es, so zu leben, wie ich leben muß; zu tun, was mir Spaß macht. Wenn ich dabei nur die Kreise keines anderen störe. Eine andere Moral erkenne ich nicht an. Und ich werde krank und ganz wild, wenn jemand versucht, meine Kreise zu stören. Von der Zeit an, da ich wieder mehr und mehr ich selber werde, höre ich auf, in Paaren zu denken. So wie ich nicht mehr in gut und böse, richtig und falsch einteile, lebe ich jetzt auch einfach geradeaus, ohne alles verstehen und beurteilen zu wollen. So wie ich fühle, daß ich nur die eine Seite eines echten Paares bin, fühle ich, daß es neben meinem greifbaren Ich eine andere Seite von mir selbst gibt. Ich versuche aber nicht, diese Seite auszumachen.
Selbst will ich mir jetzt zeigen, was es heißt, alleine zu sein. Und deshalb gehe ich zum Nanga Parbat. Auch wenn ich zufällig mit jemandem zusammen bin, verrate ich nichts von mir und diesen meinen Träumen. Ich will nicht mehr hin, um durchzukommen oder um zu scheitern. Ich will nur hin.
In nicht faßbarer Größe ragt der Nanga Parbat über die Felsböden des Industales empor, mehr als 1000 Meter erhebt er sich über die ihm benachbarten Gipfel.
Die Einsamkeit von gestern, die mich jetzt ausfüllt; das Geheimnis, ich selbst zu sein, das alle Schrecken aufhebt. Ich bin immer noch wie früher, aber ich erlebe eine neue Art von Gleichgewicht.
Diese Empfindungen sind in mir, während ich die wichtigsten Vorbereitungen treffe. Ich weiß, daß ich bei dieser Tour meine ganze Seele wiederfinden kann, und ich stelle mich auf einen Aufstieg an der Grenze des Menschenmöglichen ein.

Solo

Was das nun schon wieder soll, fragen mein Vater und auch einige Freunde. Eben vom Mount Everest zurück, wäre es doch nicht nötig, gleich wieder aufzubrechen.

Nötig nicht, aber möglich, denke ich.
»Du hast doch alles gemacht«, versucht man mich von meinem Vorhaben abzubringen.
»Ich habe noch nichts ausgeschöpft«, antworte ich, ohne verstanden zu werden. Wer kann schon begreifen, daß es mir weniger um eine neue bergsteigerische Sensation geht, als vielmehr darum, mich in eine unvorstellbare Welt zu werfen. Nicht der Gedanke an den Alleingang, sondern die Vorstellung, ein Leben lang das tun zu sollen, was ich in den sechs Wochen zwischen Mount Everest und Nanga Parbat tun mußte, läßt mich schaudern.
Ich ertrage es nicht, hundertmal dieselben Fragen zu beantworten; spüre, daß ich kaputtgehe, wenn ich nicht gleich tue, was ich schon immer machen wollte. Ich will nicht warten, bis ich mit der Auswertung der Everest-Expedition fertig bin.
»Mit dem Alleingang zum Nanga Parbat ruinierst du dir den Everest-Erfolg!« Wie oft ich dies zu hören kriege! Und auch: »Wohin noch? Wer die Spitze erklommen hat, kann nicht weitersteigen. Oder willst du dich am Gipfel niederlassen und meditieren?«
Nein, ich will nur wieder ich selbst sein. In Europa komme ich aus dem Scheinwerferlicht nicht mehr heraus. Ich werde vorgestellt und ausgestellt und stelle mich selbst aus.
Man nennt mich einen »Meister der Show; ein Kind dieser Zeit, das weiß, welchen Preis man für Ausnahmeleistungen verlangen kann, das kräftig nachhilft beim Vermarkten von frischem Ruhm«. Die freundliche Mahnung – »Du verbrennst zu schnell« – trifft mich nur für einen Moment. Ich schüttle sie ab, ich allein will über mich bestimmen. Auch wenn mir Neid und Mißgunst entgegenschlagen von denen, die sich gern »Kameraden der Berge« titulieren; Verdächtigungen kolportiert werden; der Everest-Erfolg angezweifelt wird. Mir macht das Bergsteigen Spaß. Mein Lebensstil wird als »für einen Bergsteiger unseriös« kritisiert. Die »hohen ewigen Werte beim Gipfelsieg« hätte ich ins Lächerliche gezogen.
»Einmal wird auch er sich anpassen«, höre ich die »guten, alten Freunde« tuscheln. »Jetzt, nach dem Mount Everest, geht es ihm auch wirtschaftlich gut.« Trotzdem, ich will meinen Weg weiterverfolgen, auch wenn ich dabei umkomme. Ich will nicht verhungern in diesem Haufen von Grüßgottsagern und Händeschüttlern. Alle meine Honorare und alle Lobreden können meinen Hunger nach Leben nicht sättigen.
Ich bin in diesen sechs Wochen nicht oft zur Besinnung gekommen, sonst wäre ich schon früher auf und davon. Nur mit Müh und Not kann ich mich zwischen den Interviews an das Eigentliche erinnern. Alles erscheint mir jetzt so farblos, wie ausgequetscht.

Niemandem will ich mich in Zukunft unterwerfen, nicht einmal mir selbst. Auch in meinem täglichen Leben kann ich nicht tun, was die Leute im allgemeinen zu tun pflegen. Das brächte mich um. Deshalb gehe ich meinen eigenen Weg; nur wenn ich eins mit meinem Weg bin, fühle ich mich stark. Ich weiß nicht, was mir diese Kraft gibt, und ich denke nicht daran, sie zu erklären; ich nütze sie.
Meine ganze Kraft habe ich bisher nur in wilden Schluchten, einsamen Hochtälern und hohen Gebirgen gefunden.
Vor einem Jahr noch habe ich über alles nachgedacht und den Sinn des Lebens gesucht. Jetzt nehme ich das Leben, wie es ist – in seiner Häßlichkeit, Verrücktheit, in seiner Ironie –, um des Lebens willen. Es ist manchmal von jener Einfachheit, die mir alle Fragen beantwortet, wenn ich dabei nur nicht denke. Sollen sich andere plagen, quälen; ich lege die Bürde ab und fahre zum Nanga Parbat.
Ich habe diese Entscheidung nun einmal getroffen. Ich trage die Verantwortung, ich ganz allein.
Ich weiß nicht, warum mich diese Idee vom Alleingang wieder so stark gepackt hat. Noch vor einem Jahr hatte ich sie ein für allemal aufgegeben. Ich fühlte mich zu schwach dafür und auch schon zu alt. Die Trennung von Uschi hatte mich in eine so starke Depression gestürzt, daß ich überhaupt nicht mehr wußte, was ich tun sollte.
Inzwischen habe ich Uschi nicht vergessen. Das kann und will ich nicht. Meine Gefühle für sie, auch wenn die Zeit sie abgeschwächt hat, sind immer noch lebendig. Manchmal nachts, wenn ich aus Träumen erwache, fühle ich mich einsam. Anfangs war jedes Erwachen schmerzhaft wie die Trennung selbst. Doch als ich beschloß, allein zu leben und mein Schicksal ohne Bedauern zu akzeptieren, war ich frei von Verzweiflung und Selbstmitleid.
Vielleicht habe ich mich viel zu wichtig genommen und deshalb unter der Trennung so gelitten. Auch habe ich mein Leben als Chaos empfunden, bis ich all das hinter mich warf. Nein, ich will ihr Bild nicht auslöschen. Ich klammere mich nicht mehr an sie und weiß trotzdem: Vielleicht werde ich nie mehr eine Frau lieben können wie sie. Ich meine das nicht im Maß, sondern in der Art. Mehr oder weniger ist nicht so wichtig; das Wie zählt.
Es ist Ende Juni. Während ich mittags durch München gehe, lasse ich mir zwischendurch die Sonne in die Augen scheinen. Das macht mich fast übermütig. Ich blinzle und ertappe mich dabei, wie ich zwischen den einzelnen Haufenwolken senkrecht über mir bis in 8000 Meter hinaufschaue. Ich glaube, die richtige Höhe an der Färbung des Himmels zu erkennen.
Ich habe aufgehört, über die Traurigkeit meines Lebens nachzudenken,

und all meine Zerrissenheit ist weg. Sie hat sich aufgelöst über den Wolken.
Als ich später auf dem Marienplatz eine Coca trinke, beobachte ich die Leute und bin ganz hingerissen von meiner Idee. Da setzen sich zwei Männer und ein Mädchen zu mir, die mich offensichtlich erkannt haben. Die drei, selbst Bergsteiger, wie sich herausstellt, wissen gut Bescheid und fragen mich aus.
»Haben Sie keine Angst, allein am Nanga Parbat? Das stelle ich mir schrecklich vor«, lenkt das Mädchen das Gespräch auf mein neues Expeditionsziel.
»Angst, wovor denn?«
»Spürten Sie nie Zweifel oder Unsicherheit?« will einer der Männer wissen.
»Ja, früher schon. In den letzten Jahren immer weniger.«
»Also keine Angst-Lust?« meint der andere.
»Wenn ich Angst bekomme, laufe ich davon.«
»Wie würden Sie andere einschätzen, die auf Achttausender gehen?«
»Das ist sehr verschieden. Viele Japaner beispielsweise gehen in Wände, die überaus gefährlich sind, aber sie riskieren es. Ich mache das nicht. Wenn es mir zu gefährlich ist, traue ich mich nicht weiter.«
»Sie wollen von vornherein sicher sein, daß Sie hochkommen?«
»Ich lege es nicht so an. Ich werde immer einen Weg suchen, wo ich nicht sicher bin, ob ich raufkomme.«
»Also reizt Sie die Ungewißheit?«
»Ja, und die Möglichkeit. Noch bin ich jung. Wenn ich körperlich abbaue, vielleicht im Alter von 60, kann das Matterhorn für mich ein Problem sein. Ob es mich dann noch reizt, kann ich jetzt noch nicht sagen. Aber ich könnte es mir vorstellen.«
»Kann es sein, daß Sie sich immer unrealistischere Ziele setzen?«
»Das ist nicht ausgeschlossen.«
»Und was sagen Sie zum Vorwurf der Sensationshascherei?«
»Die Sensationslust, die mir unterstellt wird, streite ich nicht ab. Sie ist aber nicht meine Triebfeder. Wollte ich die Sensationslust der Leute befriedigen, so würde ich mir Ziele suchen, die ich sicher erreichen kann.«
»Die Diamirflanke ist von Lawinen bedroht, aber ein Unmöglich scheint es dort nicht zu geben. Sehr steil ist sie in ihrem Mittelteil, und da hängen auch viele Séracs. Aber es sind Felsrippen da, und eine von ihnen ragt als durchgehender Grat hervor. Vielleicht bietet sich dort eine Durchstiegsmöglichkeit. Die Schwierigkeiten sind größer als auf der Rakhiotseite. Aber der Weg ist kurz, und er bietet an den Felsen sichere Lagerplätze.«

Der Mann kennt sich wirklich gut aus.
»Die Diamirseite ist ideal für einen Alleingeher. Aber bisher sind in der Gipfelfallinie alle Expeditionen gescheitert.«
»Sie wollen halt wieder einmal der Erste sein.«
»Wenn ich wüßte, den Nanga Parbat hat schon jemand allein gemacht, würde ich vielleicht einen anderen Achttausender allein versuchen. Es ist vor allem das Unbekannte, das mir die Kraft gibt, das alles zu machen. Wenn ich weiß, daß es geht, reizt es mich nicht so stark.«
Das Mädchen schüttelt verständnislos den Kopf.
»Wenn ein anderer mir etwas vorlebt, nimmt er mir viele Geheimnisse. Wenn ich über die Welt nichts wüßte und von klein auf die ganze Welt allein aufschlüsseln dürfte, brauchte ich nicht allein auf den Nanga zu steigen. Aber es wird uns alles vorgegeben.«
Nach einer Pause fahre ich fort.
»Wenn ein Kind diese Coca-Cola-Büchse aus dem Sand gräbt, ist das geheimnisvoll, und ähnlich ist es mit dem Nanga Parbat.«
»Das ist doch alles unwichtig. Das Leben ist kein Spiel, und wir können nicht ein Leben lang Coca-Cola-Büchsen ausgraben.«
Die Unfähigkeit, meine Handlungen zu erklären, macht mich in gewisser Weise hilflos. Dabei gibt es gar nichts zu erklären. Ich habe mich nun einmal entschlossen, allein auf den Nanga Parbat zu klettern, weil ich von Natur aus zu einer solchen Entscheidung veranlagt bin oder weil ich Zeit, das nötige Geld und Lust habe. Nicht, weil ich etwa meine, es sei wichtig. Und mir macht es auch nichts aus, daß es nicht wichtig ist.
»Das bringt doch der Menschheit nichts. Ohne Sauerstoffgerät auf den Mount Everest und allein auf den Nanga Parbat«, meint einer aufgebracht.
»Wer, sagt schon, daß es etwas bringen muß?«
»Ihnen vielleicht eine Menge Geld!«
»Wäre ich mit einer solchen Einstellung zum Everest gefahren, wäre ich sicher umgekommen.«
»Und was ist, wenn Sie sich einmal die Beine abfrieren, das Augenlicht verlieren, wenn sie als Krüppel weiterleben müssen?«
»Wenn ich es nicht vermeiden kann und an beiden Augen erblinde, dann kann ich nicht als Mensch weiterleben, dann bleibe ich oben.«
»Was ist es für eine Befriedigung, da hochzusteigen? Geht das ins Sexuelle?« will das Mädchen wissen.
»Ist die Frage ernst gemeint?«
»Ja.«
»Ich klettere nicht und schreibe nicht, um mich sexuell zu befriedigen. Ganz sicher nicht. Diese Frage stellt sich, glaube ich, im Leistungssport überhaupt nicht.«

»Bergsteigen, so wie Sie es praktizieren, ist gefährlich. Ist es auch für Sie gefährlich? Oder wissen Sie, daß Sie nicht abstürzen?«
»Ich weiß, daß ich nicht abstürze, aber es ist doch gefährlich.«
»Geht Ihre Begeisterung fürs Bergsteigen so weit, daß Sie eine persönliche Beziehung dafür opfern würden?«
»Die Frage kann man mir so nicht stellen.«
»Warum nicht?«
»Weil man mich dabei nicht als das akzeptiert, was ich bin.«
Die drei wissen offensichtlich von meiner Scheidung. Sie ahnen aber nicht, wie hilflos ich war, als ich plötzlich wieder alleine dastand. Mein Leben ist nur anders, nicht einseitiger und keineswegs leichter als das ihre.
Erst nachdem ich mich entschlossen hatte, zum Nanga Parbat aufzubrechen, löste ich mich von den vielen kleinen Ängsten und Zweifeln, die mit der Idee eines Alleingangs verknüpft gewesen waren. Ähnlich war es mit meiner Ehe. Ich dachte nach, bevor ich die Entscheidung traf, und ich traf sie als der, der ich war. Wenn ich einmal zu einer Entscheidung gekommen bin, stehe ich dazu, soweit es von mir abhängt. Uschi und ich aber waren zwei einzelne, und so wurde unsere Beziehung mit der Zeit starr, und wir waren beide wie eingemauert in sie. Damals, bei der Trennung, wußte ich noch nicht, daß meine Art zu leben die des »single« ist. Nur wenn man allein lebt, kann man ganz seinen Weg gehen, Entscheidungen treffen und dafür die volle Verantwortung übernehmen.
In der Zeit unserer Ehe, in diesen fünf Jahren, habe ich auch sehr viel unternommen. Oft ist Uschi mitgekommen. Ich habe meine Art zu leben nie aufgegeben, nicht für Uschi und nicht für etwas anderes.
Die drei Tischnachbarn tun, als sei ich der Frage ausgewichen. Ich fahre fort: »Nein, das ist kein Zwiespalt. Ich wäre nicht mehr ich, wenn ich nicht auf einen Berg hinaufsteigen könnte.«
»Suchen Sie jetzt nach dem Everest ein noch gefährlicheres Abenteuer?«
Ich komme mir vor wie bei der Inquisition. Und ich spüre, sie verstehen mich nicht. Für sie ist diese Stadt ein Ort zum Bleiben, und in ihrer Trägheit fühlen sie sich wohl hier, auch auf Dauer. Ich würde wahnsinnig. Kein wildes Land rundherum, keine Wüste; die Berge in mir drinnen – das ist zuwenig und zuviel.
Dabei kann ich stundenlang durch die Stadt spazieren, die Leute beobachten. Ich tue das oft und sehr gerne. Aber nach einer Weile ist mir, als müßte ich senkrecht die Wand hochgehen.
Angst zu haben wäre nicht schlimm. Schlimm für mich ist, wenn mir dauernd jemand sagt, was ich zu tun und was ich zu lassen habe. Es war

auch für mich nicht leicht, die gewohnte Welt aufzugeben und mir eine neue zu erfinden, um weiterleben zu können. Zu lange habe ich mich an alles mögliche geklammert und so mich selbst und diejenigen erschöpft, an denen ich mich festhielt. Jetzt will ich mein Spiel spielen, ohne Zögern und ohne Reue, und ich will es spielen, auch wenn ich es am Nanga Parbat verliere.
Fachmännisch hakt einer nach:
»Wenn man Bilder des Nanga Parbat mit den Augen des Alpenbergsteigers betrachtet, erscheint die Nordostseite als verhältnismäßig harmlose Schnee- und Gletscherflanke, die Nordwestseite dagegen als schwierige Eis- und Felswand. Der Vergleich mit dem gewöhnlichen Weg auf den Montblanc von Chamonix einerseits und den steilen Aufstiegen vom Brenvagletscher andererseits paßt recht gut. Warum diese schwere, steile Wand?«
»Nur so«, sage ich und stehe auf. Im Moment berührt es mich nicht weiter, ob mich diese Leute bewundern oder für verrückt erklären, in ein paar Tagen schon werde ich unterwegs sein.

Mit 20 Kilogramm plus Handgepäck komme ich am 30. Juni 1978 zum Flughafen München-Riem.
Mit etwa 2000 Kilogramm Expeditionsgepäck brachen Buhl, Diemberger, Schmuck und Wintersteller 1957 zum Broad Peak auf. Rund 200 Kilogramm hatten Peter Habeler und ich 1975 dabei, als wir den Hidden Peak zu zweit angingen. Mit einem Zehntel davon will ich jetzt alleine losziehen.
Die Journalisten stellen die üblichen Fragen, und doch spüre ich diesmal, daß in ihren Stimmen mehr mitschwingt.
»Wie weit wollen Sie bei diesem Unternehmen gehen?«
»Ich kann das nicht abschätzen. Ich werde vorsichtig sein. Im Moment habe ich keine Angst.«
»Sind Sie sicher, das zu schaffen, was Sie sich vorgenommen haben?«
»Nein, ich bin zum Beispiel an drei Achttausendern, die ich versucht habe, gescheitert, und ich bin darüber nicht unzufrieden.«
»Sind die Erlebnisse, die Sie suchen, nur beim Bergsteigen zu finden, oder gibt es sie auch in anderen Lebensbereichen?«
»Sie sind auf alle Lebensbereiche übertragbar.«
»Kein anderer Lebensbereich ist so riskant wie das Bergsteigen.«
»Kaum ein anderer verlangt so viel Ehrlichkeit sich selbst gegenüber, vor allem in der Schlußphase. Hier unten kann ich mir viel vormachen, aber dort oben in der Höhe nicht mehr. Wenn ich mich in 8000 Meter Höhe übernehme, komme ich um.«
»Was würden Sie tun, wenn Sie nicht mehr klettern könnten?«

»Im Moment muß ich allein auf den Nanga Parbat.«
»Glauben Sie, daß dieser Alleingang der Höhepunkt Ihres Bergsteigerlebens sein wird und daß er sinnvoll ist?«
»Die Frage nach dem Sinn stellt sich unter dem Nanga-Gipfel nicht mehr. Nur hier kann ich mir selbst diese Frage stellen.«
»Entspricht das, was Sie sagen, auch dem, was die Einheimischen dort sagen und denken?«
»Nein, die können diesen Alleingang nicht nachvollziehen. Die Leute dort leben immer in der Stimmung, die ich vielleicht unter dem Nanga-Parbat-Gipfel erlebe. Ein Asiate – ein Hindu oder ein Buddhist – würde nie auf die Idee kommen, auf einen so hohen Berg hinaufzuklettern. Er sucht die Vergeistigung, er kann so und so da oben sein. Wer sagt mir denn, daß ich nicht dort oben bin, auch wenn ich hier sitze?«
»Aber das sind doch zwei verschiedene Wege. Den einen muß man zurücklegen, den anderen kann man denken.«
»Ein Weg ist für mich wie der andere.«
»Können Sie sich zurückerinnern, ob Sie solche Erkenntnisse schon früher hatten, bevor Sie zum Bergsteigen gegangen sind?«
»Ich glaube nicht. Höchstens als Kind. Ich habe das Gefühl, daß ich heute wieder so reagiere, wie ich als Kind reagiert habe. Ich war vielleicht fünf Jahre alt und lag in der Sonne. Die Zeit ging ganz langsam vorbei, und ich konnte Realität und Vorstellung nicht deutlich unterscheiden. Das war ein interessantes Phänomen für mich.«
»Die meisten Lebensformen sind übernommen, also nichts Eigenständiges, und das reicht den Menschen auch. Was wollen Sie?«
»Ich glaube, jeder Mensch ist gleich und doch auch anders. Jeder hat seine Art zu leben. Wer den richtigen Weg findet und den Mut hat, ihn zu gehen, kann nichts falsch machen. Nur wird den meisten Menschen ausgeredet, so zu sein, wie sie sind.«
»Es wird uns eingeredet, was wir zu sein haben«, sagt einer kritisch.
»Sicher, es gibt viele Menschen, die glauben, über mich bestimmen zu können: Religionslehrer, Soziallehrer, Politiker, Gurus, Presseleute, Verlagsmanager. Aber ich tue trotzdem, was ich tun muß.«
»Steht ihre Lebenshaltung im Konflikt mit einer Religion?«
»Ich habe keine Religion. Ich bin sicher religiös, auf meine Weise, aber ich komme in keinen Konflikt, weil alle Lebensformen für mich gleich sind. Jeder, der sich an eine Religion halten kann, hat Glück gehabt oder Pech.«

»Du wirst es schon schaffen!« und »Durchhalten!« sind die letzten Wünsche, die man mir über den Paßkontrollschalter zuruft. Dabei klingt beim einen und anderen der Vorwurf durch, diesmal ginge ich zu weit.

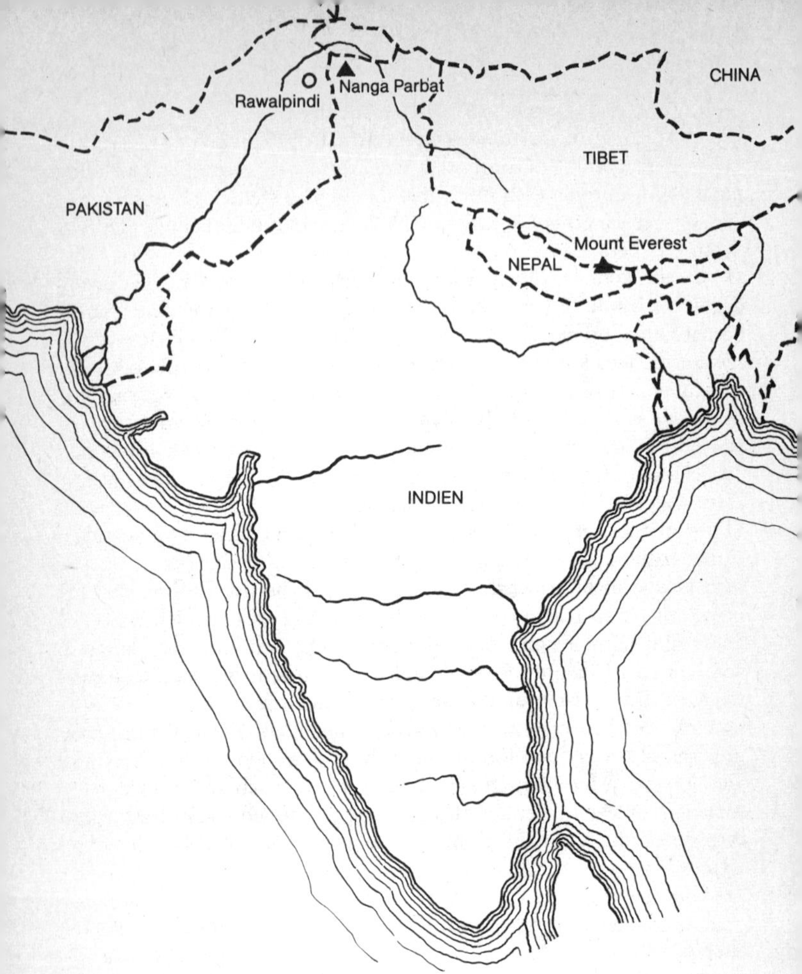

Der Nanga Parbat liegt genau am Indusknie.

Keiner spricht es aus, aber ich fühle, daß man mir Selbstmordgedanken unterstellt. Als ob mein Leben nicht mir selbst gehörte. Ich habe zwar nicht vor, mein eigenes Weltende zu veranstalten, aber ich will meinen Weg gehen. Das ist mein Recht.

Während ich über die Alpen nach Mailand fliege, habe ich plötzlich das Gefühl, daß meine Lebensgeschichte da unten im kleinen Villnößtal, wo ich 33 Jahre lang daheim war, irgendwie weitergeht. Dieses zweite Leben, eingebettet in eine Südtiroler Dorfgemeinschaft, liegt als Möglich-

keit ausgebreitet vor mir: Waldrücken, Dolomitengipfel, Bergbauernweiler.
Es hat zwischen den beiden Expeditionen viele Schwierigkeiten gegeben. Und dies nur, weil ich öffentlich gesagt habe, ich sei nur für mich und nicht für ein Land, also nicht für Südtirol, Italien oder Österreich, auf den Mount Everest gestiegen. Auch für keinen Verein und schon gar nicht für eine Partei. Ich habe es wirklich nur für mich getan. Der Wunsch, mein eigenes Ziel zu sein, ist es offensichtlich, der Anstoß erregt in einem Land, wo alles seine idealistische Rechtfertigung braucht. Meine Lebensart wird in Südtirol nicht geduldet. Oft komme ich mir vor wie ein Abenteurer aus früherer Zeit, ein Abenteurer, der alle verläßt, die er liebt, und der mit großen Erfahrungen heimkommt; dann sind alle glücklich, und sie vergessen, daß sie ihn von seinen Forschungen und Reisen zurückhalten wollten. Und wenn er dann bei der Rückkehr den festlichen Zauber nicht ernst nimmt und seine Erfolge hütet wie einen Schatz, wirft man ihm sofort unlautere Motive vor.
Es hat sich da bei jenen, die daheim blieben, von den ersten großen Expeditionen bis heute nichts geändert. Sie hängen an Sätzen, wie sie Willy Merkl schrieb: »Himalaja, ›Heimat des Schnees‹ – Dachfirst der Erde, Tat- und Traumziel aller, denen die Berge etwas zu sagen haben! Meerestiefen, Steppenland, Arktis und die Pole, ja sogar das Luftreich hat die rastlose Menschheit erforscht und erobert. Die letzten verschleierten Geheimnisse des Erdraumes liegen noch unberührt auf den höchsten Gipfeln. Der Mensch will die Welträtsel ergründen, Probleme lösen und ins Neue vorstoßen, und in diesem Wollen ist die erstaunliche Triebkraft zu seinem Tun begründet.«*
Manche müssen allem sofort einen Sinn unterlegen. Allzu eifrig verfügen sie über den Berg, auf den sie steigen wollen. Wunder der Welt erleben sie nicht. Die vielen Nanga-Parbat-Expeditionen der dreißiger Jahre, die mit dem Auftrag zu siegen auszogen, hatten auf ihre Fahnen das Hakenkreuz und in ihre Herzen den Schwur geschrieben, zu kämpfen fürs Vaterland. So wie sie zum Nanga Parbat zogen, zogen sie wenig später in den Krieg.
»Als wir hier noch einmal zum Nanga, zum leuchtenden Gipfelgrat hinaufschauen, löst sich auch in unseren Herzen alles Hadern mit dem Schicksal und wir erkennen: Schön muß es sein, mit dem Siegespreis dieses gewaltigen Berges nach Hause zu kehren, größer noch ist es, sein Leben hinzugeben um solch ein Ziel, den jungen Herzen kommender Kämpfer Weg und Flamme zu werden.«**

* Willy Merkl: »Ein Weg zum Nanga Parbat« (S. 209)
** Fritz Bechtold: »Deutsche am Nanga Parbat« (S. 64)

Für mich ist der Nanga Parbat, obwohl inzwischen sechsmal bestiegen, geheimnisvoll, unergründlich. Es ist mir sehr wichtig, ihn allein zu erklettern; und dabei habe ich riesigen Respekt vor diesem Berg. Jetzt aber ist es auch der lange Weg bis zum Fuß der Wand, der mich anlockt; das gedankenlose Dahinmarschieren; das Panorama, in das ich hineingehen kann.
Ich blicke aus dem Flugzeugfenster. Einerseits bin ich froh, daß ich da unten nicht mehr daheim bin. Da unten, auf dem Hügel von St. Magdalena, steht zwar mein Haus, aber mein Zuhause ist es nicht mehr. Ich weiß nicht genau, wann und warum ich mein früher so starkes Heimatgefühl verloren habe. In diesem Sommer 1978 wurde ich zum Zigeuner. Ich bin nun überall und nirgends daheim.
Wenn man aufhört, sich an alles zu klammern, sich um die eigene Person und andere zu sorgen; wenn man sich nicht mehr länger müht weiterzukommen, aufzubauen; wenn man sich von der Vergangenheit losreißt, kann man auf eine Heimat außerhalb von sich selbst verzichten.
Vielleicht sollte ich nicht mehr zurückkommen in dieses Tal, zu meiner persönlichen Geschichte; nicht mehr in der Meinung der anderen leben.
Halb eingeschlafen, wirbeln Traumbilder durch mein Bewußtsein. Der Tod ist als reale Möglichkeit stillschweigend in meinen Plan mit einbezogen. Ein bißchen Neugierde ist dabei und die Frage, ob ich es durchstehen werde. Ja, ich suche auch Beweise vor mir selbst. Und das Erlebnis zu einem Traum. Und dann wieder: Dieser Alleingang ist gar kein reales bergsteigerisches Problem, nur ein fiktives; es ist in meiner Vorstellung gewachsen. Ich will auf einen Berg hinauf, den es so, wie ich ihn mir ausgedacht habe, nicht gibt. Indem ich auf alle Technik und sogar auf einen Kletterpartner verzichte, mache ich in meiner Phantasie einen anderen Berg aus ihm.
Oder vielleicht doch Flucht vor der alltäglichen Einsamkeit in die letztmögliche Einsamkeit und die Hoffnung, sie somit aufzulösen?
Zweimal war ich bisher als absoluter Alleingeher unterwegs. Im Sommer 1969, als ich die schwierigsten Wände der Alpen im Alleingang durchstieg – die Nordwand der Droites im Montblanc-Gebiet, die Philipp-Verschneidung an der Civetta, die Soldá-Route an der Nordwand des Langkofel, den direkten Durchstieg durch die Plattenwand an der Marmolada di Rocca – und jetzt, 1978, am Nanga Parbat.
1969 hatte ich Angst, in einer Wand zu biwakieren. Ich besaß Können und Ausdauer, um diese extrem schwierigen Touren allein und ohne Sicherung zu klettern. Aber ich wußte, daß mir die psychische Kraft fehlte, mitten in der Wand zu bleiben, eine Nacht auf schmaler Leiste

abzuwarten. Nur aus dem Grund habe ich diese Alleinbegehungen sehr schnell gemacht, alle an einem Tag, bis auf die Erstbegehung der Südwand der Marmolada di Rocca. Meist stieg ich damals erst am späten Vormittag ein, um in den Morgenstunden die nächtliche Unruhe abzubauen. Am Nachmittag war ich wieder zurück im Tal. In der Wand bin ich geklettert, gestiegen, war ich voll konzentriert. Da gab es keinen Platz für Ängste und Zweifel. Die Einsamkeit, der ich vielleicht nicht gewachsen gewesen wäre, kam so erst gar nicht auf.

Am Nanga Parbat wird das anders sein. Ich muß eine, vielleicht zwei Wochen lang allein in der Wand bleiben. Und je höher ich steige, um so bewußter wird mir werden, daß das Zurückkommen schwer, wenn nicht unmöglich sein wird.

Die Kunst des Gehens liegt im richtigen Weg;
dort sind deine Freunde, und dort bist du stark;
laß dich gehen in die Richtung, wo du hinkannst;
wenn du könntest.
Wenn du deinen Weg findest und gehst,
wirst du Kraft, Richtung und Ziel,
kann dich nichts und niemand aufhalten.

Mohammed Tahir, Belutsche aus Queta

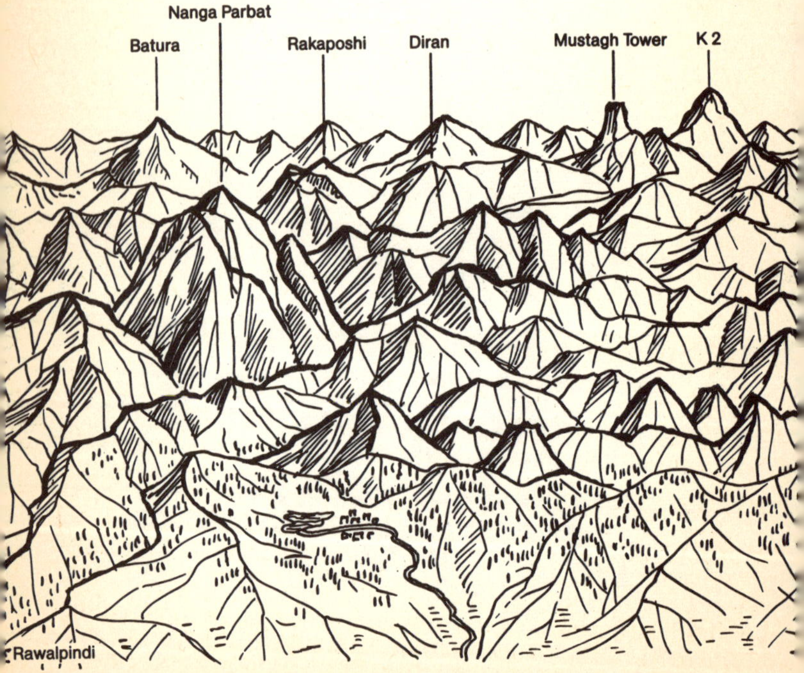

Tike

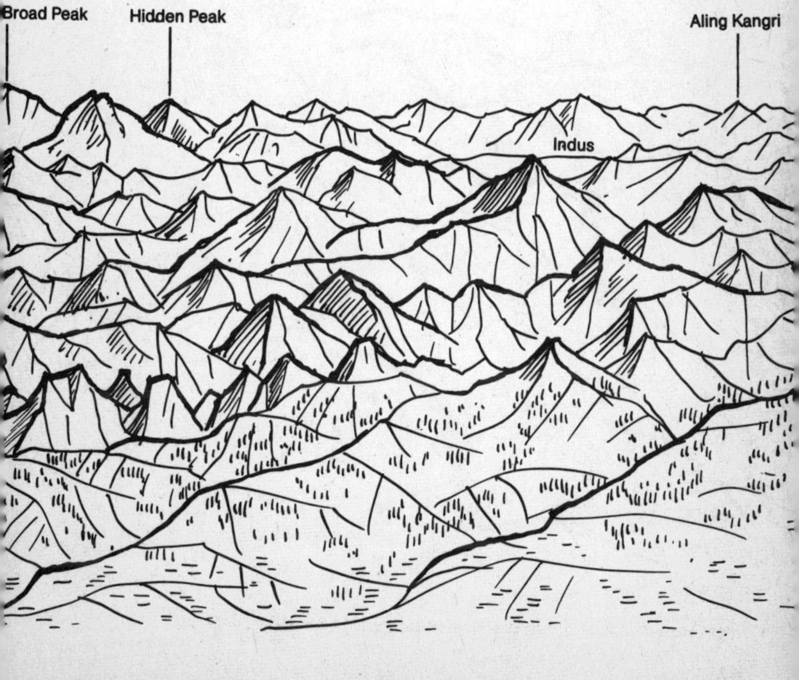

Der Anmarschweg durch das Kaghantal zum Diamir-Basislager.

Wie viele Einschüchterungen es für mich vor zehn Jahren noch gegeben hatte: Hermann Buhl und Walter Bonatti, die Achttausender und die Südwand des Aconcagua. Und jetzt haben sich all diese »Unmöglichkeiten« aufgelöst, und nichts scheint mir unerreichbarer als meine eigenen Träume. Früher bin ich den Träumen anderer nachgegangen, jetzt gehe ich meinen eigenen Träumen nach.
In einer Zeit, in der ich nicht im Traum daran dachte, selbst je in den Himalaja zu kommen, las ich die Berichte von Welzenbach, Merkl, Bechtold und Bauer über ihre Expeditionen zum »deutschen Schicksalsberg«.
»Wieder wölbt sich ein tiefblauer Himmel über uns, als wir am nächsten Morgen neben dem wildschäumenden Khirin-Fluß talauswärts reiten. Lang zieht sich der Weg, bis wir nach Godai kommen. Dann noch eine Wegbiegung – und wir sehen ihn zum erstenmal, ihn, den Nanga, den Berg unserer Träume! Atemberaubend ist der Anblick der Südwand; mit ihrer Höhe von 5000 Meter ist sie wohl die gewaltigste Steilwand der Erde. Wir müssen den Kopf weit zurücklegen, um über die schaurige Flucht der Flanken auf den firnverbrämten Gipfel blicken zu können. Eines wissen wir: Das ist das Größte, was wir je im Leben geschaut haben. Oder umgekehrt: Nie noch sind wir uns so klein vorgekommen wie vor der einmaligen Größe dieses Berges.«*

1970 haben wir diese Steilflanke durchstiegen, in einer großen Mannschaft und mit Tonnen von Material. 40 Tage lang waren mein Bruder Günther und ich in der Wand, ehe wir den Gipfel erreichten.
In dieser Zeit wuchsen meine eigenen Vorstellungen vom Himalaja-Bergsteigen. Ich sah die Achttausender anders, als ich sie aus den Expeditionsbüchern kennengelernt hatte. Auch legte ich viele Gewohnheiten ab, die ich von anderen Höhenbergsteigern übernommen hatte.
Schon damals ahnte ich, daß ich mit dem hergebrachten Schema auch die Routine aufgeben mußte, mit der man bisher an diese Berge herangegangen war. Nur so konnte ich den erforschten Himalaja neu erfinden, konnte ich mir meine eigenen Träume bauen, meiner Welt einen Sinn geben.
Im Moment gehört diesem Alleingang meine Vorliebe; also bin ich unterwegs zum Nanga Parbat. Jemand, der nicht Bergsteiger ist wie ich, könnte kein Vergnügen daran haben. Aber mir gibt es Mut, Kraft, Gelassenheit und ein einzigartiges Gefühl der Leichtigkeit. Es macht das

* Willy Merkl: »Ein Weg zum Nanga Parbat« (S. 189)

Unbegreifliche meines Lebens begreiflich. Indem ich handle, tue, was ich schon immer tun wollte, ohne noch darüber nachzudenken, lösen sich das Vorher und das Nachher auf. Dabei tue ich so, als bedeute es mir etwas, alles.

Es ist nicht wichtig, ob das, was ich tue, gelingt – ich bin unterwegs. Das allein zählt.

Den pakistanischen »Mountaineering Rules« entsprechend bin ich auch als Alleingeher verpflichtet, bis ins Basislager ärztliche Betreuung und einen Begleitoffizier mitzunehmen. Zudem muß ich die volle Genehmigungsgebühr – 1200 Dollar – für die Expeditionserlaubnis bezahlen; für mein Budget von 10000 DM eine erhebliche Summe. Terry ist »Major«, Ursula »Doktor Sahib« der Expedition.

Ursula Grether, Medizinstudentin im letzten Semester, hat sich, obwohl selbst nicht Bergsteigerin, bereit erklärt, bis ins Basislager mitzukommen und dort mit dem Begleitoffizier zu warten, bis ich zurück bin.

Ursula ist eines jener seltenen Mädchen, die sich im »Hilton« ebenso wohl fühlen wie im Zelt. Seit Jahren reist sie selbständig in der Welt herum; sie wandert gerne durch wilde Berggebiete. Auf eigene Faust ist sie bis ins Basislager am Mount Everest gekommen, und nun haben wir uns in Rom wiedergetroffen, um gemeinsam nach Pakistan zu fliegen. Beide reisen wir als Touristen, sie mit ihrem persönlichen Gepäck und den allernötigsten Medikamenten, ich mit der Kletterausrüstung und einigen Kilogramm Nahrungsmitteln. Darunter hartes Fladenbrot, Suppenkonzentrat und zehn Kartuschen Gas. Alles übrige wollen wir in Rawalpindi einkaufen. Im Direktflug Rom–Rawalpindi werden wir bevorzugt behandelt. Wir dürfen in das Erste-Klasse-Abteil, werden mit Sekt verwöhnt und sprechen das bevorstehende Abenteuer erstmals im Detail durch.

Mitten in der Nacht kommen wir in Rawalpindi an. Im Fleshmen's Hotel finden wir sofort ein Zimmer, obwohl wir dort nicht gebucht haben.

Rawalpindi, 170 Meilen nordwestlich von Lahore, gleicht einer Westernstadt ohne Cowboys: breite gerade Straßen, Hochspannungsleitungen, gleichförmige Häuserfronten. Das Gewimmel von hupenden Autos, lustig dahinholpernden Pferdewagen, Straßenhändlern, verschleierten und nichtverschleierten Frauen nehmen der Stadt alles Planmäßige. Sie liegt am Fuß des Gebirges. Trotzdem ist es im Sommer heiß hier.

Islamabad, sieben Meilen nordöstlich von Rawalpindi, ist die neue Hauptstadt Pakistans. Das Klima dort ist angenehmer. Große Verwaltungsgebäude, hübsche Parks und Alleen sowie Einkaufszentren prägen den Charakter dieser Satellitenstadt, die innerhalb eines Jahrzehnts entstanden ist.

In den nächsten zehn Tagen pendeln wir zwischen Rawalpindi, wo wir wohnen, und Islamabad, wo wir alle bürokratischen Formalitäten erledigen müssen, hin und her.
Major Mohammed Tahir, den wir Terry nennen, wird uns als Begleitoffizier zugeteilt. Terry, 1,90 Meter groß und mehr als 100 Kilogramm schwer, ist ein ruhiger warmherziger Mann von 28 Jahren. Er begleitet uns beim Einkaufen, ins Ministerium für Tourismus. Er ist immer da, wenn es Probleme gibt. Das ist das Erfreuliche bei Expeditionen in Pakistan: Die Behörden arbeiten verläßlich. Herr Awan von Mintour ist seit Jahren auf seinem Posten und weiß immer gute Ratschläge; die Begleitoffiziere sind vorzüglich geschulte, zähe junge Männer.
Ich habe ein gutes Gefühl mit Terry, und er ist stolz, uns zugeteilt zu sein; er kennt meine Idee vom Alleingang.
Ursula und ich sind inzwischen ins billigere Miss-Davis-Hotel umgezogen und fühlen uns recht wohl. Mehrere japanische Expeditionen sind dort untergebracht, dazu Franzosen.
In diesen Tagen erfahren wir auch, daß gleichzeitig mit uns eine schwäbische Expedition an der Südseite des Nanga Parbat operiert und eine Gruppe aus Oberösterreich die Kinshofer-Route im linken Teil der Diamirflanke wiederholen will. Also werde ich im zentralen Teil der Diamirwand aufsteigen. So habe ich die Gewähr, nirgends am Berg mit den anderen zusammenzutreffen. Ich will nämlich, wie es bei Alleingängen in den Alpen von jeher üblich ist, von der Basis ohne jede Hilfe auf den Gipfel und wieder zurück.
In Rawalpindi essen Ursula und ich meist pakistanisch.
Pakistanisches Essen wird in »Ghee«, einer Art Butterschmalz, in Senföl oder Pflanzenfett gekocht. Fleisch-, Fisch- und Gemüsegerichte sind stark gewürzt. Die Nachspeisen sind im allgemeinen sehr süß und mit Safran, Rosenwasser und »Kewra« – feinem Blumenextrakt – angemacht und mit eßbarem Schaumsilber dekoriert.
Am Abend vor der Abreise bestellen wir »Tikka Kabab«, gut gewürzte Fleischstücke, die auf kleinen Spießen gegrillt werden. Als Nachspeise gibt es »Shahi Tukray«, einen schweren, wohlschmeckenden Brotpudding. Dazu werden Brotscheiben gebraten, dann in Milch oder Sahne gekocht, mit Sirup gesüßt, mit Safran gewürzt und mit Mandeln und Pistazien verziert.
»Wie kamst du auf die Idee, den Nanga alleine zu machen?« will Ursula plötzlich wissen.
»Von den vielen Hilfsmitteln beim Klettern bin ich schon früher abgekommen. Am Everest haben wir auf die Sauerstoffmasken verzichtet. Der nächste Schritt ist der Verzicht auf den Kletterpartner. Ich will ganz autonom sein.«

»Ja, aber der Mensch ist nicht autonom.«
»Sicher nicht, das weiß ich. Als ich die ersten Jahre von zu Hause wegging, habe ich sehr darunter gelitten, von der Mutter getrennt zu sein. Von ihr war ich lange Zeit abhängig. Beim letzten Mal am Nanga war ich von Uschi abhängig. Sogar als mein ältester Bruder – ich bin der zweitälteste – von zu Hause wegging, in die Schule, habe ich darunter gelitten, sehr lange Zeit. Dabei waren wir neun Kinder.«
»Sind neue Freiräume nur zu schaffen, wenn man autonomer wird?«
»Vielleicht.«

Für den Anmarsch sind uns das Kaghantal und der Babusarpaß freigegeben; nicht der einfachste Weg zum Nanga Parbat, da wir mehrere Pässe überqueren müssen. Zudem ist das Gebiet wegen räuberischer Stämme gefürchtet.
Das Kaghan Valley ist 95 Meilen lang und führt bis auf eine Höhe von 4000 Meter. Die abwechslungsreiche Landschaft und das erfrischende Klima locken sogar pakistanische Touristen an. Während des Sommers werden Fahrten dorthin veranstaltet. Jetzt ist der obere Teil des Tales noch unbefahrbar.
Es geht los! Am 12. Juli, um 10 Uhr vormittag, setzt sich unser Wagen von Rawalpindi aus in Bewegung. Der Ford-Bus macht zuerst den Eindruck, als ob er auf halber Wegstrecke liegenbliebe. Bei glühender Hitze fahren wir bergauf und bergab. Mittags sind wir in Balakot. Wir wechseln vom Bus in einen Jeep über und fahren nach kurzer Rast weiter. Auf der linken Seite des Taleinschnitts führt der Weg hoch über dem Flußbett entlang. Tiefe seitliche Schluchten müssen ausgefahren werden. Die Sonne steht so hoch, daß die Berge zur Rechten keine Schatten mehr werfen.
Kurz vor Naran kommen wir zum ersten Mal über mächtige Lawinenreste. Das gibt unliebsame Wartezeiten. Unliebsam deshalb, weil es heiß ist. Die Sonne brennt immer noch senkrecht herab.
Naran ist eines dieser typischen pakistanischen Straßendörfer: die Häuser halb städtisch um die Fahrwege gruppiert, halb in Felder und karge Hänge hineinverloren. Vor einem Obstladen machen wir halt. Sofort springe ich vom Jeep und kaufe drei Mangofrüchte, dazu eine Melone und Birnen. Die Fliegen, die überall herumkriechen, sind so zahlreich, daß man zuerst nur sie sieht. Wenn man das Obst anfaßt, stieben sie im dichten Schwarm auseinander. Im Basar gegenüber gibt es Tschapati. Der Koch holt mir zwei von diesen heißen Fladenbroten aus einem Ofen, der in die Erde eingelassen ist. Wir verspeisen sie gleich auf der Straße. Ich esse gerne Tschapati, ich esse sie, seit ich in Pakistan bin, jeden Tag. Es sind sehr viele Leute im Basar, so daß unser Jeep langsam fahren muß.

Bei der Anfahrt durch das Kaghan Valley lag ich meistens auf dem Dach unseres Jeeps. Dabei holte ich mir einen Sonnenstich.

Auf ein paar hundert Meter Länge säumen mannshohe Baracken – Läden – die Straße. Die Männer hier scheinen keine Eile zu haben. Sie plaudern auch dann noch mitten auf der Fahrbahn miteinander, wenn der Verkehr sich staut. Ein junger Bursche, der eine trächtige Eselin durch den Basar treibt, hält ein Kofferradio in der Hand. Es ist, als ob er zur Musik aus dem Radio tanze, so leichtfüßig ist sein Gang.
Am späten Nachmittag bummeln wir zum Rasthaus, wohin der Jeep schon vorausgefahren ist. Ringsum grüne Wiesen, ein paar weidende Esel. Das Rasthaus selbst ist ein ziemlich einförmiger Bau aus Stein und Beton, nur die Fensterrahmen und das Dachgestänge sind aus grün gestrichenem Holz. Dieser viereckige Kasten mit verfugten Mauern nimmt sich neben den handgeformten braungrauen Behausungen der Einheimischen seltsam aus. In der Mitte des umzäunten Geländes, vor dem Rasthaus, stehen das Personal und der Chef, als ob sie auf uns gewartet hätten. Warmes Licht liegt auf der besonnten Rasenfläche, alles ist freundlich, und es riecht auch hier nach Tschapatis. Erst aus der Nähe sehe ich vor den Zimmereingängen Einheimische, den Kleidern nach zu schließen sind es Touristen aus Rawalpindi, Karatschi oder Lahore. Das Personal, das immer noch wie angewurzelt vor dem Rasthaus steht, nimmt sich in seiner bunten Tracht zwischen den pakistani-

schen Touristen wie eine Dekoration aus. Als ob man sie nur zum Anschauen hingruppiert hätte; Menschen aus einer anderen Zeit.
Wir gehen auf die Leute zu, und als Terry sie anspricht, werden sie lebendig. Umarmungen, Begrüßung. Ein Mann kommt aus dem Flachbau und ruft uns »Hallo« entgegen. »Good morning!« grüße ich. Erst als alle lachen, wird mir klar, daß es schon Abend ist.
Offensichtlich sind wir die einzigen Ausländer hier, und man freut sich. Wir bekommen zwei Zimmer und bestellen das Abendessen für 8 Uhr.
»Das Schaffleisch mit Chilisoße?« fragt der Koch noch zuvorkommend, bevor er verschwindet.
»Tike«, sage ich, »mit Chili.«
Wenig später gehen Ursula und ich wieder zur Hauptstraße. Bevor ich erneut in den Staub und das Gedränge eintauche, schaue ich noch einmal zum Rasthaus zurück. Es wirkt wie ein Fremdkörper, auch wenn der Kamin jetzt raucht. Die Schatten sind länger geworden, die Männer schließen langsam ihre Buden. Einer besprengt die Straße vor seinem Geschäft mit Wasser aus einer Gießkanne.
Ursula strahlt: »Eine irre Stimmung jetzt!«
Ich blicke kurz auf die Uhr und dann zum Himmel. 6 Uhr abends; es ist wolkenlos. Ich bin zufrieden, wir haben heute eine schöne Strecke zurückgelegt.
»Tike«, sage ich zu Ursula, »wenn es so weitergeht, sind wir in einer Woche im Basislager.«
»Tike«, antwortet sie und bringt damit ihre Zufriedenheit zum Ausdruck.
»Tike« ist Urdu und kann alles heißen: Ja; ist schon recht; mir geht es gut; alles in Ordnung. Je nachdem, wie man es ausspricht, ist die Bedeutung mehr oder weniger bejahend, bestätigend oder auch verneinend. Tike steht auch für den richtigen Weg.

Seit 14 Tagen sind wir unterwegs; und immer noch haben wir keine besondere Eile. Wir machen einen Abstecher zu einem einsamen Bergsee, nach Saiful Muluk. Ein paar Stunden bleiben wir da, wandern um den See herum, und aus der Ruhe des Wassers, aus der Ruhe, die auch in den Bergen liegt, schöpfe ich selbst Ruhe. Ab und zu mache ich ein paar Sprünge, und dabei spüre ich die Kraft in meinen Beinen. Dann sitze ich wieder da und starre ins Wasser, in dem sich die Sonne spiegelt. In Europa habe ich es nicht mehr ausgehalten, wurde hin und her gerissen von Leuten, die glaubten, mein Leben in die Hand nehmen zu können; die so taten, als sei mein Leben gar nicht mehr mein Leben. Jetzt muß ich wieder ganz ich selbst werden, wenn ich am Nanga Parbat nicht

Es war schon Abend, als wir den Babusarpaß überschritten. Ursula und Terry waren todmüde, ich war krank.

umkommen will. Ich fühle, daß dieser mein kühnster alpinistischer Traum ganz zu mir gehört. Dabei geht es mir nicht darum, irgendeine Tat zu setzen, von der auch die nächste Generation noch spricht. Zu gut weiß ich, daß alles vergessen wird, und ich finde das auch richtig. Mir geht es um das Hier und Jetzt. Während ich so dasitze, frage ich mich, ob ich alle Bedingungen erfülle, um diesen Berg allein besteigen zu können. Alleine von ganz unten bis zum Gipfel.

In der Zeit zwischen Everest und Nanga Parbat habe ich nicht mehr trainiert. Ich verzichte jetzt überhaupt auf ein Training. Mein Leben ist mir zu schade, als daß ich mich für irgendeine Sache kasteie – also tagelang, wochenlang, monatelang übe, etwas tue, was ich nicht gerne tue –, um dann etwas anderes besser machen zu können. Nur so zum Spaß lief ich, kletterte ich ein bißchen, soweit die Zeit dazu reichte. Sonst arbeitete ich viel. Ob ich die psychischen Voraussetzungen mitbringe, am Nanga Parbat durchzuhalten?

Ich frage mich, was mich früher hatte scheitern lassen. Ich weiß es bis heute nicht. Ich floh vor der Einsamkeit, die ich noch gar nicht erlebt

hatte. Ich hatte Angst vor der Angst, da oben nicht die richtigen Entschlüsse zu fassen. Angst auch, in dieser Einsamkeit zu verzweifeln. Bei drei Versuchen war ich aus psychischer Schwäche gescheitert, vor mir selbst davongelaufen. Die Idee aber hat mich nicht mehr losgelassen, sie packte mich mehr und mehr, je öfter ich scheiterte und je größer meine Erfahrung am Berg wurde. Als ich dann während der Mount-Everest-Expedition im Frühling 1978 von der pakistanischen Regierung die Erlaubnis erhielt, anschließend diesen Alleingang zu starten, war ich glücklich.
Die Einsamkeit ist etwas, das in jedem von uns drinnensteckt, und nicht etwas, das von außen in uns hineinkommt. Und ich ahne, daß ich den Nanga Parbat nur dann allein besteigen kann, wenn ich fähig bin, diese Kraft für mich zu nutzen. Ich weiß, daß ich die bergsteigerischen Fähigkeiten habe, bis zum Gipfel zu gehen; daß ich das instinktive Kletterkönnen habe, die richtige Route zu finden; daß ich die Ausdauer besitze, tagelang, viele Tage lang, in einer Riesenwand alleine aufwärts zu steigen.
Während des weiteren Anmarschweges – ich liege meist auf dem Jeepdach oder laufe allein über die schotterige Straße – beobachte ich die Menschen links und rechts des Weges. Sie schauen uns an, als seien wir fremde Wesen. Terry und ich spielen – ohne uns abgesprochen zu haben – mit einem Leitspruch, einer Art Motto, das wir uns zurufen, immer wieder zurufen, wenn Schwierigkeiten auftauchen: »Nobody can stop us!« – Nichts und niemand kann uns aufhalten! Dieser Satz sagt alles über unsere Einstellung aus. Nicht nur über mich, der ich bis zum Gipfel will; über uns drei, die wir uns zufällig kennengelernt haben.
Immer großartiger zeigt sich das Hochtal, je höher wir kommen. Die Lawinenkegel, über die unser Pfad führt, werden zahlreicher. In Burawai, etwa 3000 Meter hoch am Zusammenfluß zweier Bäche gelegen, ist die Brücke gesperrt. Ich biete 100 Rupien, das sind 25 Mark, und wir dürfen auf eigene Verantwortung darüber.
Als der Weg für den Jeep unpassierbar wird, laden wir unser Expeditionsgepäck auf ein einziges Kamel, und ein großgewachsener, weißhaariger Nomade bringt es uns bis zum nächsten Ort, wo Pferde stehen sollen. Spät in der Nacht erreichen wir Besal. Es liegt etwa 3150 Meter hoch, umgeben von wüstenhaften Bergrücken. In einem winzigen Steinhaus finden wir Unterschlupf.
Anderntags kommen wir erst mittags in Marsch. Bis die drei Pferde von der Weide geholt und gesattelt sind, vergeht schier eine Ewigkeit.
Als ich vor dem Troß am Ostufer des Lulu-Sar-Sees entlangstapfe, kommen mir Einheimische entgegen. Es regnet. Fiebernd erreiche ich Gittidas.

Auf einer Wiese im Talgrund, der letzten Raststation am Fuße des Babusarpasses, entschließen wir uns trotz meines Sonnenstichs, den Paß gleich zu überschreiten. Das Rasthaus in Gittidas ist zwar so massiv gebaut, daß es einem Fort gleicht, jedoch unbewohnbar. Das obere Stockwerk ist zerstört, und zahlreiche Einschläge von Gewehrkugeln in der Außenwand zeigen, daß es hier nicht immer friedlich zugeht.
Der Babusarpaß macht mir weniger Schwierigkeiten als der Marsch nach Babusar. Öfter muß ich erbrechen. Nachts noch stolpern wir weiter. In der Dunkelheit heben sich die schwarzen, spitzen Gipfel um uns wie bedrohliche Mauern ab.
Es ist stockdunkel, als wir in Babusar ankommen. Zwei Dutzend Hütten stehen auf der Waldlichtung. Da und dort brennt ein Feuer, irgendwo bellt ein Hund. Terry, der vorausgeeilt war, hat im Gefängnis Unterschlupf für uns gefunden und bereitet uns einen herzlichen Empfang. Wir sitzen noch lange auf unseren Matten und feiern den gelungenen Paßübergang. Heute bin ich in aller Frühe schon krank gewesen und jetzt völlig kaputt.
Mit unseren Pferdeknechten aus Burawai, die hier entlohnt werden, gibt es am anderen Morgen ein endloses Palaver. Sie jammern, weil sie die Hälfte ihres Lohnes, den wir dem Vermittler vor dem Abmarsch zahlen mußten, nie zu sehen bekommen werden. Wir können nicht helfen. Unser Expeditionsbudget ist nicht unerschöpflich. Sie begreifen das nicht.
Daß wir eine so weite und kostspielige Reise machen, ohne dabei die Aussicht auf fürstliche Belohnung in Gold oder Silber zu haben, will den Trägern nicht in den Sinn. Sie denken, wir seien auf der Suche nach irgendwelchen kostbaren Steinen und unendlich reich.
Neben unserem Lager im Gefängnis ist ein Rasenstück, 50 Meter breit und 300 Meter lang, durch eine Steinmauer abgegrenzt. Es ist ein Polospielplatz, wie man ihn hier in jedem kleinen Dorf findet. Das verwegene Reiterspiel ist in diesen Berggebieten seit Jahrhunderten ein Volkssport. Es hat freilich nur wenig mit dem der snobistischen Poloklubs in Europa und Amerika gemein. Die einzige Regel besagt, daß erst aufgehört wird, wenn eine Seite neun Tore erzielt hat. Pausenlos geht die Jagd hinter der weißen Kugel her, die die Reiter auf ihren wendigen kleinen Pferden verfolgen. Jede Partei versucht, den Gegner an die Steinmauer zu drängen und zum Sturz zu bringen. Oft schleudern die fanatischen Spieler im Eifer des Gefechts ihren Schläger anstatt gegen den Ball gegen den Schädel des Gegners. Wie bei Reiterspielen zur Zeit des Dschingis-Khan geht es zu.
Ein Stück fahren wir im Jeep, den uns der Political Agent zur Verfügung stellt, abwärts, dann marschieren wir zu Fuß weiter. Zuerst kommen wir durch einen Hochgebirgswald, später über Wüstenhänge. Allmählich

löst buschiges Laubgehölz den Nadelwald ab. Dazwischen Siedlungen mit üppigen Maisfeldern, Aprikosenbäumen und Weinstöcken. Über steile Stufen gelangen wir tiefer in das Tal hinein, bis plötzlich sämtlicher Pflanzenwuchs aufhört. Mit dürrem Gras spärlich bewachsene Hänge säumen den Weg. Die Temperatur verrät, daß der Indus nicht mehr weit sein kann.

An der unangenehmsten Stelle, in einer Schlucht, machen die Träger halt. Wir sind zum Lagern gezwungen. Hier herrschen enorme Temperaturschwankungen. Sobald die Sonne hinter dem Bergrücken verschwunden ist, streicht ein kühler Wind vom Gebirge herab, den aber gleich darauf ein heißer Luftzug aus dem Industal ablöst. Erst in den späten Nachtstunden gleicht sich dieses Auf und Ab aus. Das dauernde Gepolter der vom Fluß mitgerissenen Steinblöcke läßt mich lange nicht einschlafen.

Schon nach diesen wenigen Marschtagen habe ich meine normalen Eßgewohnheiten abgelegt. Ich lasse oft Mahlzeiten ausfallen, esse und trinke, was es in den Läden am Straßenrand gibt. Mein Körper mag alles. Ich brauche kein Bier, wenn es keines gibt, und ich gehe, wenn ich Lust habe zu gehen. Nur die Abhängigkeit von den Trägern empfinde ich als unangenehm.

In dieser Jahreszeit ist es überall in Pakistan heiß. Wir marschieren durch eine Gegend, wo beiderseits der Straße Wasserbüffel grasen; eine Gegend, wo Felshöhlen als Behausungen zum gewohnten Anblick werden. Öfter muß ich stehenbleiben, um eine Schafherde den Weg überqueren zu lassen.

Früher litt ich unter Hitze oft so, daß ich kaum noch atmen konnte und müde wurde. Jetzt treten diese Symptome nicht mehr auf.

Das Tal ist zu beiden Seiten von niedrigen, verwitterten Bergketten eingerahmt. Alles mutet wüstenhaft an. Und doch ist hier und dort durch geschickte künstliche Bewässerung ein kleines, grünes Paradies entstanden. Unser Gepäck trifft so verstaubt ein, als wäre es wochenlang durch Sand geschleppt worden.

Ich glaube, ohne die richtige Einstellung hätten wir beim Anmarsch schon aufgegeben. Früher war es möglich, von Rawalpindi aus mit dem Auto auf drei Tagesmärsche an den Nanga Parbat heranzukommen. Dieser Weg jedoch ist jetzt aus politischen Gründen gesperrt. Die Chinesen, die eine Straße zwischen China und dem pakistanischen Tiefland gebaut haben, verbieten es vorerst, daß Ausländer diese Straße betreten, und so müssen wir uns dem Nanga Parbat auf Umwegen von Süden nähern. Wir sind auf Träger angewiesen. Und diese – ein halbes Dutzend schlaue pakistanische Bergbauern – verstehen es, die letzte Rupie aus uns herauszuholen.

Den Proviant, den wir in Pakistan gekauft haben – Konserven, Käse, Cornflakes, Zucker und Milch, was wir eben auftreiben konnten –, wollen wir vorerst nicht angreifen. Wir ernähren uns aus dem Lande.
Die Hitze im Industal ist unangenehm. Der Weg zieht hoch oben an steilen Hängen entlang, bis plötzlich eine der vielen Geländestufen uns wieder nahe an ein Dorf bringt. So geht es bergauf und bergab. Diese Landschaft ist hier in all ihrer Grausamkeit von elementarer Kraft. Die Menschen sind wie Tiere ausgesetzt. Nach unseren Maßstäben sind sie arm. Sie empfinden das aber nicht so. Ein Bergbauer ist schon froh, wenn er im Schatten eines Steinklotzes rasten kann. Er kennt nur diese kargen Terrassenkulturen und glaubt, daß gerecht ist, was immer schon so war.
Die Kinder sind kaum bekleidet. Ihre Haut ist verkrustet, und alle haben sie einen dicken Kartoffelbauch.
Es ist gerade die feuchteste Jahreszeit, trotzdem hängen Staubwolken über den Dörfern. Der Landstrich hier – im Norden die chinesische Provinz Sinkiang, im Westen Afghanistan, im Osten die ausgedehnten Ebenen des Punjab – liegt im Monsunschatten.
Unter einem breitkronigen Laubbaum mache ich halt. Das ist ein guter Lagerplatz, denke ich, während ich Schuhe und Socken ausziehe. Die Wiese ist nicht gemäht, dennoch ist das Gras ganz kurz, weich, fast seidig. Im Bewässerungsgraben, der hier vorbeifließt, wasche ich meine Füße. Erst als es über mir knackst und kracht, bemerke ich, daß ein Junge in der Baumkrone sitzt, um Laub zu holen. Das Laub und das Gras riechen feucht und warm. Ich setze mich unter den Baum, dessen Wurzeln wie ein kleiner Hügel aus dem Boden hervortreten. Der leichte Wind, der vorher noch dünne Rauchfahnen über das Dorf zog, ist jetzt bei mir. Er weht mit dem Duft der Hütten auch die Wärme aus den Felshängen herüber, die den Talkessel umstehen. Ein helles Flimmern ist in der Luft, das Licht vor der Dämmerung.
Fliegen und Ameisen kriechen über meine Beine. Der Bub wirft immer noch dünne, belaubte Äste herunter. Ich lehne mich zurück an den Stamm des Baumes und schließe die Augen. Über mir die Blätter, die reden, ein Grashalm kitzelt mich an der Fußsohle. Ich fühle mich geborgen.
Nach einer kurzen Rastpause döse ich ein. Die Beobachtungen vergessend und ohne zu denken, weiß ich plötzlich. In der völligen Stille öffnet sich in mir etwas Merkwürdiges: Mir ist, als habe mein Denken wie eine Trennwand gewirkt und jetzt dringe alles um mich herum in mich ein, ohne daß ich es anschaue, rieche oder darauf höre.
Wer seinen Weg gefunden hat und ihn geht, immer geradeaus und nach oben, ergänzt und füllt sich selbst. Die Gerade, die sich im Unendlichen

zum Kreis schließt, ist der richtige Weg. Das weiß ich aus der Mathematik.
Wenig später schon träume ich. Ich sehe mich den letzten Sattel überqueren, über endlose Schneehänge irren. Ich spüre, wie ich mich gegen den Sturm hinaufarbeite und fast ein Opfer der Müdigkeit, der Verzweiflung und der Halluzinationen werde, bevor ich auf den Felszacken stoße, der ein berstender Gipfel ist ...
Als ich aufwache blitzt die Erkenntnis auf, daß ich etwas suche und daß dies nicht der Tod ist; diesen zu suchen hieße ja nichts suchen.
Unter freiem Himmel legen wir uns auf dem noch warmen Rasen zur Nachtruhe nieder. Trotz der Hitze schlafe ich rasch ein. Nahe bei unserem Lagerplatz ist ein Bewässerungsgraben, aus dem ein angenehm kühler Hauch zu uns aufsteigt. Die Träger, die gestreikt haben, kommen erst gegen Abend; es wird wieder laut und lebendig. Sie sehen alle recht verwegen aus; tragen meistens irgendeine Flinte bei sich, Vorderlader englischer oder russischer Bauart. Nur wenige aber haben mehr als zwei Patronen in dem breiten, um die Brust geschlungenen Gürtel stecken.

Allein gehen

Es ist früher Morgen. Der Talgrund liegt noch im Schatten, die Berggipfel sind von der Sonne beschienen. Wir gehen weiter, hinab in die Schlucht und am Gegenhang hinauf Richtung Paß. Das Tal ist nach Westen hin offen.
Die Bauern haben unsere Lasten auf einige Eselchen verstaut und kommen im steilen, steinigen Gelände nur langsam voran. Auch Ursula und Terry sind zurückgeblieben. Die beiden verstehen sich gut.
Am Mittag steige ich über karge, steile Berghänge. Nur da und dort ein Baum. Die Sonne steht senkrecht über mir. Ich spüre sie im Genick und wünsche mir einen riesigen Sonnenhut oder einen Turban, wie ihn die Männer hier tragen.
Von meinem Standort kann ich weit in die Täler hinausblicken. Hinter mehreren kleinen Bergrücken vermute ich die tiefe Senke des Industales. Wie ein schmales, helles Band zieht der Bach unten durch den Talkessel.
Ich habe großen Durst. Nirgends eine Quelle; auch weit und breit keine Schneereste. Es sind noch gute zwei Stunden bis zum Paß. Mit den Augen verfolge ich die Schafsteige bis zur Anhöhe und gehe weiter. Es gibt hier keinen Pfad, nur Tierspuren. Im nächsten Graben schon verlieren sie sich, und nur ganz oben, wo alle Fährten zusammenlaufen, sind sie als weißes, gewundenes Band auszumachen.

Trotz Hitze, Müdigkeit und Fliegenplage fällt es mir jetzt leichter zu steigen, als stehenzubleiben und zu rasten. Welche Wohltat ist dieses tagelange Gehen! Ich habe nur einen kleinen Rucksack und nichts in den Händen. Meine Aufmerksamkeit auf den Weg und die Umgebung gerichtet, erlebe ich die tiefe Freude, mich einfach aufwärts zu bewegen, ohne damit einen besonderen Zweck zu verfolgen. Ich liebe es, allein zu gehen, auch viele Stunden lang. Ich mag es nicht, wenn jemand hinter mir oder vor mir herläuft. Beim Gehen spreche ich nicht gern, finde instinktiv meinen Weg und kann so zu denken aufhören.
Die wenigen Grasbüschel zwischen den Steinen sind wie ausgedörrt; die Luft flimmert über den Felsen. Die Fliegen, die mich vorher belästigt haben, sind nicht mehr da, oder ich spüre sie nicht. Es ist, als ob ich die Landschaft mit den Augen, den Ohren und der Nase fühlen könnte. Dabei das Bedürfnis, mit ausgestreckten Armen durch diese karge Welt hindurchzugehen.
Ich wandere ruhig und gleichmäßig, nicht schnell – nur stetig. Erst als ich wenige Dutzend Höhenmeter unter dem Paß angekommen bin, beschleunige ich meinen Schritt, laufe das letzte Wegstück, so daß ich oben mit fliegendem Atem ankomme.
»Der Nanga!«
Es ist, als ob der erste Windstoß aus dem gegenüberliegenden Tal meine Gelassenheit weggefegt habe.
Ich zittere vor Aufregung. Mein Körper steht vor einem Abgrund, und mein ganzes Sein scheint sich von hier weg nach Osten zu bewegen. Ich kann nicht mehr klar denken. Was meine Aufmerksamkeit in einer Art hypnotischer Konzentration anzieht, ist dieser alles überragende Berg hinter der Nebelwand.
Dann hebt sich der Wolkenvorhang über dem Talschluß, und die Nanga-Parbat-Nordwestwand steht in ihrer ganzen Wucht vor mir. Ich bin mehr als 30 Kilometer vom Gipfel entfernt, und doch ist er unfaßbar hoch. Hinter den dunklen Kulissen der Vorberge strahlen die Firnfelder der Hängegletscher so hell, daß die Augen schmerzen. Ich mustere jede Einzelheit der Wandflucht.
Ein Durchstieg in der Fallinie scheint undenkbar.
Neue Wolken verdecken die Wand – als hätte ich schon zuviel gesehen. Dann verziehen sie sich wieder.
Während ich die Bergkette im Osten betrachte, glaube ich, ein Maß zu finden, und doch sieht die Diamirwand steiler und höher aus, als ich sie in Erinnerung habe. Es ist noch weit, sehr weit bis dorthin.
Das Land unter mir ist braungrau. Darüber eine Hügelkette, noch bewaldet; dahinter zwei Bergrücken, blaugrün, felsig abweisend. Und wieder steht über allem, wie irreal, der Nanga Parbat.

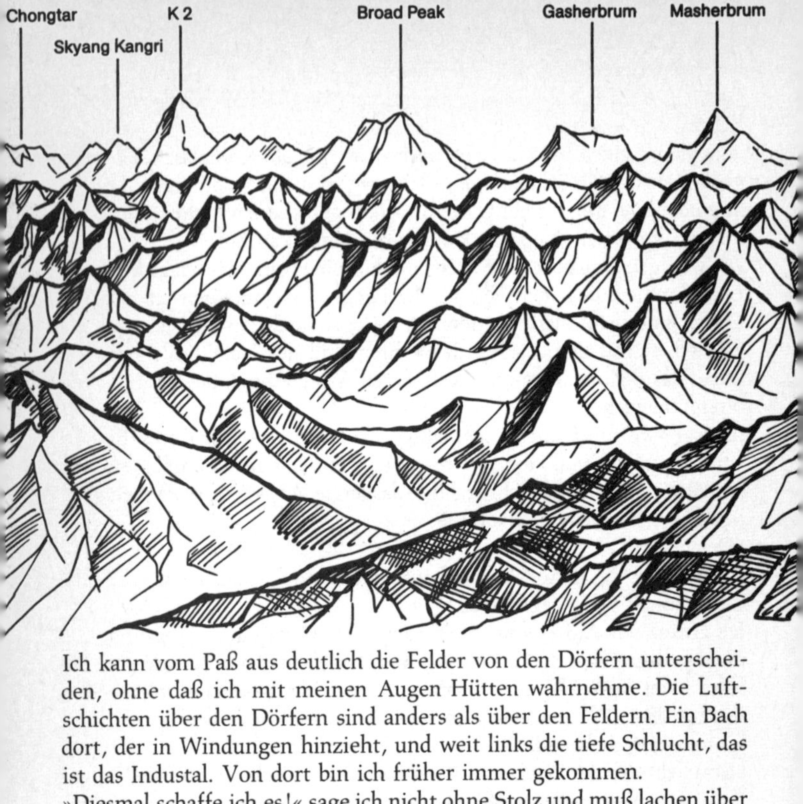

Ich kann vom Paß aus deutlich die Felder von den Dörfern unterscheiden, ohne daß ich mit meinen Augen Hütten wahrnehme. Die Luftschichten über den Dörfern sind anders als über den Feldern. Ein Bach dort, der in Windungen hinzieht, und weit links die tiefe Schlucht, das ist das Industal. Von dort bin ich früher immer gekommen.

»Diesmal schaffe ich es!« sage ich nicht ohne Stolz und muß lachen über das Sprichwort, das mir dabei einfällt: »Der Krug geht so lange zum Brunnen, bis er bricht.« Wenn er nur immer voll wird dabei!

Ich schwitze, und der Wind ist mir unangenehm. Deshalb setze ich mich an die Ostseite des Passes, in den Windschatten. In Gedanken durchschreite ich den Weg bis zum Gipfel. Dabei sehe ich mich zu Entschlüssen verführt, die mir zwar tollkühn, aber erreichbar erscheinen. Das Mögliche im Unmöglichen zu suchen, die Realität im Traum – das kenne ich. Ist es nicht phantastisch, daß man an Bergflanken Linien zeichnen kann, ohne selbst hinaufzusteigen?

Immer noch sitze ich allein auf der Anhöhe. Niemand, der mich stört. Ich schaue zu den Bergketten und Graten hinüber – sie wachsen, je länger ich hinsehe. Ich krame das Fernglas aus dem Rucksack und studiere die Gipfelpartie des Nanga Parbat. Wie durchsichtig die Luft doch

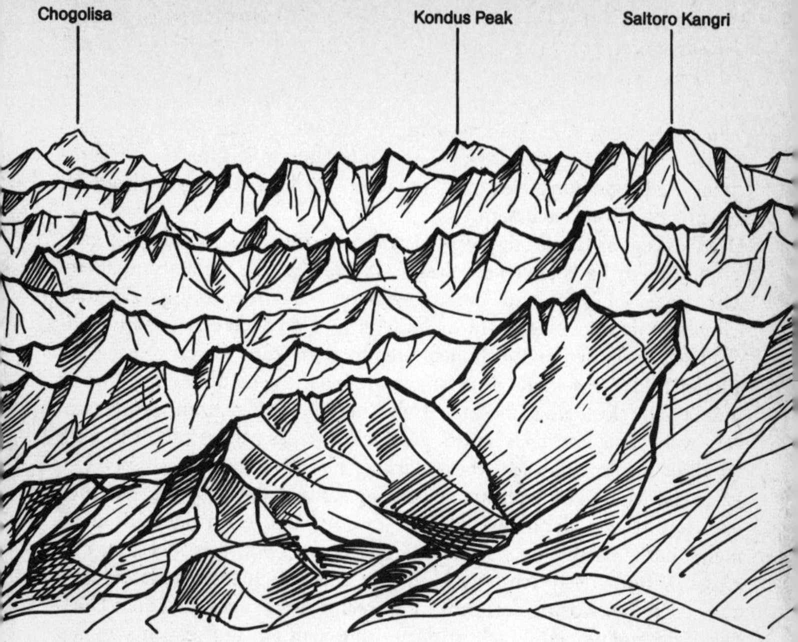

ist, auch jetzt am Nachmittag. Eine Weile bin ich in Gedanken schon hoch oben am Berg, vergesse mich auf dem Paß. Welch verrückte Möglichkeit ist doch das Alleinsein!

Die Träger reißen mich aus meinen Träumen. Sofort bin ich bedrückt. Sollte ich nur mehr alleine marschieren, träumen können? Es scheint fast so. Die Träger sitzen schweigend neben mir und blicken ins Tal. Die Esel haben sich hingelegt und schnaufen hörbar. Als Ursula und Terry ankommen, zeige ich nur mit dem Finger zum Nanga Parbat. Eine ganze Weile wechseln wir kein Wort miteinander. Der Blick vom Paß übertrifft alle Erwartungen. Links vom Nanga sind Buldar Peak und Chongra Peak zu erkennen. In weiter Ferne verschwimmen Rakaposhi und Haramosh am Horizont. Vor uns geht es hinab ins Bunartal, auf dessen Boden die Abendsonne tiefe Schatten wirft. Unmittelbar gegenüber steht der Diamirai Peak, und dahinter ragen die steilen Rinnen der Mazeno Peaks mit ihren gigantischen Pfeilern auf. Die Steilwände der Diamirschlucht sind schon schwarz. Am Grat weht ein kalter Wind. Wir müssen vor Einbruch der Nacht einen Durchstieg ins Tal finden.

Alles, was im Regenschatten, auf der Nordwestseite des Nanga Parbat liegt, ist nahezu ausgedörrt. Die tief eingeschnittene Indusschlucht un-

ter uns ist ein gigantischer Cañon; die Nanga-Parbat-Gruppe darüber ein geschlossenes Gneismassiv. Der isolierte Bergstock steht senkrecht zum Himalaja. Der Hauptkamm zieht von Südwest nach Nordost, und von ihm laufen Seitengrate nordwärts gegen das Industal aus. Im Süden bricht der Berg mit einer gewaltigen Wandflucht so steil gegen das Rupaltal ab, daß sich dort nur eine dünne, durch Felspfeiler unterbrochene Eisverkleidung halten kann. Hier, an diesem Riegel, endet der eigentliche Himalaja-Bogen.
Der Abstieg ins Bunartal erweist sich als sehr steil. Ganz unten erst fasse ich an einem Lawinenkegel Wasser. Wieder bin ich voraus und allein. Mir ist, als sei ich aus mir herausgegangen. Ich bin so wohlig müde, daß ich auch mit mir selbst nicht mehr spreche. Und doch erscheinen, während ich zwischen mannshohen Steinmauern zum ersten Dorf gehe, allerlei Bilder vor meinem geistigen Auge. Ich sehe über alles hinweg und behalte doch alles im Auge. Dabei nehme ich gleichzeitig vieles von dem wahr, was um mich herum geschieht, und es gehört zu mir und ich zu all dem, ohne daß ich weiter darüber nachdenken will.
Ist es die Müdigkeit oder meine geistige Abwesenheit, die mir plötzlich das Gefühl gibt, dahinzuschweben? Zweimal spüre ich die Füße nicht mehr, dann wieder ist mir, als hätten sie sich von mir losgelöst und gingen automatisch. Ich höre Hunderte von verschiedenen Geräuschen aus den reifen Kornfeldern links und rechts des Weges, aus dem Dorf. Der Tritt meiner Füße gehört dazu, ohne daß ich ihn jedoch von den anderen Lauten unterscheiden kann.
Als ich auf einer Wiese ankomme, sind meine Begleiter schon da. Kinder stehen herum und bieten uns Aprikosen an. Ein Wassergraben, gefüllt mit lebendigem, klarem Wasser, führt vorbei. Ein guter Lagerplatz. Ich muß wohl einen Umweg gemacht haben. Am anderen Tag wollen wir an den Eingang des Diamirtales gelangen, eines der härtesten, ärmsten Täler überhaupt. Ich kenne es von früher, von 1970, als ich über die Westseite abgeklettert und dann durch dieses Tal abgestiegen bin.
Wir leben nun mit den Menschen dieser Täler, und wenn sie oft auch nur den Kopf schütteln über unsere Anwesenheit, ich verstehe sie. Als sie hören, daß wir einen Arzt, einen »Doktor Sahib«, dabeihaben, bringen sie ihre kranken Kinder, und Ursula tut alles nur Erdenkliche, um ihnen zu helfen. Sie berät, teilt Medikamente aus und tröstet.
Ich muß mich Tag für Tag mit den Trägern herumschlagen, denn wir sind verpflichtet – so sehen es die »Mountaineering Rules« in Pakistan vor –, die Männer von Distrikt zu Distrikt zu wechseln.
Der Weg führt zuerst am westlichen Bunarufer entlang. Eine Schlucht, die ins Bunartal abstürzt, wird hoch oben umgangen. Dann überqueren wir auf einer Brücke den Fluß. Nach einer Wegbiegung liegt das Dorf

Diamirai vor uns. Noch trennt uns der tiefe Einschnitt einer neuen Schlucht von den Baumgruppen, die den Ort einrahmen. Vorbei an einem abschüssigen, sandigen Flecken, wohl dem Friedhof, erklimmen wir die Terrasse. Hölzerne Röhren führen Wasser, das die Bewohner weit oben im Bach auffangen. Darüber wölben sich die Äste großer Nuß- und Aprikosenbäume.
Wenige Menschen sind im Dorf. Kein Wunder, die meisten Männer sind jetzt auf den Almen, und die Frauen müssen unsichtbar bleiben. Wenn ich unversehens um eine Ecke komme, kann ich oft gerade noch einen Schatten in einer Türöffnung sehen; eine Frau, die auf der Lauer lag, um wenigstens einen Blick auf uns Fremdlinge werfen zu können.
Wir schlafen am Beginn der Diamirschlucht. In der Hoffnung, daß die Träger sich nicht weigern, den steilen direkten Pfad zu gehen, warten wir am anderen Morgen auf die Männer, die irgendwo in den Hütten genächtigt haben. Sie kommen mit Anbruch des Tages.
Die westliche Flanke des Nanga Parbat ist nur selten begangen worden, und es liegt etwas Geheimnisvolles über der fast unzugänglichen Schlucht von Diamir. Auch unsere Träger haben anfangs große Bedenken, aber mit einigem Zureden entschließen sie sich, es zu versuchen. Nachdem sie Allah inbrünstig um Beistand angefleht haben, geht der Marsch ohne erhebliche Schwierigkeiten vor sich. Am Abend sind wir in Ser, einer kleinen Siedlung im oberen Diamirtal. Über einer langen Zeile blühender Heckenrosen erstrahlen die eisgepanzerten Steilflanken des Nanga Parbat und der Mazeno Peaks, und beim Sonnenuntergang steht das Trapez des Gipfels rötlich leuchtend über dem violettdunklen Tal – ein unvergeßliches Bild!
Die Träger wissen, daß wir jetzt nicht mehr zurück können, um so mehr versuchen sie nun aus unserer Expedition herauszuschlagen.
Hier oben kenne ich die Leute gut, und sie kennen mich. So ist es leichter, mit den Trägern zurechtzukommen. Ich bin jetzt bereits das vierte Mal in diesem Tal. 1970, nach der für mich so tragischen und dramatischen Nanga-Parbat-Überschreitung, als ich meinen Bruder Günther verloren hatte, war ich von oben durch dieses Tal heruntergekommen, am Ende meiner Kräfte, halb schon im Delirium. 1971 bin ich durch dieses Tal aufgestiegen, um meinen Bruder zu suchen. 1973 kam ich, um einen ersten Alleingang zu wagen. Jetzt bin ich also zum vierten Mal hier. Ich kenne das Tal fast so gut wie das Villnößtal, wo ich aufgewachsen bin.
Im Diamirtal leben 40 oder 50 Familien. Ich weiß, wo jeder wohnt und wo die Kinder hingehören. Ich staune nur, wie diese seit 1973 gewachsen sind. Die Kleinsten fallen mir auf. Ich erkenne alle wieder, die mir 1970 geholfen haben, als ich beim Abstieg kaum noch gehen konnte.

Nach zehn Anmarschtagen kommen wir zur Hochalm Nagaton. Wir haben unseren Rhythmus gefunden, und auch die Träger stören nicht mehr. Immer sehen wir jetzt über den Bergrücken den Nanga Parbat aufragen, und je näher wir kommen, um so klarer wird mir, wie riesengroß diese Wand ist. Ich habe sie früher oft schon gesehen, aber in meiner Erinnerung hat sie sich beim langen Wegsein verkleinert.
Wie steil diese Wand ist! Bei der Abreise von Europa war ich noch nicht ganz sicher, wo ich hinaufsteigen würde. Ich wollte mich nicht festlegen. Auch jetzt beim Anmarsch weiß ich es noch nicht endgültig.
Nagaton, wo wir am frühen Nachmittag die Zelte aufschlagen, liegt auf etwa 3500 Meter Höhe.
Über den Hütten hängt Rauch; Schafe und Ziegen laufen überall herum. Zwischen den Behausungen – zimmergroßen Steinhöhlen – stehen Männer. Frauen lugen aus den düsteren Eingängen. Ein ständiges Murmeln und Rauschen geht über die Alm, ein Reden, an dem auch die Bienen und die Vögel teilhaben.
Dieser Ort ist mir so vertraut, daß ich jeden Schlupfwinkel, jedes Wasserloch kenne.
Unter einer Baumgruppe, mitten auf der Lichtung, stehen nun unsere Zelte. Zögernd kommen die Kinder und schauen uns mit neugierigen Augen an. Sie betrachten die Zelte, dann die wenige Ausrüstung, die herumliegt. Später, im Abendlicht, werden die Augen der Kinder größer; sie laufen um uns herum und lachen. Woher wir denn kommen, fragt uns ein Halbwüchsiger. »Von weit her«, sage ich, »aus Europa.« »Europe«, sprechen die Kinder nach und kichern, weil sie nichts mit diesem Wort anfangen können. Ein alter Mann mit weißem, schütterem Bart will die Kinder vertreiben. Sie sollen uns in Ruhe lassen und nicht immer herumstehen. Ich wehre ab:
»Nein, nein«, versichere ich, »mir macht das nichts aus.« Ich mag Kinder gern, viel lieber als Erwachsene.
Der alte Mann schüttelt den Kopf, als ihm Terry erklärt, daß ich ganz alleine auf den Nanga Parbat möchte. Er runzelt die Stirn.
»Das geht nicht«, sagt er. »Es sind Amerikaner dagewesen, Japaner und Deutsche, mit oft Hunderten von Trägern und einer Menge Material, und nur einmal ist eine Gruppe hinaufgekommen. Damals, vor langer Zeit, waren drei am Gipfel, drei Sahibs, und Siegi-Sahib ist beim Abstieg gestorben. Die anderen Expeditionen sind schon unten gescheitert.«
Allein schafft man es nicht bis zum Gipfel des Nanga Parbat, will er sagen, alleine ist das unmöglich. »Man braucht Hilfe«, bekräftigt der Alte und scheucht die Kinder fort, die sich wieder an die Zelte geschlichen haben.
»Hilfe und viel Glück.«

»Tike«, sage ich, um ihm recht zu geben, aber behalte meine Meinung. Am späteren Nachmittag beginnt es zu regnen, und wir kriechen schnell ins Zelt. Wir sollen in seine Hütte kommen, meint der Alte, er habe Platz. Wir aber bleiben im Zelt.
Im Halbschlaf träume ich von einer Landschaft, die weit ist, unendlich weit und doch unzugänglich für alle anderen; eine Landschaft mit Wäldern und Wiesen, Hügeln und Bächen dazwischen; ab und zu ein See, der von oben her glitzert. Es ist eine Ruhe über dem Land, die wie Musik ist; Musik aus Gras und Luft und Bäumen und Felsen und Wasser. Ich stehe mitten darinnen – wie erlöst.
Der Regen hat aufgehört. Schaf- und Ziegenherden laufen durch meine Wachträume. Eine Zeitlang liege ich noch da. Am diffusen Licht, das durch die Zeltplane dringt, sehe ich, daß es Abend geworden ist. Ob der Berg frei ist?
»Komm heraus«, ruft Ursula, »es ist schönes Wetter!«
»Ja, ja«, antworte ich und schließe wieder die Augen, um weiterträumen zu können. Draußen ist alles erfüllt vom Trippeln und Blöken der Schafe. Die Tiere kommen jetzt von der Weide, denke ich, und schaue aus dem Zelt. Die Herden sind so dicht, daß sie wie eine einzige dicke, lebendige Pelzdecke vorbeiwogen. Lange gehe ich zwischen Schaf- und Ziegenherden auf und ab. Alles ist voll Leben und doch so ruhig.
Der Zauber, der von dieser Alm ausgeht, sind die Bäume und die Schafe und die Menschen, die dazugehören. Unten das Tal. Das ist nicht so wichtig für das Gefühl; auch der Berg ist nur da. Ich sehe jetzt das Lebendige und das Schöne dieser Alm.
Später setze ich mich an den Westrand der Lichtung und schaue hinaus ins Tal. Bis auf den Gletscherbach, der Steine wälzt, ist unten alles still. Nur zwei Feuer, die brennen, und ein heller Streifen am Horizont. Die Lichter im Tal unten zittern, der Lichtschein am Horizont steht still. Oder kommt mir das nur so vor?
Terry kocht. Er hat zwei Fleischstücke gekauft und würzt sie mit Curry und Chili. Es schmeckt sehr gut. Die Kinder schauen uns beim Essen zu. Sie lassen sich jetzt auch von dem Alten nicht mehr vertreiben. Ich frage den Mann, ob es möglich sei, ein Schaf ins Basislager hinaufzubringen, später, wenn wir nicht mehr herunterkommen. Auch Eier und Hühner brauchen wir dann. Er nickt und nennt die Preise: 400 Rupien für eine kleine Ziege oder ein junges Schaf. 30 Rupien für ein Huhn. Eier hat er selbst nur selten.
»Eine Mark sind vier Rupien«, sage ich und rechne um. »Tike!« Einverstanden. Er solle es bringen, wenn er etwas habe, übersetzt Terry.
Vom Platz vor den Zelten kann ich den Gipfel des Nanga Parbat sehen, der aus der Dämmerung hervorsticht. Über dem schütteren Wäldchen

wirkt der Berg im späten Licht nicht besonders groß, aber noch weit weg. In der abendlichen Windstille ist es so ruhig, daß ich die ersten Sterne sich bewegen sehe. Bevor ich mich ins Zelt lege, fällt mir ein, daß ich nachschauen könnte, wie hoch wir sind und wie das Wetter wird. Dann aber kommt es mir unwichtig vor und ich vergesse, auf den Höhenmesser zu sehen.
Von den kleinen Feuern vor den Hütten steigen Funken auf. Ich denke an Uschi, mit der ich 1971 hier war. Es ist schon das zweite Mal, daß ich heute an sie denke. Immer sind es diese ruhigen Stunden, die mich sie sehen lassen, und es ist gar nichts Schmerzliches an diesem Zusammensein. Das Gefühl, mehr und mehr in mir selbst zu ruhen, macht die Trennung erträglich. Zwar leide ich dann und wann noch an Depressionen, aber es tut mir gut, mich an sie zu erinnern. Ich will sie gar nicht vergessen.

Wenig oberhalb der Almen von Nagaton endet der menschliche Lebensbereich. Dieser Ort liegt wahrhaft am Ende der Welt, und gleichzeitig ist er eine Art Paradies für die Bewohner des Diamirtales. Hier gibt es frisches Quellwasser, satte Weideflächen ringsherum und Holz im Überfluß.
Am Morgen ist der Himmel verhangen und der Nanga Parbat nicht zu sehen. Wir steigen in einem mit Birken und Buschwerk bewachsenen Tal aufwärts. Der Weg, der zu den hochgelegenen Weiden führt, ist ausgetreten, wir können uns nicht verlaufen. Unter einem mächtigen Felsblock mitten in einer grünen Wiese ducken sich winzige Steinhütten, Raum für Schafe und Hirten, wenn schlechtes Wetter hereinbricht.
Die Morgennebel haben sich aufgelöst. Zum Greifen nahe, nicht mehr vorstellbar, ragt der Nanga Parbat auf, irgendwie entrückt. Wie sich ein solcher Berg vom Abend bis zum Morgen verändern kann!
»Ich habe keinen Berg gesehen, der eine so unwiderstehliche Anziehung ausübt«, hat Mummery 1895 in einem Brief an seine Frau geschrieben. Es ist unglaublich, was dieser Mann vor jetzt genau 83 Jahren tat. Je öfter ich in seinen Briefen lese, desto mehr muß ich ihn bewundern.
»Unsere erste Aufgabe wird es sein, uns den Höhen anzupassen«, hat er geschrieben. »Ich denke, wir werden morgen an die Ersteigung eines Fünfeinhalb- oder Sechstausenders gehen. Deren gibt es hier ziemlich viele, doch sind es meist Schneeschinder. Immerhin ist es gut für die Gewinnung der richtigen Atemtechnik.
Ich glaube nicht, daß wir am Nanga irgendwelche ernsthaften alpinen Schwierigkeiten finden werden, auch hat er viel weniger Hängegletscher, als ich angenommen hatte. Die Ersteigung wird wohl hauptsächlich eine Frage der Ausdauer sein. Wir sind bei bester Gesundheit, nur

unsere Beine arbeiten nicht ganz so, wie sie sollten; wir wollen daher drei Wochen zu Trainingsfahrten verwenden. Du kannst also damit rechnen, in etwa vier Wochen, von heute an gerechnet, oder ein paar Tage später ein Telegramm zu bekommen.«

Und eine Woche später: »Wir überschritten den Mazenopaß (ein landesüblicher Übergang); dann gingen wir in das Diamaraital (unbewohnt, aber außerordentlich schön); prächtige Bäume (meist Birken und Kiefern), Büsche von wilden Rosen, Blumen und Buschwerk in Fülle.«

Am 4. August 1895 heißt es: »Wir gedenken, den Nanga in der nächsten Woche (heute in acht Tagen) ernsthaft anzupacken. Dazu sind vier Tage erforderlich.«

Hier irgendwo, wo ich jetzt sitze, muß Mummery das geschrieben haben, und mir kommt es so vor, als habe er mir meine Gedanken ein knappes Jahrhundert vorweggedacht. Später erst gibt sich Mummery zweifelnd. In Begleitung eines Einheimischen dringt er bis in die 6000-Meter-Region vor, muß aber schließlich aufgeben. »Unsere Aussichten, den Berg einzustecken, sind ziemlich trübe. Collie ist nicht sehr darauf erpicht, und Freund Hastings hat es fertiggebracht, sich eine Erkältung zu holen. Ich bin also mit den beiden Gurkhas allein übrig. Sie sind erstklassige Kletterer und gute Kerls, aber die Hilfe eines richtigen Alpenklubisten können sie nicht leisten. Nun gut, dann werde ich bald wieder auf dem Heimweg sein. Du mußt aber nicht enttäuscht sein über den Nanga. Der Nanga hat auf dieser Seite eine Fels- und Eisflanke von 3700 Meter Höhe, so steil und schwierig wie eine ganze Reihe aufeinandergetürmter Matterhörner und Montblancs. Ich wäre wahrscheinlich hinaufgekommen, wenn Ragobir (der eine Gurkha) nicht in einem kritischen Augenblick unpäßlich geworden wäre und ich ihn hätte hinunterbringen müssen. Kein Zweifel, die Luft greift uns an, wenn wir über 5500 Meter vordringen. Morgen gehe ich mit den Gurkhas über einen Hochpaß in das Buldarrakhiot Nullah. Hastings und Collie gehen mit den Kulis und den Vorräten auf einem Umweg dorthin. Wenn die Nordwestseite des Nanga leicht ist, so schaffen wir es vielleicht noch, aber Du bekommst noch ein Telegramm, ehe diese Zeilen Dich erreichen.«

Der Brief trägt kein Datum, er muß am 23. August geschrieben worden sein. Nach dem 24. August wurden Mummery und die beiden Gurkhas nicht mehr gesehen.

In dem letzten der Briefe stellt Mummery mit einiger Zuversicht fest, daß er am 20. August ohne das Versagen der Gurkhas die Spitze des Nanga erreicht haben würde. Ist dieser Optimismus berechtigt? Bruce, der bei seiner jahrelangen Himalaja-Erfahrung über ein besonders gut fundiertes Urteil verfügte, äußerte sich skeptisch. Er meinte, daß die beiden Bergsteiger, erschöpft von den anstrengenden Klettereien der vorhergehenden Tage, nicht mehr fähig gewesen wären, sich in stundenlangem Stufenschlagen auf völlig unbekanntem Boden die noch fehlenden 1800 Meter bis zum Gipfel hinaufzuarbeiten. Später faßt er zusammen: »Ich möchte wohl wissen, ob der Nanga einmal erstiegen wird. Wahrscheinlich gehört er zu den allerschwersten Bergen, denn man kann nur ganz leichte Zelte hinaufschaffen, und selbst die Lagerplätze sind nur in gefährlicher Kletterei erreichbar. Auch endet das verhältnismäßig leichteste Stück der Anstiegsroute auf der Diamirseite bereits in 4600 Meter Höhe, und es sind noch 3600 Meter in schwerster Arbeit zu bewältigen.«

Dieser sachliche Schluß bringt mich auf den Boden der Wirklichkeit. Schon zweifle ich wieder an meinen eigenen Erfolgsaussichten.

Vor mir der Nanga Parbat wie eine riesengroße Wolke, die als Hintergrund nur den Himmel hat. Ich gehe weiter.

Ich habe einen ungeheuren Hunger nach Leben. Ich möchte überall zugleich sein. Ich möchte da hinauf, umherstreifen, vagabundieren. Von dem Grundübel der Philosophie und Moral habe ich mich befreit. Das Aneinanderreihen von logisch gedachten Thesen ist nicht mein Weg der Selbstfindung. Dieser Alleingang ist eine Erfahrungsmöglichkeit, die mir das Leben und die Welt bieten. Ich möchte singen, tanzen, lachen.

Am frühen Nachmittag laufe ich allein über den Kamm der Moräne, die sich über 3 Kilometer schnurgerade wie ein Bahndamm das Tal hinaufzieht, auf den Nanga zu. Rechts von dem schmalen First geht es etwa 20 Meter steil auf den schuttbedeckten Gletscher hinab, während die andere Seite weit hinauf mit dichtem Gestrüpp bewachsen ist.

Wir haben den Diamirgletscher überquert und nähern uns dem Wandfuß. Sanft zieht links ein Moränental aufwärts. Wie ich an den Wildspuren sehe, bin ich nicht der erste, der dieses natürliche Steiglein benutzt. Der Gipfelstock des Nanga ist einmal frei, dann wieder verhüllt. Vom Nordgipfel zieht eine Reihe markanter Felsrippen strahlenförmig über die Wand nieder. In ihrem Schutz sind mehrere Routen denkbar. Leider verdeckt der Ganalo Peak den Blick in den wildzerklüfteten Diamagletscher, der nach Osten zieht. Auch dort müßte es einen Weg für mich geben. Die Stille wird vom nahen Krachen und Poltern der arbeitenden Eismassen noch betont. Unheimliche Naturkräfte sind hier am Werk, und ich kann die Furcht der Bauern vor den Berggeistern verstehen. Im Westen verlieren sich die Hügel in immer dunkleren Blautönen in die Unendlichkeit.

Es regnet leicht, als ich in etwas über 4000 Meter Meereshöhe einen Lagerplatz finde. Es ist eine gute Stelle für mich. Das spüre ich aus der Farbe des Grases, aus den weichen Schatten in der seichten Mulde. »Hier bleiben wir«, sage ich laut. Steinklötze liegen herum, und Wasser ist da;

Im Mai 1973 startete ich erstmals zum Nanga Parbat mit dem Vorsatz, den 8125 Meter hohen Berg allein zu erklettern. Ich erreichte etwa 6000 Meter.

Beim Anmarsch 1973 hatte ich nur drei Träger, beim Rückweg durch das Diamirtal meist nur mehr zwei.

Links: Nicht nur Eislawinen gehen in der Diamirflanke ab, es gibt dort auch häufig Steinschlag. Bei meinem ersten Soloversuch beobachtete ich einen Felssturz.

Beim Aufstieg vom Basislager zum Ganalo Peak campierten wir in einer winzigen Scharte hinter einem kirchturmhohen Felspfeiler.
Rechts: Mein leichtes Gepäck hatte auch den Vorteil, daß ich die Träger gut beaufsichtigen konnte. In der wilden Diamirschlucht war ich froh darüber.

Oben: An Lawinenkegeln mußten wir mit Steinen einen Fahrweg bauen.

Links: Vom Nanga Parbat gibt es so viele Fotos, daß er den meisten Alpinisten vom Bild her bekannt ist. Aber nur die wenigsten können ihn sich wirklich vorstellen.

Rechts: Als wir 1970 zur Rupalwand gingen, war das Industal offen; 1978 war es für Ausländer gesperrt. Die Südwand des Nanga Parbat gilt als die höchste Eis- und Felsflucht der Welt. Links oben die flachen Hänge, über die die Schell-Route verläuft; die sogenannte Direttissima führt durch den zentralen Wandteil.

Am frühen Morgen des 6. August verließ ich das Basislager. Zuerst galt es, über einen zerrissenen, schmutzigen Gletscher zu gehen.

ein armdicker Strahl quillt direkt aus dem Boden. Noch bevor die anderen kommen, mache ich eine Feuerstelle. Ich habe den Platz gefunden, weil ich allein war. Der Regen wird stärker. Deshalb bauen wir gleich die Zelte auf. Als auch die Träger da sind, zahlen wir sie aus – 80 Rupien pro Mann und Tag – und verkriechen uns.
Es ist der 20. Juli. In den nächsten zehn Tagen soll es fast ununterbrochen regnen und schneien. Ein Aufstieg kommt nicht in Frage. Ich mache mir keine Gedanken; lese, schaue dann und wann aus dem Zelt, und oft, wenn der Nanga Parbat frei wird, beobachte ich mit dem Fernglas die einzelnen Aufstiegsmöglichkeiten.
Auch im Basislager ernähren wir uns von dem, was das Land bietet. Die Bauern sind mit ihren Rindern und Schafen nur eine Stunde von uns entfernt und bringen uns Lassi (saure Milch), Hühner und Tschapati. Manchmal auch Milch. Die Hühner lassen wir oft tagelang herumlaufen, füttern sie, ehe ich sie schlachte. Terry ist ein phantastischer Koch, vor allem mit Chili und anderen pakistanischen Gewürzen versteht er ausgezeichnet umzugehen. Er macht sich ein Spielchen daraus, immer wieder andere pakistanische Hühnergerichte zu bereiten. Sogar ich selbst koche zwischendurch. Das Essen aus der Konserve ist auf die Dauer zu eintönig. Auch müssen wir mit dem Mitgebrachten sparsam umgehen. Unser Nahrungsmitteldepot – zwei Kisten unter einem überhängenden Stein – soll noch für zwei bis drei Wochen reichen. Ich habe mir vorgenommen, diesen Berg genau zu studieren. Nun habe ich Zeit, ihn zu beobachten. Auch wenn die Einheimischen mit anderen Augen zum Nanga hinaufschauen; wir sehen ihn ähnlich.
Während ich über die letzten Hochalmen marschierte, sah ich eine riesige Lawine über die zentrale Diamirwand abgehen, genau aus einem Séracloch in der Wandmitte heraus. Ich hörte, wie sie abbrach. Von etwa 6000 Meter ging sie nieder, überspülte unten den ganzen Gletscherkessel. Ich sah nur noch Lawinenstaub, keine Wand mehr.
Im zentralen Wandteil gibt es keine Route, die sicher ist. Die Séracs sind so groß, daß nur ein Stückchen, eine Scheibe abbrechen muß, und am Wandfuß ist die Hölle los. Unten in den Rinnen teilen sich die Lawinen und überspülen alles.
Mein Zugang zu den Bergen ist ein intuitiv naiver. Deshalb sage ich manchmal auch, das Bergsteigen ist »mein Kraut«. Mit fünf Jahren habe ich angefangen. Mit zunehmendem Alter bestieg ich immer höhere und schwierigere Gipfel. Nun habe ich das Gefühl, daß ich fähig bin, auf jeden Berg einen Weg zu finden. Manche Routen sind nur einige Stunden lang am Tage sicher, und diese sicheren Momente herauszufinden, darauf kommt es an. Der richtige Weg zur richtigen Zeit – dann ist auch die Diamirseite am Nanga Parbat zu verantworten.

Im Basislager in 4000 Meter Meereshöhe ist es grün, Edelweiß blühen. Oft gehe ich die 20 Schritte vom Zelt zur Wasserstelle barfuß. Stunden, Tage und Wochen nehme ich als solche nicht mehr wahr. Die Zeit hat sich aufgelöst. Mein Schlaf ist tief. Keine Maschine, die rüttelt, kein Telefon, das schrillt. Im Körper mehr Ruhe als je zuvor.

Die Nacht der langen Schatten

Barfuß krieche ich aus dem Zelt und laufe ein Stück über das nasse Gras. Aus der Moräne, die den Diamirgletscher nördlich einfaßt, steigt ein Regenbogen auf. Deutlich und scharf steht er in all seinen Farben gegen die schwarzgraue Nebelmasse im Hintergrund. Dort sind irgendwo die Berge. An einzelnen Punkten schimmern Schneefetzen aus den Nebellöchern. Felspfeiler sind zu erkennen. Auf den Bändern liegt Neuschnee. »Es ist naß in der Wand«, sage ich zu mir selbst. Dieses gespenstische Schauspiel steigert sich, und ich merke erst nach einigen Minuten, daß ich kalte Füße habe. Ganz plötzlich wird über den Nebeln der von der Sonne beschienene Gipfel der Mazenomauer frei. Er ist so hoch oben, daß ich an seiner Realität zweifle; er scheint in der Luft zu schweben. Als die Nebelmasse darunter sich verdichtet, wirkt er noch höher. Die Luft dort oben flimmert golden, und die Bergflanken strahlen weiß. Es ist, als ob alles optisch schmelze, als ob die Sonne nur darauf warte, halbversteckt hinter den Wolken, durchzubrechen und alles aufzulösen, was ist.

»Morgen gehe ich los!« rufe ich, als ob ich es nicht nur Ursula mitzuteilen hätte, sondern auch den Steinen, Gräsern und Blumen um unser Zelt herum. Im selben Augenblick beschleicht mich ein sonderbares Gefühl, eine Mischung aus Furcht, Einsamkeit und Erwartung.

»Glaubst du, das Wetter bleibt gut?« fragt Ursula.

»Sicher, hier gibt es immer eine Schönwetterperiode nach so vielen Regentagen.«

Sie sagt nichts mehr. Beide stehen wir vor den Zelten und sehen dem geheimnisvollen Nebelspiel im hintersten Diamirkessel zu. Unschlüssig, ob ich gleich jetzt schon den Rucksack packen oder noch einen Tag abwarten soll, mache ich einige Aufnahmen.

»In einer Woche hat sich alles entschieden«, sage ich halblaut, nur um etwas zu sagen.

»Wird es gefährlich?«

»Alles ist gefährlich.«

Mehr will ich nicht sagen, ich weiß ja selbst nicht mehr. Ursula hilft beim Packen, sortiert mit mir Konserven und Kletterausrüstung.

Später lege ich mich ins Zelt, will mich entspannen und ausruhen. Aber ich kann nicht schlafen. Mit geschlossenen Augen liege ich da und denke in mich hinein. Ein eigenartig leeres Gefühl packt mich. Das ist immer so vor ganz großen Touren, denke ich und versuche, die Angst, die mich in Stößen anfällt, abzuschütteln. Sie bleibt.

Als wir am Abend unsere Suppe gelöffelt haben, ist es dunkel. Die Umrisse der frisch verschneiten Berge heben sich gegen die Finsternis des Himmels ab. Die Mulden, Steine und Gräser rund um das Basislager sind nicht mehr zu erkennen.

Eine halbe Stunde sitzen wir schweigend da. Ich bin müde. Ich kann nicht sprechen, und es gibt auch nichts zu besprechen. Die Windtätigkeit ist minimal. Nur ganz selten Lawinengeräusche in der Wand. Einmal poltern ein paar Steine in den zerklüfteten Flanken der Mazeno Peaks. Ich höre den Atem von Ursula und Terry. Anscheinend sind wir die einzigen lebenden Wesen weit und breit. Das beängstigt mich, und ich blicke immer wieder in Richtung Nanga Parbat, um zu sehen, ob sich dort oben etwas rührt. Doch alles ist ruhig.

Unser Basislager liegt in einer wilden Gegend. Von unten aus wirkt der Platz grün und fast sanft, ähnlich einer Almwiese in den Westalpen; von oben aus gesehen steht es jedoch unmittelbar neben mächtigen Gletscherströmen, die sich ins Tal eingegraben haben. Ein Gletscherarm kommt von der Mazenomauer, einer 3000 Meter hohen, undurchstiegenen Fels- und Eiswand, der andere unmittelbar von der Diamirwand herunter.

Ich leide nicht mehr darunter, daß ich hier, als mein Bruder verschollen blieb, an dieser Stelle die wohl todesintensivsten Stunden meines Lebens verbracht habe; damals. Dies alles ist zwar noch da, bewußt da, aber nicht mehr als offene Wunde. Es gehört zu meinem Leben, ich kann und will nichts daran ändern; es hat so kommen müssen.

Seit ich am Abend aus dem Zelt geschaut und den Regenbogen gesehen habe, spüre ich, daß das Wetter besser wird. Ich will aufbrechen. Morgen oder nie, denke ich. Sicher bin ich an die Höhe angepaßt, habe genügend rote Blutkörperchen, also eine größere Sauerstoffaufnahme-Kapazität. Ich bin zwei Monate lang am Everest gewesen, habe von dort noch Reserven, und der Nanga-Anmarsch hat ja auch zehn Tage gedauert. Dabei ging es immer zwischen 2000 und 4000 Metern dahin, eine ideale Höhe zum Akklimatisieren. Dazu zehn Tage Basislager. Das muß reichen.

Im Zelt überprüfe ich alles, was ich mitnehmen will. Dabei denke ich immer wieder an den herrlichen Sonnenuntergang und bin sicher, daß es klappen wird. Das Wetter wird gut bleiben. Ich weiß, daß am Nanga Parbat normalerweise ein Rhythmus von einigen Tagen Gutwetter und

einigen Tagen Schlechtwetter herrscht. Ich kenne das von früheren Expeditionen. Wenn ich hinauf will, muß ich jetzt, nach den Regentagen, die Chance nützen.
Mit dem Entschluß loszugehen kommt wieder die Angst. An Schlafen ist nicht mehr zu denken. Alles Mögliche läuft durch meinen Kopf.
Nahe beim Zelt zirpt eine Grille. Ihr Ton füllt meinen ganzen Körper aus, und er zuckt und windet sich. Wie ein Wildbach stürzen die Vorstellungen durch mich hindurch: eingeschneit; meterhoher Treibschnee; unüberwindliche Séracs; Steinschlag; offene Spalten. Alles auf einmal bricht über mich herein. In meiner Phantasie wird der Nanga Parbat noch höher und steiler, als er in Wirklichkeit ist. Diese Vorstellungen stürzen mich in einen Zustand der Panik.
Schweißgebadet liege ich im Schlafsack, geschüttelt von Ängsten, die mich und meine Wachträume in Stücke reißen. Das Gefühl des Alleinseins drückt mich zusammen, und die Angst trägt mich weit fort.
In meiner Verzweiflung setze ich mich auf. Plötzlich sehe ich einen Körper die Wand herunterstürzen. Er stürzt direkt auf mich zu. Verkrampft versuche ich mich festzuhalten. Ich erlebe eine Furcht, die durch den ganzen Körper geht. Beim Vorbeistürzen berührt mich dieses wirbelnde Wesen fast, und ich sehe, daß ich selbst der Stürzende bin. In diesem Augenblick dreht sich mein Magen um. Ich glaube, mich übergeben zu müssen. Mir ist es jetzt egal, ob ich stürze oder stehe, lebe oder sterbe.
Ich habe wohl einen Schrei ausgestoßen, und Ursula ist wach geworden.
»Was ist?« fragt sie.
Im gleichen Moment, als sie mich anspricht, spüre ich einen starken inneren Druck. Wie beim Auslaufen einer Lawine bleibt der wirbelnde Gedankenfluß stehen. Die verheerende Panik ist vorbei. Mir ist, als sei ich aus einer Narkose erwacht.
Ich erzähle Ursula, welche furchtbaren Ängste ich ausgestanden habe, wie schlimm es ist, sich aufgelöst und über die ganze Fläche des Basislagers verstreut zu fühlen.
»Mein Körper ist auseinandergefallen. Es war, als sei ich ein Puzzle, das ich selbst zusammensetzen muß und nicht kann. Dabei erlebte ich das alles so, als sei ich Beobachter und Beteiligter zugleich.«
Ursula sagt etwas zu mir. Aber ich kann ihre Worte nicht festhalten. Immer noch bin ich zwischendurch dort oben in der Wand, und manchmal bin ich im Zelt und oben, an beiden Stellen zugleich. Ganz langsam nur dämmert mir die Tatsache, daß ich noch gar nicht aufgebrochen bin, daß ich im Basislager liege und nicht in die Wand muß, wenn ich nicht will. Noch kann ich mich für das eine oder andere entscheiden.
Ich schaue auf die Uhr. Es ist noch nicht Mitternacht. Meine Verzweif-

lung kann also nur wenige Stunden gedauert haben. In meiner Erinnerung aber ist sie zeitlich nicht einzugrenzen.
»Hast du wieder so schlimme Träume?« fragt Ursula, als ich mich unruhig hin und her wälze.
»Ich weiß nicht, was es ist. Ich habe solche Angst.« In diesen Augenblikken ersticken alle meine Kräfte, mein Wille, meine Selbstbeherrschung. Wie groß sie auch gewesen sein mögen. Die Träume oder Phantasievorstellungen – ich kann nicht herausfinden, was es ist – beherrschen mich ganz. Eine Folge von Bildern und Stimmungen geht durch mich hindurch. Alles, was ich über diesen Berg weiß; alles, was ich sah; alles, was ich an Bergerfahrung habe, steht sichtbar vor mir. Nicht als Überlegung, sondern als Gefühl. Und dieses Gefühl, mich aufzulösen und als langer Schatten auf mich zuzustürzen, wiederholt sich sich immer wieder. Das Gefühl war zuerst nur flüchtig. Je öfter es kommt, um so deutlicher wird es. Ich bin nicht unendlich groß dabei; aber ich weiß, daß ich 100 Meter lang bin oder mehr; jedenfalls sehr lang. Ich habe mich in meinen Dimensionen verloren. Mein Kopf und meine Zehenspitzen sind weit entfernt. Von oben herab werde ich immer länger, bis ich als Schatten über mich herfalle.
»Sag doch, was dir fehlt«, drängt Ursula
»Ich weiß nicht mehr, wie groß ich eigentlich bin.«
»Das verstehe ich nicht.«
»Mir fehlt die Orientierung an mir selbst.«
»Sind deine Träume eine Wiederholung kindlicher Erlebnisse? Träumst du Situationen aus der Kindheit?«
»Ja, das hatte ich ab und zu auch als Kind.«
»Gestern war doch alles klar. Du hast ruhig überlegt und sagtest, alles sei logisch.«
»War es auch. Am Abend habe ich nur noch an eine Sache gedacht, aber eben standen hundert an.«
»Und du weißt nicht mehr, welche den Vorrang hat?«
»Ja, ganz genau. Und das ist so schlimm, daß ich verzweifeln könnte.«
»Ist die Angst jetzt stärker als beim Start zum Mount Everest?«
»Ja.«
»Ist sie größer als damals, 1970, beim Abstieg mit deinem Bruder?«
»Nein. 1970, da war alles ganz anders, da war ein Zwang da. Es gab keinen anderen Ausweg.«
»Also hattest du keine Angst?«
»Nein, und doch war eine große Verzweiflung dabei, aber gleichzeitig das ganz starke Wissen, wir müssen hinunter, es gibt keine andere Wahl. Jetzt ist meine Motivation untergraben. Ich sage mir, erstens muß ich nicht, zweitens will ich nicht, drittens kann das und das passie-

ren. Was alles in mich hineingekommen ist, weiß ich gar nicht. Ich habe mich in der Wand gesehen und mir vorgestellt, was mir alles passieren könnte.«

»Alle Möglichkeiten praktisch simuliert?«

»Fast alle. Ich habe jede Spalte gesehen, die ich überqueren muß. Ich habe in diesen Phantasievorstellungen Séracs brechen sehen; die großen Séracs über der Mummery-Rippe. Die ganz große Eismauer ist ja fürchterlich, unter der ich vorbei und rechts hinauf muß. Ich habe Stücke abbrechen sehen, die so groß waren wie kleine Dörfer, und ich habe mir ausgemalt, wie das Eis da herunterkommt, und ich habe gleichzeitig etwas anderes gedacht. Ich weiß nicht, ob man gleichzeitig viele Sachen denken kann, durch mich ging alles auf einmal hindurch. In der Schlußphase meiner Unizeit, als ich mich schon fest entschlossen hatte, mein Studium aufzugeben, aber doch in Padua noch fleißig Mathematik studierte, habe ich ähnliches erlebt. Differentiale und ich weiß nicht was sind durch meinen Kopf gerast, nebeneinander, übereinander, hintereinander. Ohne Zusammenhang scheinbar. Differentialgleichungen, Zahlen und Mengenlehre, das ist mir alles gleichzeitig durch den Kopf gegangen.«

»Du bist praktisch dein eigener Beobachter und siehst, was in dir vorgeht.«

»Das weiß ich nicht. Diese Ängste kommen ja im Halbschlaf. Ich liege da und schlafe nicht richtig, oder ich wache plötzlich auf und bin gequält von diesen Empfindungen. Aber was nun konkret in mir vorgeht, weiß ich nicht.«

»Du hast ein hohes Erregungsniveau und kannst nicht mehr abschalten.«

»Richtig, ich kann mich nicht mehr entspannen. Eine furchtbare Situation.«

»Willst du weitermachen?«

»Wenn es schon bei der bloßen Vorstellung – morgen gehe ich – so ist, wie wird es erst in der Wand oben sein? Da müssen diese Ängste noch viel schlimmer werden.«

Ich entschließe mich abzuwarten und morgen nicht, wie vorgehabt, in die Wand einzusteigen. Wenig später schlafe ich ein.

Es tagt noch nicht, doch spüre ich durch die Plane des Zeltes, daß es heller wird. Die Schwärze der Nacht löst sich langsam auf. Ich muß einige Stunden lang tief geschlafen haben.

Um das gute Wetter auszunützen, wollen Ursula und ich einen Ausflug zum Ganalo Peak unternehmen. Terry verspricht, das Lager zu hüten.

Um den Gipfel des Nanga Parbat ziehen immer noch Nebel. Im fernen

Aus den Südhängen des Ganalo Peak hatte ich einen neuen Blickwinkel zur Diamirwand des Nanga Parbat. Von dort oben erschien meine geplante Aufstiegsroute logisch.

Westen aber, am äußersten Rand über den Hügeln am Horizont, ist die Luft glasklar. Lange suche ich dort nach Wolken oder aufsteigenden Frühnebeln, aber alles, was ich sehen kann, ist die bläuliche Masse der fernen Bergketten.
Als die Sonne erstmals seit Tagen wieder durch die Wolken bricht, zeigt sich der Nanga Parbat in seiner wilden Schönheit. In der zerklüfteten Steilmauer stürzen fast ununterbrochen Lawinen donnernd in die Tiefe, und ich bin froh, daß ich nicht in der Wand bin. Immer noch bin ich tief beeindruckt von der ungeheuerlichen Wucht dieser Flanken.
Sicher, eine Zeitlang gutes Wetter zu haben, ziehen wir los. Ich bin nicht müde, obwohl ich wenig geschlafen habe.
Jetzt will ich mit Ursula auf diesen Berg steigen, einfach unterwegs sein, meine Kraft spüren. Da ich keinen Partner habe, muß ich mich an mir

selbst orientieren. Ich muß meine Kondition und Höhentauglichkeit testen, bevor ich endgültig aufbreche.
Das Wetter ist fabelhaft. Wir gehen einige Stunden in nordöstlicher Richtung ansteigend über grobes Blockwerk und steile Felsrücken. Ursula ist ausdauernd und geschickt. Als wir eine Gratschulter erreichen, rasten wir eine Weile.
Die Sonne fällt schräg auf unseren Hang, es ist nicht mehr so warm. Ohne einen Biwakplatz ausgemacht zu haben, mühen wir uns am späten Nachmittag über ein langes Kar bis zu den Felsen hoch und erreichen eine Scharte hinter einem Gratturm. Dort halten wir an. Wir setzen uns auf ein paar Steine und schauen hinab zum Basislager, das gute 1200 Meter tiefer liegt. Die Abendsonne fällt direkt in die Diamirwand, die von unserem exponierten Standpunkt viel steiler wirkt als aus dem Tal.
Ursulas langes blondes Haar weht im Wind, und ihre Sommersprossen scheinen zwischen vielen feinen Härchen zu leuchten. Sie wirkt nicht müde oder abgespannt, nur in den Abend vertieft. Dieser friedliche Ernst steht ihr gut.
Ich bin müde und hungrig. Den ganzen Tag haben wir kaum etwas gegessen. In der Schlucht hinter der Scharte rinnt Schmelzwasser über die Felsen. Abwechselnd holen wir uns dort zu trinken.
In etwa 5300 Meter Höhe stellen wir auf dem Ganalokamm ein winziges Zelt auf. Die sanft geneigten Gletscherfelder unter dem Nordgipfel des Nanga und der Diamirgletscher liegen schon im Schatten. Die steilen Eisabbrüche im hintersten Becken und die Steilflanke unter dem Nordgipfel sind in viele Pfeiler gegliedert. Das von Mummery 1895 verfolgte Rippensystem, welches aus dem weiten Becken des Diamirgletschers unmittelbar zum Gletscher unter der Bazhinscharte leitet, wirkt in der späten Abendsonne geschlossen. So beobachten wir im Aufstieg zum Ganalo Peak den Nanga Parbat aus einem neuen Blickwinkel. Wir erleben ihn in all seinen Farben und Schattierungen. Unten im Basislager habe ich manchmal gezweifelt, ob wir noch jemals gutes Wetter haben würden. Jetzt weiß ich, daß diese Tage, was das Wetter angeht, die richtigen für den Gipfel gewesen wären. Und doch ist es besser, daß ich abwarte. Was aber, wenn mich beim nächsten Entschluß, den Gipfel zu versuchen, wieder diese Ängste überfallen und quälen?
»Es ist gut, daß ich diesen Aufstieg gemacht habe«, sage ich zu Ursula. Jetzt weiß ich endgültig, wo ich zu gehen habe. Ich sehe es förmlich. Ich kann aber nicht sagen, warum ich es jetzt weiß.
Mir ist klar, daß es nur diesen einen Weg für micht gibt: Zuerst gerade hoch, dann über die Eisbrücke nach rechts und oben diagonal nach links zum Gipfel. Später sehe ich noch eine Lawine niedergehen, eine Lawine,

die wie eine kriechende Staubwolke aus der linken Wandhälfte hinüber schwappt ins Zentrum und am Wandfuß alles überspült. Die Lawinen kommen nur untertags, sage ich mir, wenn die Sonne in die Wand strahlt, und nachts, wenn es friert. In den Morgenstunden, wenn die ersten Sonnenstrahlen die Wand streifen, hält das Eis. Diese Zeit muß ich ausnützen, um die Lawinenzone zu queren und hinaufzuklettern über die große Séracmauer. Oben kann ich in Sicherheit weitersteigen.
Ursula und ich hocken vor dem Zelt hinter einem Felszahn und treffen die Vorbereitungen für das Biwak. Oft, wenn Nebel die Wand umspielen, erscheint alles so irreal, so weit weg. Ich glaube dann nicht ans Hinaufkommen. Jetzt, in diesem klaren abendlichen Licht, ist es anders. Ich schaue hinauf und lasse meine Augen auf dem Nanga ruhen. Nanga Parbat, »Nackter Berg«, nein, Diamir, denke ich, »König der Berge«.
Interessant, daß vor dem Zweiten Weltkrieg keiner der großen Himalajariesen bezwungen wurde. Trotz des großen Einsatzes und eigens entwickelter Sauerstoffgeräte waren diese Berge damals zu hoch.
Auch dann, als mit dem Nazikult Mitte der dreißiger Jahre eine Expedition nach der anderen zum »Schicksalsberg der Deutschen« pilgerte, um Ruhm für das Vaterland zu ernten, blieb die Ausbeute gering.

Die Zeltplane ist genauso reglos wie der Abend draußen. Ich taste über den Schlafsack und merke, daß er steifgefroren ist, von einer dünnen Eisschicht überzogen. Bis spät in die Nacht hinein erzähle ich Ursula von den großen Expeditionen der Zwischenkriegszeit.
»Die Erfahrungen waren da, die Ausrüstung primitiv, aber solide. Die Bergsteiger damals, Merkl und Welzenbach, waren zu schwerfällig und auch unentschlossen. Als Alpinisten waren sie stark genug, Welzenbach war unübertroffen, aber über 7000 Meter war er zu langsam. Man sagte damals, ein Dämon würde den Nanga-Parbat-Gipfel beschützen. Auch die Aufschnaiter-Expedition 1939 über die Diamirseite ist gescheitert, weil man zu unentschlossen war. Daß diese Westseite in allen Winkeln gefährlich ist, weiß auch ich. Aber mit der richtigen Taktik muß sie zu bezwingen sein. Mein Unternehmen gleicht mehr dem Unternehmen Mummerys als allen anderen Nanga-Expeditionen. Wenn es gelingen sollte, schließt sich hier am Nanga Parbat die Geschichte der Achttausender. Mummerys Versuch ist zwar gescheitert, aber jetzt, 83 Jahre später, ist es vielleicht möglich, diesen Aufstieg ganz alleine zu schaffen. Auch wenn Lawinen, Spalten und Höhenstürme seit Mummery, Welzenbach und Buhl die gleichen geblieben sind.«
»Was hatte Hermann Buhl den anderen voraus, daß er schaffte, was als unmöglich galt?« fragt Ursula.
»Er hatte nicht nur die richtige Einstellung, sondern auch die Kondition,

das Kletterkönnen. Vielleicht verstand er es, Kräfte auszunützen, die die anderen Bergsteiger nicht kannten. Buhl ist, auf eine große Expedition aufbauend, vom letzten Lager aufgebrochen und an einem Tag hinauf bis zum Gipfelgrat. Irgendwo hat er im Abstieg biwakiert. Am nächsten Tag hat er sich heruntergemüht, von Phantomen, Gespenstern, Halluzinationen geplagt. Ich bin überzeugt davon, daß der Nanga Parbat 1953 ohne diesen letzten Einsatz, ohne das Können und den Willen eines Hermann Buhl nicht bestiegen worden wäre. Ihm allein hat die damalige Expedition den Gipfel zu verdanken. Wenn man davon absieht, daß Hermann Buhl nicht zum Nanga Parbat hätte fahren können, wenn die Expedition nicht von anderen organisiert, geplant und finanziert worden wäre, ist die Erstbesteigung sein Verdienst. Als junger Mann ist er aufgebrochen, als alter Mann kam er zurück.«

»Dann hat doch Buhl die erste Alleinbegehung des Nanga Parbat gemacht?«

»Buhls Gipfelgang war kein absoluter Alleingang. Es war ja eine große Mannschaft da, die in wochenlanger Arbeit den Weg bis auf etwa 6900 Meter vorbereitet hat. Von dort sind zwei Bergsteiger gestartet und ein Stück gestiegen, dann erst ist Buhl allein weitergegangen. Was mich interessiert, ist nicht der Alleingang vom letzten Lager bis zum Gipfel. Das ist schon öfter gemacht worden. In diesem Jahr zum Beispiel von Franz Oppurg am Mount Everest. Ich selbst bin 1972 am Manaslu alleine zum Gipfel und zurück gegangen. Von ganz unten will ich diesmal allein hinaufklettern, ohne vorher in die Wand zu gehen. Als wir 1970 in einer relativ großen Mannschaft den Aufstieg über die Rupalwand, die Südseite, schafften – das sind 4500 Meter steiles Eis und schwerer Fels –, sind wir vorher 40 Tage lang in der Wand geklettert, um Seile zu fixieren, Lager einzurichten, den Weg zu erkunden und zu präparieren. Ein dutzendmal sind wir auf- und abgestiegen, ehe wir zu einem ernstlichen Gipfelangriff starteten.«

»Sag mal ehrlich, kommst du dir all diesen anderen Bergsteigern gegenüber nicht sehr überlegen vor?«

»Nein, in keiner Weise. Fast alle jungen, gesunden Menschen könnten den Nanga Parbat alleine besteigen – wenn sie es nur wollten. Der Mensch kann alles, was er will. Und ein normaler, gesunder Mensch will nur, was er kann.«

»Bist du überzeugt, daß das so ist? Daß du normal bist?«

»Wer ist schon sicher, daß er normal ist? Ich kann nicht sagen, ich bin normal und die anderen sind abnormal, oder ich bin abnormal und die anderen sind normal. Das ist mir auch nicht so wichtig, das lasse ich dahingestellt sein. Man kann gar nicht feststellen, was normal und was abnormal ist.«

»Man kann es statistisch feststellen lassen.«
»Das sagt gar nichts. Da kommt doch nur die Norm heraus. Auch wenn die ganze Welt überzeugt davon ist, daß ich abnormal bin, was soll's. Ich stehe zu meiner Abnormität, solange man mich frei herumlaufen läßt.«
»Du willst eben autonom sein, nicht in der Meinung der anderen leben, bedingungslos du selbst sein.«
»Wenn fünf Psychiater, drei Ärzte und zwei Frauen von mir sagen würden, er spinnt, ich würde trotzdem davon überzeugt sein, nicht zu spinnen. Daß ich verrückt sei, höre ich alle Tage, aber es stört mich nicht.«
»Ist im Grunde ja auch nicht wichtig.«
»Es ist nicht wichtig.«
»Und die vielen kaputten Gehirnzellen?«
»Wer hat sie gezählt, vorher und nachher? Jedenfalls reicht der Rest aus, daß ich manchmal an meinem Dasein verzweifle und daß ich mich ein anderes Mal darüber wundere.«

Am nächsten Tag steige ich den langen Wächtengrat zum Gipfel des östlichen Ganalo Peak hoch. Er ist schwierig, weil scharfe Türme zu umgehen sind. Ursula bleibt zurück und wartet auf mich. Auf dem Heimweg gehen wir, immer dem Nanga gegenüber, abwärts. Nach diesem Gipfeltag bin ich wieder zuversichtlich. Meine Kondition ist wirklich hervorragend. Von oben hat mich der Nanga wieder so fasziniert, daß ich nicht mehr lange zuwarten möchte. Die Phasen, als ich mir im Basislager sagte, eigentlich will ich gar nicht, ich kann das gar nicht, so wichtig ist das gar nicht, scheinen endgültig vorbei zu sein.
»Ist er nicht traumhaft in seiner Linie!« rufe ich Ursula beim Abstieg in meiner neuen Begeisterung zu.
»Gehst du rauf, weil er schön ist?«
»Zum Teil auch deswegen, ja.«
»Was ist das für eine Befriedigung?«
»Es gibt ein paar Berge, die sind so schön, auf die muß man einfach hinaufsteigen.«
»Genügt dir drüberfliegen oder anschauen nicht?«
»Nein, da fehlt das Wesentliche.«
Die meisten Menschen interessieren sich nicht für Selbsterfahrung. Die Vorstellung, daß man Anstrengung und Willenskraft aus reiner Lebensfreude auf sich nimmt, daß man besessen sein kann, die Welt zu erfahren, so wie der Geist, der Rätsel nur zum Vergnügen löst, dieser Gedanke kommt ihnen nicht. Nein. Es muß praktische Arbeit sein, sofort anwendbar, sofort von Nutzen. Reiner Gedanke, reine Anstrengung,

reines Wissenwollen ohne praktische Schlußfolgerung interessiert sie nicht.
Die irrige Vorstellung, solche Expeditionen seien nur von alpinen Profis zu finanzieren und zu bewältigen, kommt aus Köpfen, die das Höhenbergsteigen immer noch der »Erforschung der letzten weißen Flecken auf der Erde« oder dem Spitzensport zuordnen. Daß es dabei um den oft bitteren Weg der Selbsterfahrung geht, begreifen sie nicht.
Es ist nicht verwunderlich, daß viele Nichtbergsteiger einen Sport ablehnen, der so gefährlich ist wie das Bergsteigen. Ich verstehe auch, daß sie uns Bergsteigern, wenn irgendwo einer abstürzt, Unvorsichtigkeit und Verantwortungslosigkeit vorwerfen.
Der stille Neid aber, der aus ihren abfälligen Bemerkungen spricht, kommt wohl daher, daß sie spüren, daß da oben die Verzweiflung, am Leben zu sein, und die Freude zu leben das Denken ablösen können. In solchen Augenblicken lernt der Mensch Gott in sich selbst zu finden. Der Pfarrer von Villnöß sprach nicht zu Unrecht von Gotteslästerung, als in einem Interview die Frage auf mein Tun kam.

Loslösen

Ins Basislager zurückgekommen, habe ich ein gutes Gefühl. Ich weiß jetzt, daß ich Kraft habe, auch ohne Partner. Sich mit jemandem vergleichen, das ist es, was mir gefehlt hat! Wenn niemand da ist, an dem man sehen kann, daß er auch stark oder schwach ist, weiß man oft nicht, wie man sich selbst einzuordnen hat. Dieser Aufstieg zum Ganalo Peak, immerhin 6600 Meter hoch, hat mir gezeigt, daß ich blendend akklimatisiert bin. Ich war auch recht geschickt. Vom Bergsteigerischen her dürfte nichts fehlen.
Die Wand steht am Morgen lange im Schatten, und so düster wirkt sie besonders steil. 3500 Meter hoch, im Durchschnitt etwa 45 Grad geneigt. Im unteren Teil ist sie flacher, oben sitzt ein trapezförmiger Felsaufbau, der etwa 450 Meter hoch ist, also fast so hoch wie die Drei Zinnen in den Dolomiten. Ich liege auf einer dünnen Schaumgummimatte und studiere die Wand.
Es ist inzwischen Anfang August. Meine Genehmigung läuft bis zum 15. August. Die Zeit drängt, und trotzdem habe ich es nicht eilig. Ich würde die Frist überziehen, wenn es bis Mitte August nicht gelänge. Irgendwie weiß ich, daß dieses das richtige Jahr für mich ist.
»Geht's dir wieder besser?« fragt Ursula.
»Schon beim Abstieg vom Ganalo Peak habe ich dir gesagt, daß ich wieder ausgeglichen bin. Die Einsamkeit, die im letzten Jahr mein Pro-

Im Basislager lebten wir größtenteils von den Erzeugnissen des Landes. Mein Lieblingsgetränk war Lassi (saure Milch).

blem war, ist jetzt mein Vorteil. Sobald gute Zeichen für eine längere Schönwetterperiode da sind, gehe ich los.«
Die Sonne scheint warm. Ich spüre sie auf meinen nackten Füßen und schlafe ein.
Diese Ruhe! Seit bald sechs Wochen lebe ich ohne Post, ohne Nachrichten. Was ist hier schon wichtig? Daß der Papst gestorben ist und Filbinger zurücktritt? Beides erfahre ich erst drei Wochen später. Diese Unerreichbarkeit für Nachrichten von außen als Freiheit für Nachrichten von innen.
Einige Tage war ich unentschlossen, und dann verlangte irgend etwas in mir – jedenfalls nicht meine Vernunft –, alles hinter mir zu lassen und aufzubrechen. Einen Augenblick lang habe ich Angst beim Gedanken, daß ich eine oder zwei Wochen allein sein werde, aber dann freue ich mich. Der Entschluß beruhigt mich. Er weckt eine Reihe starker Gefühle. In mir überlappen sich nun Neugier, Respekt und selbstmörderische Gleichgültigkeit.
Während ich so daliege und über die Gräser hinweg in die Wand schaue, konzentriert sich mein Blick auf den Großen Eisfall in der Wandmitte. Er knirscht unter dem Druck des dahinterliegenden Gletschers. Das Eis hat die Farbe von gesplittertem Glas.
»Reinhold«, weckt mich Ursula aus meinen Betrachtungen, »was ist, wenn dir da oben etwas kaputtgeht?«

»Das ist ja der Vorteil, daß die paar technischen Geräte, die ich mitnehme – Eispickel, Steigeisen, Kocher und Zelt – so einfach sind, daß gar nichts daran kaputtgehen kann. Ich weiß, das Zeug hält, und wenn's nicht hält, dann flicke ich's eben.«

»Womit?«

»Mit dem Taschenmesser; das ist zu machen.«

»By fair means, wie ist das zu verstehen?« fragt Terry, der mitbekommen hat, daß wir über die Ausrüstung sprechen.

»By fair means sage ich bei Aufstiegen ohne wesentliche technische Hilfsmittel. Andere Hilfsmittel wie Kleider, Gletscherbrille, Seil, Kocher und Zelt sind unwesentlich, weil sie den Berg nicht kleiner machen.«

»Aber auch diese Geräte reduzierst du auf ein Minimum?«

»Ja.«

»Und was akzeptierst du nicht?« fragt Terry weiter.

»Der Bohrhaken ist eine Hilfe, die ich ablehne. Wenn ich ihn in den Fels schlage, kann ich jede Wand klettern, auch wenn sie für mich im Grunde nicht kletterbar ist. Wenn ich 1000 Bohrhaken hintereinander schlage, kann ich eine 1000 Meter hohe Wand klettern, die nicht kletterbar ist. Ich löse also das für mich Unmögliche mit einem Trick. Das Sauerstoffgerät erlaubt es mir, in eine Höhe zu steigen, wo ich sonst vielleicht umkäme. Früher hat man gesagt, der Everest ist ohne Maske nicht zu besteigen. Also hat man sie zum selbstverständlichen Hilfsmittel gemacht. Ein technisches Hilfsmittel löst das wirklich und scheinbar Unmögliche von vornherein auf, damit geht jede Spannung kaputt. Ich benutze deshalb solche Tricks nicht. Wobei mir allerdings gleichgültig ist, was andere tun.«

»Du lehnst diese technischen Hilfsmittel als Krücke ab und erreichst damit das höchste Ausmaß an Autonomie«, mischt sich Ursula ein.

»Ja. Wenn ich heute alles einsetze, was es an Technik gibt, kann ich überall hinaufklettern. Ich bin aber abhängig von der Technik. Auch der Erfolg hängt dann nicht mehr von mir ab, sondern von der Technik. Ich könnte auch soweit gehen und sagen, warum soll ich mich weiterhin abmühen, warum soll ich diese Ängste, die ich 1973 und vor einer Woche durchgestanden habe, wieder überwinden; ich lasse mir einen Hubschrauber bauen, mit dem ich auf den Nanga Parbat fliegen kann. Aber das interessiert mich nicht. Ich will unabhängig von der Technik sein und bei diesem Experiment auch von anderen. Wie oft habe ich gemerkt, daß ich von Menschen, von irgendeinem Gegenüber abhängig bin. Der Kletterpartner ist eigentlich das letzte, auf das ich verzichten kann. Wenn ich mich auch von Kletterpartnern unabhängig mache, bin ich autonom. Ich möchte mir wenigstens für kurze Zeit selbst genügen; die Kraft haben, alles selbst zu machen; lernen, alleine sein zu können.«

»Liegt der Grund, alleine zu gehen, vielleicht auch darin, daß es keinen Partner mehr gibt?«
»Nein. Die Frage ist ganz leicht zu beantworten. Ich habe schon zur Zeit meiner Ehe mit Uschi versucht, einen Achttausender alleine zu klettern. Interessanterweise ist dies nicht gelungen, obwohl ich damals psychisch recht gut eingebettet war. Und gute Kletterpartner fände ich heute mehr denn je.«
»Vielleicht bist du damals gescheitert, gerade weil du eingebettet und damit abhängig warst.«
»Ja, das ist nicht ausgeschlossen. Das weiß ich nicht genau.«
»Ist in diesem Zusammenhang eine Partnerschaft förderlich oder hinderlich?«
»Das kann ich nicht erklären, und doch glaube ich zu spüren, wieweit eine Partnerschaft förderlich und wieweit sie hinderlich ist. Ich wußte dies 1976 noch nicht.«
»Du weichst wieder einmal aus.«
»Wahrscheinlich habe ich bis zur Scheidung den Fehler gemacht, den übrigens fast alle machen, im Partner den Sinn des Daseins zu vermuten. Das ist eine Frage des Gefühls. Rationale Begründungen fallen mir nicht ein. Ich meine, daheim kann ich mir sagen: Nanga Parbat im Alleingang, das ist *die* Idee. Das ist die Grenze des Alpinismus. Das ist die letzte Möglichkeit. Damit kann ich die ganze Bergsteigerwelt schokkieren. Hier fällt das alles ab. Im Moment, wenn ich ganz alleine bin, nach dem zehntägigen Treck durch Pakistan, ist das alles weg, vorbei. Und dann waren da früher meine menschlichen Bindungen, und irgendwo wurde die Idee vom Alleingang brüchig. Der Sinn des Daseins ist eigentlich nicht der Nanga Parbat, sagst du dir dann, und er ist auch nicht in meinen Spinnereien. Und dann habe ich vieles auf Uschi projiziert und mich an ihr festgehalten; damit fehlte mir die Kraft, aus mir selbst heraus weiterzumachen, einfach da zu sein und meinen Weg zu gehen.«
»Du brauchst also ein Höchstmaß an Unabhängigkeit.«
»Ja, um in mich selbst zurückzufinden, um in mir selbst rund zu sein.«
»Und was hat *das* nun für einen Sinn?«
»Weiß ich nicht – so unbekannt mir dieser Aufstieg ist, so unbekannt ist mir auch der Sinn.«
»Wieder lenkst du ab.«
»Wirklich, jetzt kümmere ich mich kaum noch um den Sinn der Dinge.«
»Dann ist ja völlig gleichgültig, was du tust, wie das ausgeht, ob du überhaupt noch herunterkommst.«

»Nein, es ist in keiner Weise gleichgültig, was ich tue. Ob ich wiederkomme oder nicht, ist allerdings unwichtig.«
»Du spinnst. Warum beobachtest du dann alles so genau? Wenn es dir gleichgültig ist, kannst du gleich in die nächste Spalte springen.«
»Ich will weder in eine Spalte fallen noch unter eine Lawine kommen, und doch stelle ich alles in Rechnung. Das Unvorhersehbare auf ein Minimum reduzieren und doch mit dem Geheimnisvollen leben – darin besteht die Kunst. Ich weiß, was auf mich zukommt, und trotzdem ist alles offen.«
»Und wenn du zu langsam bist und der Steinschlag dich trifft?«
»Wo der Steinschlag niedergeht, steige ich nicht hoch. Das ist meine Strategie. Auch muß ich schnell sein, und zudem schleppe ich keine Last, mit der ich nicht fertig werde. Schnelligkeit ist gleich Sicherheit da oben.«
»Du kannst sagen, was du willst, alleine ist alles gefährlicher.«
»Es ist nicht ratsam, alleine in die Berge zu gehen, ehe man nicht alles weiß. Warum, meinst du, habe ich so lange gewartet?«
»Und doch hast du Angst.«
»Angst ist etwas, was ich nie ganz überwunden habe, trotzdem war ich meist Herr der Lage. Ganz große Abenteuer gehe ich nur an, wenn ich mich gut fühle und bereit bin. Du hast es ja selbst erlebt: Vor ein paar Tagen beim ersten Anlauf habe ich alles abgeblasen.«
»Wann gehen wir morgen los?« fragt Ursula.
»Es reicht, wenn wir am frühen Nachmittag aufbrechen, es sind maximal zwei Stunden bis zum Wandfuß.«
Es ist wieder alles gepackt. Morgen wollen Ursula und ich am Zusammenfluß von Diama- und Diamirgletscher biwakieren, und von dort möchte ich übermorgen die eigentliche Kletterei beginnen. Bis zum Wandfuß ist der Weg leicht, und Ursula kann alleine zurück ins Basislager.

Zum fünften Male nehme ich den schweren Rucksack auf und wiege ihn in der Hand. »Gut 15 Kilogramm«, sage ich abschätzend. Zuerst über die Moräne, dann über Schutt und zwischen Büßerschnee geht es zum Einstieg. Ich schaue die Wand entlang hinauf, kann aber den Gipfel nicht sehen. Es ist ein wolkiger Tag, und im Westen sieht es nach Regen aus. Nicht nach schlechtem Wetter, nur nach ein oder zwei Stunden Graupel und Regen. Höher oben gibt es wohl Schnee.
Niedrige Wolken stauen sich im hintersten Diamirkessel, und Nebelschwaden stehen in den Gletscherböden der Mazeno Peaks. Es ist schwül; trotz des eisigen Hauches vom Gletscher her ist die Luft stickig. Aufmerksam achte ich auf die Richtungsänderung des Windes und die

Farbtöne in der Luft. Noch bevor es wirklich regnet, spüre ich die Feuchtigkeit in der Lunge und dränge zur Eile. Ursula ist am toten Gletscher zurückgeblieben.

»Beeil dich, es regnet gleich!« rufe ich ihr zu.

»Wie willst du das wissen?«

»Es gibt Dinge, die ich einfach weiß.«

Wenig später fallen die ersten Tropfen. Die losen Steine, die auf dem Eis liegen, sind naßschwarz. Öfter rutschen sie unter meinen Schuhen weg, wenn ich zu große Schritte mache. Ich will nicht naß werden. Wie sollte ich oben meine Kleider trocknen?

Wir haben den Gletscher überschritten, um am Wandfuß zu biwakieren. Absichtlich will ich hier an der Basis unter einem überhängenden Felsen schlafen – nochmals ausruhen. In aller Herrgottsfrühe ist es kraftraubend, dieses Schotterstück zwischen dem Moränenrand und dem Wandfuß, also den Diamagletscher, zu queren. Beim Morgengrauen muß ich in der Wand sein, wenn ich die ersten Vormittagsstunden ausnützen will. Bevor die Sonne kommt, müssen die gefährlichsten Passagen unter mir liegen.

Wieder ist das Wetter nicht gut. Im Moment stört mich das nicht. Ich weiß genau: Wenn ich laufe, kann ich in einer Stunde zurück im Basislager sein. Ich bin ohne Taschenlampe unterwegs, habe wirklich nur das Allernotwendigste dabei: Neben Pickel und Steigeisen ein Seilstück von nur einem Meter Länge; damit kann ich mich im Notfall an die Wand binden und sichern. Einige Kleinigkeiten noch wie den Höhenmesser, Gletscherbrillen, eine einzige Eisschraube und einen Felshaken. Nahrungsmittel und Gas für zehn Tage; es ist wichtig, daß ich kochen kann. Ein Zelt, das knapp mehr als ein Kilo wiegt; den Schlafsack, gefüllt mit feinen Daunen, alles im Rucksack verstaut. Die Kleidung habe ich so leicht wie möglich gehalten. Wenn es kalt wird, will ich mich in den Schlafsack buddeln und abwarten. Jedes Kilo mehr kostet Zeit; ich bin dafür langsamer. Und je langsamer ich bin, desto länger brauche ich, um so mehr Proviant muß ich schleppen. Wenn ich 20 Tage rechne, komme ich nie hoch; dann hätte ich nämlich 30 Kilo zu tragen, und um so viel zu schleppen, bräuchte ich nicht 20, sondern 30 Tage. Irgendwo um 15 Kilogramm liegt für mich die Grenze in dieser Höhe. Ich bin kein bärenstarker Mann, bin eher schmächtig; zur Zeit wiege ich wenig mehr als 60 Kilogramm. Mit 15 Kilogramm im Rucksack kann ich noch frei klettern. Wenn ich damit nicht auskomme, muß ich auf den Nanga Parbat im Alleingang verzichten.

Kurz unterm Wandfuß räume ich unter einem überhängenden Felsblock Geröll zur Seite. Ich lege die Plattform mit flachen Steinen aus. So steht das Zelt eben und geschützt. Man weiß ja nie, wo nachts die Lawinen

kommen; auch will ich nicht von Steinsalven erschlagen werden. Inzwischen taucht Ursula auf. Auch sie ist durchnäßt und ziemlich müde. Eine weitere Stunde verbringen wir damit, den Biwakplatz vorzubereiten. In einem Fünf-Liter-Kanister hole ich dann Schmelzwasser aus einem nahen Bach, der zwischen Eis und Steinen dahinschießt.
»Glaubst du, dieser Stein bleibt stehen?«
»In diesem Jahrzehnt schon noch.«
Ursula versucht immer wieder, Fragen an mich zu stellen.
»Und bei einem Erdbeben?«
Ich schaue sie nur an und lache in mich hinein. Im Falle eines starken Erdbebens würde er natürlich umfallen – und unser Zelt erdrücken.
»Ein Erdbeben kommt schon nicht.«
»Und wenn trotzdem ...«
Ich sage nichts mehr und packe den Rucksack aus. Ich kann nicht Hände und Mund gleichzeitig bewegen, sowenig ich beim Klettern reden kann. Im Zelt ist es sofort warm. So trocknet mein regennasses Hemd auf der Haut.
»Glaubst du, das Wetter wird wieder besser?«
»Weiß nicht.«
Ursula kocht Kaffee. Wir essen nicht viel. Im Zelt dampft es. Als wir eine Stunde später noch einmal hinausschauen, ist es heller geworden. Es regnet nicht mehr. Die Nebel in der Wand hängen jetzt in der Höhe des Großen Eisfalls. Der Anblick ist phantastisch. Der Regenschauer hat unseren Lagerplatz ausgespart, und die Luft überm Gletscher ist nun blaugrün. Wie ein Vorhang aus durchsichtigem Schilf hängt er in Streifen über dem Taleingang; transparent darüber die Nebel. Es erscheint jetzt alles um so vieles größer. Das ständige Poltern in der Wand über uns läßt auf Steinschlag schließen.
Dieses Tal und der Berg über mir sind etwas Unbegreifliches, besonders jetzt in der Dämmerung. Gespenstisch greifen die morschen Eistürme vom Diamagletscher in die nebeldurchsetzte Abendluft. Dort, wo der Diamagletscher auf den Diamirgletscher stößt, staut er sich auf wie in einer Sturmwoge. Diese Kraft dahinter!
Die Eiswände des Berges sehen in ihren unteren Teilen nun nicht mehr weißglänzend aus, sondern grau und grünlich, abweisend; Eislawinen und Steinschlag nehmen gegen Abend stark zu. Auch Ursula ist von der Steilheit des Eises und vom Steinschlag, der hier so nah zu hören ist, beeindruckt. Die Felsen weisen am Wandfuß starke Spuren von Eis- und Steinschlag auf. Der Anstieg ist wirklich nichts für eine größere Expedition.
Wir schlafen beide gut. Früh am nächsten Morgen müssen wir wegen andauernden Schlechtwetters und zunehmender Steinschlaggefahr ins

Basislager zurück; ein weiteres Abwarten ist zwecklos. Die vielen offenen Spalten und das Geröll machen den Abstieg sehr unangenehm. Wieder ein Versuch abgebrochen. Gescheitert. Während wir ins Basislager gehen, brandet eine riesige Eislawine über die Moränenrippe und füllt das weite Gletscherbecken am Wandfuß mit ihrem Staub. Von unten ist es ein bezauberndes Schauspiel, wenn der glitzernde Staub lautlos aufwirbelt und sich dann verliert; erst später grollt es wie Donner.

Terry vermutet mich schon hoch oben am Berg, als er zum Wandfuß kommt, um Ursula abzuholen. Aus all seinen Gesten und Fragen merke ich, daß er mit mir mitlebt. Er identifiziert sich völlig mit mir und meinem Vorhaben.

»Ist das Wetter zu schlecht?« fragt er gleich nach unserer Begrüßung.

»Ja«, sage ich, »zuviel Schnee in der Wand und zuviel Steinschlag.«

»Der Nanga ist der größte Berg, den ich je gesehen habe«, schwärmt Ursula.

»Die Türmchen, die von hier aus winzig erscheinen, wirken von oben wie eigene Bergmassive. Der Mount Everest hat mich weniger beeindruckt als der Nanga Parbat.«

»Macht der Nanga auch auf dich den stärkeren Eindruck?« will Terry von mir wissen.

»Nein. Ich habe immer noch das Gefühl, daß die Geislerspitzen, die ich als Fünfjähriger erstmals aus der Nähe erblickte, die größten Berge sind, die ich je gesehen habe. Sie haben mich so beeindruckt, daß ich das Bild von damals noch in mir habe.«

»Bist du damals schon hinaufgestiegen auf diese Geisler?«

»Ja, gleich auf den höchsten, auf den Saß Rigais. Und am nächsten Tag habe ich mir nicht vorstellen können, daß ich wirklich da oben gewesen war. Und ich hätte niemandem sagen können, wie groß diese Berge wirklich sind.«

»Warum nicht?«

»Alle meine Größenvorstellungen waren durcheinandergekommen; die hatten sich verloren.«

»Aber du warst oben gewesen. Schön? Keine Angst oder Gefahr?«

»Kaum Angst damals. Ich weiß noch so viele kleine Details. Am letzten Baum, da hat der Vater seine Zigaretten versteckt. Das weiß ich noch heute. Keine Ahnung, warum er es getan hat. Ich habe ihn auch nie danach gefragt. Es war ein Loch in dem Baum, und da hat er seine Zigaretten hineingesteckt und einen Stein draufgelegt. Dann sind wir weitergestiegen.«

»Nur du und dein Vater?«

»Mein Bruder und die Mutter waren auch dabei. Wir waren zu viert.

Der Vater hat uns geführt. Ich hätte damals nicht sagen können, wo wir weitergehen sollten, warum wir gerade da und nicht dort hochsteigen. Ab und zu hat er uns geholfen; hat gesagt, macht es so oder so. Oben am Gipfelgrat war es relativ ausgesetzt, es ging links und rechts steil hinunter. Ich habe mich nicht mehr weitergetraut, und da haben mir ein paar Fremde geholfen.«

»Hast du Urlaub genommen für den Nanga Parbat?« fragt Terry.

»Wenn ich elf Monate im Jahr arbeiten müßte und nur einen Monat Urlaub hätte, könnte ich ewig vom Nanga Parbat im Alleingang träumen. Ich bin unabhängig geworden, war es aber nicht immer. Du mußt allerdings wissen, auch mir ist dieser Zustand nicht in den Schoß gefallen.«

»Reinhold hat sehr viel Spielraum«, sagt Ursula.

»Wie alt warst du damals, als du angefangen hast?«

»Das selbständige Bergsteigen, das mir am meisten gebracht hat, das habe ich mit zehn oder zwölf Jahren angefangen. Da habe ich erstmals eigene Entscheidungen am Berg getroffen. Ich habe das Gefühl, daß damals bei mir die Übereinstimmung zwischen Verstand und Instinkt maximal war, wahrscheinlich noch viel größer als heute.«

»Deine Überlegenheit kommt also von damals?«

»Ja. Meine Überlegenheit ist nicht physischer Art. Auch trainiere ich nicht mehr. Ich habe keinen eisernen Willen und kann auch die Angst nicht besser überwinden als andere.«

»Glaubst du, daß du heute hier wärst, wenn du nicht vorher zwanzig andere Expeditionen gemacht hättest?«

»Diese Jugendjahre sind nicht ausschlaggebend. 1970 habe ich noch selber gesagt, ein Alleingang auf einen Achttausender sei unmöglich. Seit 1973 glaube ich fest daran.«

Wir sind noch keine Stunde im Basislager, als ich mich schon mit dem nächsten Anlauf beschäftige. Ich habe mich endgültig losgelöst, ich brauche nur noch gutes Wetter, eine Woche lang gutes Wetter.

Jede Handlung steigert meinen Mut. Dies weiß ich ganz genau. Und wenn ich nur die Steigeisen feile und sie auf die Schuhe passe, ist das befreiend. Es beflügelt mich.

Je weniger ich tue, um so anfälliger bin ich für die Angst. Dieses Bedürfnis, ganz tief durchzuatmen! Ich kann wieder nach oben schauen und das linke Auge zusammenkneifen, ohne daß man es sieht. Ich habe immer das linke Auge zugekniffen, wenn ich eine kühne Idee hatte. Nur wenn ich krank oder müde bin, ist das anders; spüren kann ich es nicht, aber ich weiß es.

Jetzt krame ich in den Kisten nach Proviant. Zwei Dosen Thunfisch

nehme ich mit; Suppen, acht Stück; zwei Käsedosen; das harte Brot; natürlich auch Crackers. Ich kann keinen rationalen Grund nennen, warum ich die Nahrungsmittel gerade so und nicht anders zusammenstelle; ich denke auch nicht viel dabei. Ich denke nur an die zehn Tage, die ich unterwegs sein werde. Es ist schön, so zu packen, das Gewicht abzuwägen, den Rucksack zu formen. Das ist immer so bei Aufbrüchen ins Ungewisse. Dieses Hantieren, das die Sinnlosigkeit aufhebt.
Manchmal tue ich Dinge so sicher, daß ich weiß, niemand könnte es besser machen, und dazu gehören diese letzten Handgriffe vor dem Aufbruch. Ich mag das sehr gern. Während ich immer noch zusammenpacke, stellt sich Ursula vor mich hin und reicht mir eine Dose mit Trockenmilch, eine andere mit einem Gemisch aus Zucker, Milchpulver und Kaffee. Sie schaut mich an und fragt etwas, aber ich höre nicht zu. Ich verstaue die beiden Dosen im Rucksack und schnüre ihn fest. Ob ich sicher sei, damit auszukommen, will sie wissen. Ich nicke. Als ich aufsehe, bemerke ich, daß sie es nicht glaubt. Sie nickt aber trotzdem und geht ins Zelt. Ich höre sie noch, wie sie nebenan mit dem Kochgeschirr hantiert und wiege meinen Rucksack auf den Schultern ab. »Wieder 15 Kilo, schätzungsweise«, sage ich zu mir selbst. Nicht zuviel und nicht zuwenig.

Am 6. August, kurz nach Mittag, verlasse ich das Basislager. Es ist sehr warm. Oben, am großen Felsklotz, etwa 200 Meter vom Lager entfernt, drehe ich mich noch einmal um. »Tike«, sage ich, als ob dieses Wort meinem Entschluß entspräche.
Jetzt, wo ich alles überlegt habe, bin ich bereit loszugehen. Es gibt kein Zögern, kein Wenn und Aber mehr. Mein ganzes Wesen ist darauf eingestellt, zu überleben, sich auf die bestmögliche Weise durchzuschlagen. Ich weiß, daß dieser Aufstieg sehr gefährlich ist und mich an die Grenze meiner Möglichkeiten führt. Dazu die vielen unabwendbaren Gefahren. Und doch, ich überlasse nichts dem Zufall.

Der Bedingungen eines einsamen Vogels sind fünf:
Die erste, daß er zum höchsten Punkt fliegt;
die zweite, daß er sich nicht nach Gesellen sehnt,
nicht einmal seiner eigenen Art;
die dritte, daß sein Schnabel gen Himmel zielt;
die vierte, daß er keine bestimmte Farbe hat;
die fünfte, daß er sehr leise singt.

San Juan de la Cruz

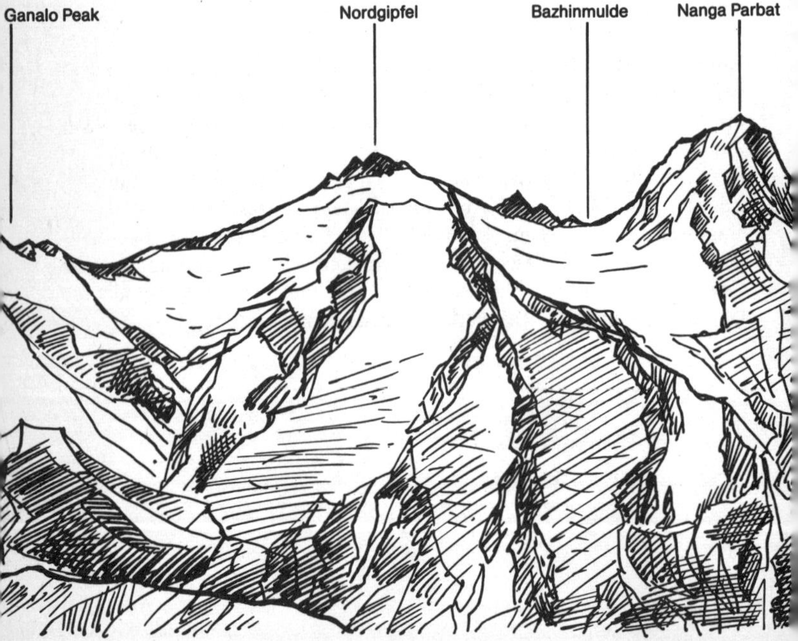

Diamir

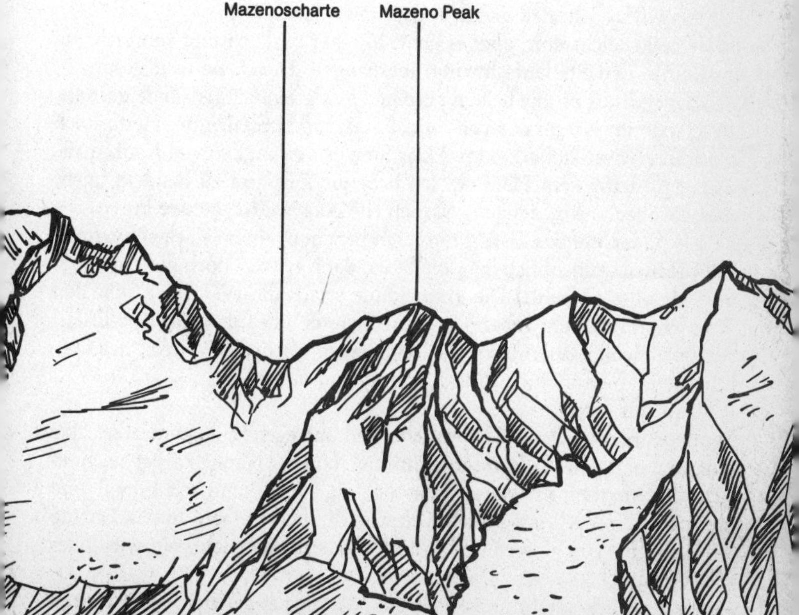

Seit zwei Stunden klettere ich im steilen Eis aufwärts. Ich gehe nicht besonders schnell, aber stetig und ohne zu rasten. Es ist wenig nach 7 Uhr. Ich muß mich rechts halten, um die schmale Eisbrücke zu erreichen, die zwischen dem Großen Eisfall und der Mazenowand eingelagert ist. Einen Eisaufschwung habe ich schon hinter mir: Ohne jede Sicherung, nur mit Steigeisen und Eispickel, überwand ich eine etwa 15 Meter hohe, fast senkrechte Eiswand, die den zentralen Lawinengang im Eisschlauch rechts säumt. »Wie ich da wieder hinunterkomme?« habe ich oben vor mich hingesagt.

Wieder steht ein Eiswulst vor mir. Er ist mindestens 100 Meter lang und hängt streckenweise über. Wie eine Böschungsmauer riegelt er die Wand ab. Ich kann nicht darüber hinwegsehen. Nach rechts hin wird er höher. Ich weiß nicht, wie es oben weitergeht.

Seit ein paar Stunden bin ich allein.

»Left hand«, höre ich.

»Sicher?« Ich erschrecke über meine eigene Antwort. War da jemand? Ja, links scheint es wirklich besser zu gehen. Also steige ich »left hand« an. Als wüßte ich, daß dieser andere recht hat.

Es ist nicht leicht dort, aber es geht. In einer Einbuchtung kann ich wie im Kamin den Steilaufschwung überwinden. Die Beine weit gespreizt, auf Gegendruck an die beiden auseinanderklaffenden Eiswände gestellt, die Hände im Grund der verschneidungsartigen Steilrinne, klettere ich zentimeterweise höher. Angst? Das Steigen verlangt so viel Konzentration, daß dafür kein Platz ist. Ich habe die Zeit, um zu handeln, nicht aber darüber nachzudenken, was ich tue oder wo ich gerade bin.

Plötzlich leuchtet das Eisfeld um mich herum in einem starken, warmen Licht. Einen Augenblick lang bleibt es, dann ist nur noch die Luft über mir, als ob sie strahle. Die erste Sonne streift die Wand. Ich sehe den Strahlenpunkt nicht, aber ich spüre, wie er über den Großen Eisfall blinzelt. Hoch über mir erfüllt das Sonnenlicht jeden Winkel der Diamirwand. Auch meinen Körper wärmt und öffnet es.

Alles in mir lebt.

Sonnenaufgang! Das sind herrliche und aufregende Augenblicke. Wie Flugsand hängt die Luft unterm Himmel, und der Nanga Parbat zeichnet sich als Schatten am klaren Horizont ab. Noch kann ich hinauf und hinunter. Aber ich lasse mich weiter nach oben treiben, hinein in eine Welt, die mir geschlossen und einfach erscheint, die nichts Verwirrendes an sich hat.

»Komm zurück«, hat mir Terry beim Abschied zugerufen. »Wir warten in jedem Fall auf dich«, hat Ursula gesagt. Ich schaue hinunter ins

Mit Teleobjektiv fotografierte mich Ursula vom Wandfuß aus.

Basislager und versuche die Zelte auszumachen, aber ich kann nichts erkennen.

Plötzlich ist wieder jemand da und spricht zu mir. Zuerst wird diese Welt des Schweigens nur durch Geräusche einer zweiten Anwesenheit durchbrochen, dann sehe ich einen Mann am Rande meines Blickfeldes stehen. Ich habe das Gefühl, mein früheres Zuhause zu spüren. Mein Vater ist da. Ich gehe hinter ihm her. Ich fühle seine Nähe, als ob sich meine Gefühle zu ihm seit meiner Kindheit nicht verändert hätten.

Erst als die Sonne endgültig über dem Horizont aufsteigt, bin ich wieder allein. Mein Vater war damals genauso alt wie ich heute, als er mich zum ersten Mal auf den Berg mitnahm, denke ich, während ich mit Zwölfzackertechnik über einen 45 Grad geneigten Eishang steige. Abwechselnd stoße ich die Frontalzacken der Steigeisen in die spröde Fläche unter mir. Drei kurze Schritte, die Beine leicht gegrätscht, dann erst löse ich den Blick von den Füßen, schaue hinauf. Ich setze den kurzen Eispikkel etwa 80 Zentimeter über mir ein; und wieder drei kurze Schritte. Ich habe meinen Rhythmus. An meine Kindheit kann ich mich kaum erinnern. An einige Begebenheiten nur; daß ich in einen Graben gefallen bin und mir die Stirn aufgeschlagen habe. Ich kann mich an eine kleine Waldlichtung erinnern. Nur mein älterer Bruder und ich waren da, und wir waren hilflos. Die Eltern hatten uns dort zurückgelassen. Wir weinten beide. Zuerst mein Bruder, dann auch ich.

»Wie eigenwillig du damals warst.«

»Nicht nur eigenwillig, trotzig.«

»Du bist doch ähnlich wie dein Vater.«

»Das ist nicht ausgeschlossen.«

»Die gleichen archaischen Vorstellungen.«

»Nein, das glaubst du nur, weil ich meist bestimmte.«

»Was heißt meist, immer.«

»Soweit ich mich zurückerinnere, war ich als Kind meinen Brüdern immer überlegen. Darüber bin ich nicht stolz, aber auch nicht unglücklich. Das sind die Tatsachen.«

»In unserer elfköpfigen Familie hat es immer Altersgruppen gegeben. Die einen waren die Großen, die anderen die Kleinen. Dann waren nochmals kleinere, das waren wieder die Kleinen.«

»Später die Schule und den eigenen Vater als Lehrer.«

»Ich will mich an die Schulzeit überhaupt nicht erinnern ...«

Plötzlich rutscht mir ein Steigeisen ab. »Aufpassen«, sage ich laut. Rede ich mit mir selbst? Ich bin nun schon auf der Höhe des Großen Eisfalls. Das Wetter ist nicht schön, aber auch nicht schlecht.

Vor drei Stunden bin ich vom ersten Biwak aufgebrochen. Gestern habe ich die erste Seite der Gutenberg-Bibel, die mir ein Freund als eine Art Gipfelbuch geschenkt hat, noch einmal geprüft. Er hat auch eine kleine Aluminiumhülse anfertigen lassen, und in diese Hülse habe ich das wertvolle Pergament gesteckt und will es am Gipfel deponieren. Ich weiß ja nicht, ob meine Fotos etwas werden, ob ich da oben überhaupt fotografieren kann. Ich weiß auch nicht, ob ich hinaufkomme; aber für den Fall, daß ich hinaufkomme, habe ich dieses Schriftstück dabei.

Ich muß recht gut geschlafen haben – keine Ängste –, denn ich bin ausgeruht. Immer noch bin ich zuversichtlich. In einem plötzlichen, starken Entschluß muß ich wieder weitermachen. Ich schaue hinauf zur großen Mauer der Mazeno Peaks, und dann quere ich über die Séracs nach links. Riesendimensionen! Es ist immer noch nicht einfach, sich in dieser Wand zu orientieren. Rechts der Mummery-Rippe, die fast 1500 Meter hoch und in warmes Morgenlicht getaucht ist, glänzt blankes Eis. Der große Sérac neben mir ist mehr als einen halben Kilometer breit und bis zu 200 Meter hoch. Ich bin jetzt einigermaßen sicher; ganz sicher

Vom ersten Biwak stieg ich am 7. August 1978 durch Gletscher- und Séraczonen im stumpfen Winkel zwischen Diamir- und Mazenowand 1600 Meter empor.

kann man hier nie sein. Dieser Tag ist der entscheidende für mich, das weiß ich. Ich muß auf mindestens 6000 Meter kommen. Tiefer unten kann ich nirgends biwakieren. Das ist und bleibt zu riskant. Hier oberhalb des Großen Eisfalls gibt es die erste relativ sichere Zone. Dort muß ich irgendwo ein Zelt aufstellen.

Wenig nach 8 Uhr bin ich über der Gefahrenzone. Am liebsten würde ich aufschreien vor Freude. Am Beginn habe ich heute 500 Meter Höhe in der Stunde geschafft. Weil ich so schnell war, weil ich die Eiswülste so gut überwinden konnte, bin ich jetzt übermütig. Fotografiert habe ich nur wenig. Allein ist es nicht einfach, sich selbst aufzunehmen. Ich benütze einen Pickel, an den ich eine Schraube habe schweißen lassen. An dieser Schraube kann ich meine Kamera befestigen, den Pickel in den Firn stoßen, den Selbstauslöser einstellen und mich fotografieren.

Wie Ursula wohl zumute ist? Sie weiß ja nicht, wie es mir geht. Vielleicht sieht sie durch das Fernglas, wo ich bin. Aber gerade dieses Sehen und Nichtwissen ist so schwer zu ertragen. Zehn Tage lang, habe ich vor dem Aufbruch gesagt, sollen Terry und sie im Basislager warten.

»Wenn ich in zehn Tagen, maximal zwölf, nicht zurück bin, könnt ihr nach Hause gehen.«

Ich will nicht, daß man nach mir sucht, wenn ich nicht mehr herunterkomme. Das wäre auch sinnlos. Ich will nicht, daß jemand sein Leben aufs Spiel setzt, um mich aus der Wand herauszuholen. Ich habe vor dieser Expedition auch meine bürgerlichen Angelegenheiten geregelt.

Die »Brücke« unter mir, die 600 Meter Höhenunterschied aufweist, ist so hoch wie eine klassische Ostalpenwand. Weit über mir der Gipfel; in kaltes Morgenlicht getaucht, scheint er unendlich weit oben zu sein: der Glasberg im Märchen. Trotzdem das Gefühl, daß es möglich ist, hinaufzukommen. Nur momentane Wallungen der Angst, da oben vielleicht an der Einsamkeit, an mir selbst zu ersticken; keinerlei Angst davor, nicht mehr herunterzukommen.

Sogar in den steilsten Eispassagen fotografiere ich mich aus Augenhöhe selbst. Ich habe absichtlich ein starkes Weitwinkelobjektiv, ein Fischauge, auf meine Kleinbildkamera geschraubt. So kann ich mich aus kurzer Entfernung selbst aufnehmen, muß nicht allzu weit weglaufen. Noch hält der Firn gut, ich hinterlasse keine Fußstapfen. Ich bin in 6200 Meter Höhe. Nie habe ich mich heute sichern müssen, ich habe weder die eine Eisschraube noch den Felshaken benützt. Die Gletscher liegen tief unter mir. Wenn es in der Diamirwand kracht, stört mich das nicht. Die Gefahrenzone ist überwunden. Eine gute Stunde noch steige ich über griffigen Firn empor. Das Licht wirkt warm. Gelblich liegt es auf der blauen Firnfläche. Im Winkel unter einem senkrecht aufragenden Eissérac ist dieses Blau besonders intensiv. Dort will ich bleiben.

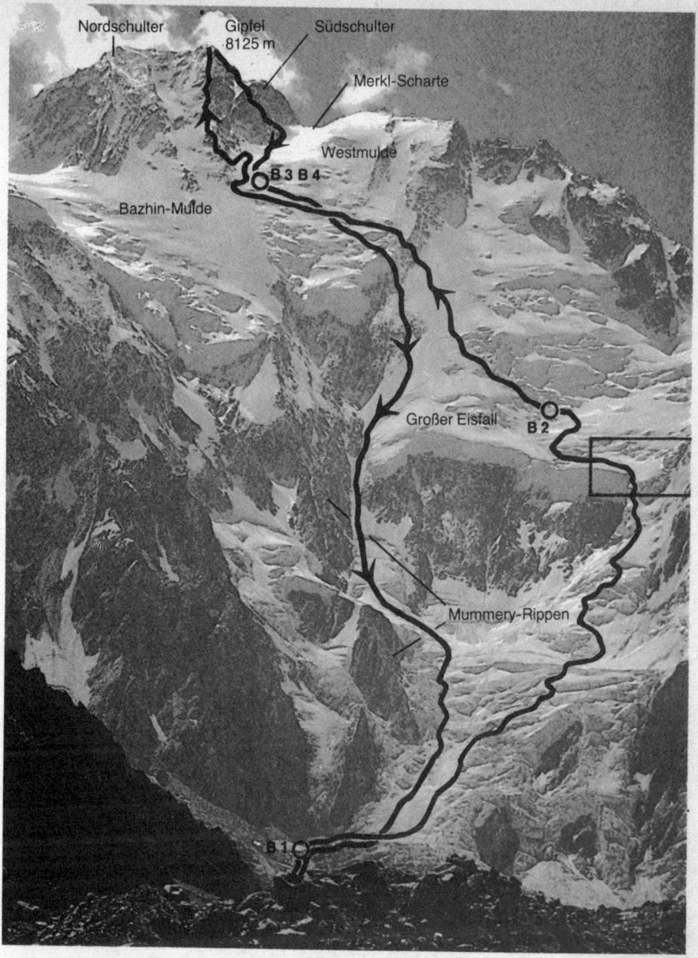

Am 20. Juli 1978 errichtete ich am Fuß der 3500 Meter hohen Westwand des Nanga Parbat das Basislager. Am 6. August biwakierte ich am Wandfuß (B1). Am nächsten Tag stieg ich mit 15 Kilogramm Gepäck bis über den großen Eisfall in der Wandmitte auf. Ich biwakierte unter einem Eisüberhang (B2) und kletterte am 8. August bis unter das felsige Gipfeltrapez des Nanga Parbat (B3). Am 9. August erreichte ich um 16 Uhr den Gipfel. Knapp vor Dunkelheit war ich zurück im Zelt der Westmulde (B4). Anderntags Schneesturm. Ein Stück der Aufstiegsroute war durch ein Erdbeben unbegehbar geworden. Das zwang mich, am 11. August über die gefährlichste Linie direkt abzusteigen.

Ursula und Terry verfolgten meinen Aufstieg mit dem Fernglas vom Basislager aus. Sie behielten »den Punkt« immer im Auge. Ursula schoß auch diese Bilder.

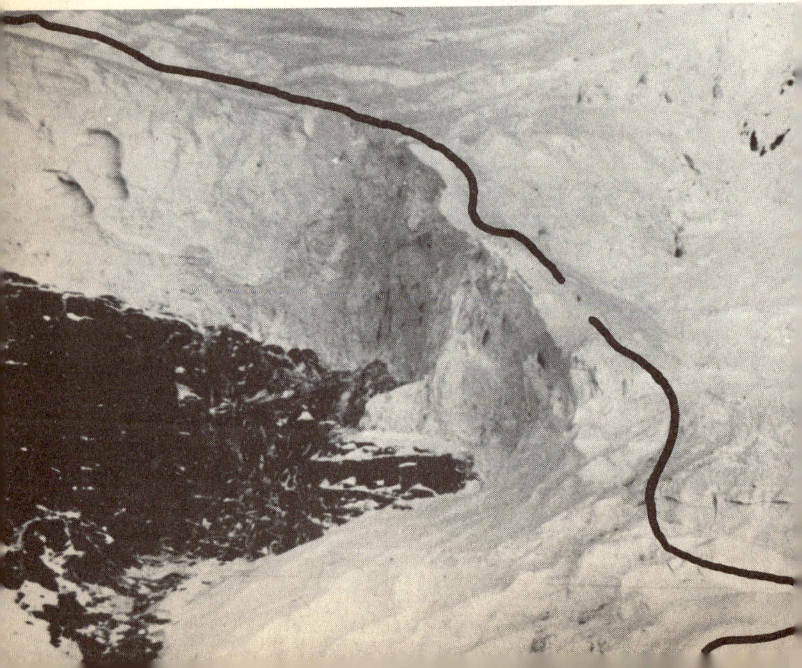

Über den Großen Eisfall querte ich nach links. Bis zu 200 Meter brach der Sérac überhängend unter mir ab.

Ich setze mich auf den Rucksack. Hier ist der ideale Standort für mein Biwak. An diesem Platz fühle ich mich wohl und stark. Das Wohlbefinden, an der richtigen Stelle zu sitzen, durchströmt meinen ganzen Körper. Ich strecke mich, sehe über die Wolken am Horizont hinweg. Ich fühle, daß das Wetter noch halten wird.
Es ist nicht so, daß ich allein gegen den Rest der Welt unterwegs bin. Auch habe ich mich nicht mit der Natur verschworen gegen alles übrige. Ich sitze hier, als sei ich Bestandteil dieses Berges. Bei jeder Bewegung bin ich äußerst vorsichtig. Ich darf nicht abrutschen, keine Lawine lostreten, nicht in eine Spalte stürzen. Ich bin wie der Schnee, der da liegt, und ich habe auch Empfindungen von Fels und Schnee und Wolken. Kein Bedürfnis mehr nach Philosophie. Einverständnis mit allem, auch mit dem Tod.
Ich bin nicht ausgezogen, um einen Berg zu erobern, auch nicht, um als Held zurückzukehren. Ich will mit dem Fürchten die Welt kennenlernen. Ich muß wieder neu fühlen können. Die Angst, allein zu sein, ist jetzt aber nicht da, nicht einmal in meiner Vorstellung. Die Sicherheit, hier heroben keinen Menschen zu treffen, ist sogar eine Stütze für mich – die Einsamkeit keine Katastrophe mehr! Offensichtlich habe ich in dieser Ruhe ein neues Selbstbewußtsein erreicht.
Wie verschieden ist doch das Alleinsein: einmal frustrierendes Getrenntsein, dann zu Bewußtsein gewordene Freiheit.
Erstmals im Leben das Erlebnis von weißer Einsamkeit, Einsamkeit nicht mehr als Furcht, sondern als Kraft.

Unter dem überhängenden Eiswulst trete ich den Platz für das Zelt aus. Ich muß unbedingt unter einem Vorsprung schlafen, wenn ich schlafen will. Die Diamirwand ist so von Séracs durchsetzt, daß man im freien Gelände nirgends ganz sicher sein kann. Ich könnte vom Lawinensog plötzlich aus der Wand gezogen werden.
Die Welt unter mir scheint weiter weg zu sein als der Gipfel. Ob ich gefühlsmäßig mehr nach unten oder mehr nach oben tendiere? Im Moment bin ich völlig in mich eingebettet. Auch als dichte Wolken und Nebel sich im Tal breitmachen, bleibe ich ruhig. Ich drehe die Eisschraube in die Wand über dem Zelt und verankere es daran. Als die Sonne im Zenit steht, lege ich mich hinein. Drinnen haben gerade mein Körper, der Rucksack und der Kocher Platz. Im Zeltsack schmelze ich Schnee. Der Sack hängt so hinter der Zeltwand, daß er von der Sonne erwärmt wird. Unten tropft Wasser heraus. Ich fange es in einem schalengroßen Kochtopf auf. Immer wieder, wenn eine Tasse voll ist, mache ich sie warm. So bereite ich Tee oder Suppe; trinke. Ich muß sehr viel trinken.

Das war mein zweiter Biwakplatz.

So wichtig ist der Partner gar nicht. Zuerst glaubte ich, ohne ein menschliches Gegenüber, ohne Partner als Spiegelbild, ohne ein anderes Gesicht käme ich nicht aus. Es geht dabei oft nicht um ein Gespräch. Es reicht schon, wenn ich jemanden anschauen kann. Ich sage nichts, und er sagt nichts, aber jeder weiß, was der andere denkt. Habe ich nun den Partner in mir selbst gefunden? Immer wieder tauchen Gestalten vor mir auf, imaginäre Freunde. Ich unterhalte mich mit jemandem, der ständig neben mir sitzt. Ist es ein Mensch? In meiner Anwesenheit ist jemand anderer anwesend. Das ist alles, was ich weiß. Es sind nicht nur Stimmen um mich herum, es ist etwas Körperliches in meiner Nähe; nicht greifbar, aber es ist da und bewegt sich. Ich kann es fast anschauen. Ich suche dieses Wesen nicht, gehe ihm nicht aus dem Weg. Manchmal sage ich mir: Du bist ein Narr, das gibt es ja nicht. Dann wieder habe ich das tiefe Bewußtsein, daß dieses nicht greifbare Leben um mich herum Realität ist. Ich rede mit jemandem. Man beantwortet mir Fragen. Es ist etwas da, das ich rational nicht erklären kann, das mich aber mit seinem ganzen Dasein berührt. Mit dem gleichen Dasein, mit dem ich bin.

In kleinen Schlucken trinke ich die heiße Suppe aus einem Kochgeschirr, das kaum größer ist als eine Tasse. Mein Rachen fühlt sich so rauh und wund an, als wäre jemand mit einem Reibeisen darübergefahren. Ich zwinge mich, ein Stück kaltes Corned beef aus der Büchse hinunterzuzwängen.
Das ist ein Fehler. Ich muß mich erbrechen, aus dem winzigen Zelt, in dem ich kauere, in den Schnee hinaus. Dabei kotze ich auch die Hälfte der Flüssigkeit, die ich im Laufe des Tages mühsam zu mir genommen habe. Und ohne genügend Flüssigkeit im Leib bin ich hier oben von vornherein verloren.
Seit sechs Stunden sitze ich nun im Zelt, 6400 Meter hoch, in der Mitte der fast 4 Kilometer hohen Westwand des Nanga Parbat. Es hat eine jämmerliche Hitze. Ich will das Zelt aber nicht abdecken, weil ich drinnen mit Sonnenenergie Schnee schmelze. So kann ich Brennstoff sparen und länger überleben. Der Zeltsack, 40 Zentimeter hoch und so dick wie meine Beine, hängt noch am Zeltfirst. Das Ganze sieht aus wie eine dicke Wurst. Unten tropft es. Knapp vor Sonnenuntergang ist der Topf das dritte Mal voll.
Wieder koche ich Suppe. Ich muß viel Flüssigkeit zu mir nehmen und zwinge mich, auch diesen Topf leerzutrinken. Essen kann ich vorläufig nichts mehr.
Ich habe mich wohl beim Aufstieg heute früh verausgabt: 1600 Höhenmeter in sechs Stunden mit 15 Kilogramm auf dem Rücken. Das war zuviel. Und alles ohne Sicherung. Wer hätte mich auch halten sollen? Ich klettere diesmal »ohne Netz und doppelten Boden«. Dreimal ist mir das beim morgendlichen Aufstieg bewußt geworden. Dreimal nämlich hatte ich eine senkrechte Eispassage vor mir und mußte darüber. Alle drei Male zögerte ich. Ich war unsicher; ich durfte mir keinen Ausrutscher erlauben. Mit einem Partner wäre das Ganze zwar auch nicht leicht, aber einfacher gewesen. Wir hätten uns gegenseitig über das Seil sichern können. Aber für mich allein gab es diese Möglichkeit nicht. Und so habe ich es jedesmal gewagt: »Ich werde das Gleichgewicht schon nicht verlieren.«
Dergleichen macht man nur einmal im Leben. Nicht nur wegen der Schinderei, auch für die riskante Kletterei ohne Sicherung in dieser endlosen, senkrechten Eiswüste gibt es keinen Vergleich. Ich komme mir nicht verloren vor. Wenn ich aber an den Abstieg denke, sehe ich immer die schwierigsten Passagen vor mir. Das bedrückt mich. Noch bin ich nicht oben gewesen. Vielleicht komme ich auch nicht ganz hinauf. Wenn es morgen wieder so schwierig ist, weiß ich noch nicht, ob mein

Mut und meine Geschicklichkeit ausreichen. Mit jedem Meter, den ich an Höhe gewinne, werde ich schwerer und schwächer.
Ob ich überhaupt noch hinunterkomme? Ich will nicht weiterdenken. Ich will nicht bis zum Ende denken. Ich muß Schnee schmelzen und rasten. Während in regelmäßigen Abständen Schmelzwasser aus dem Zeltsack in den Kochtopf tropft, massiere ich meine Beine und den rechten Unterarm, der sich in Krämpfen zusammenzieht. Den ganzen Morgen über habe ich mit der einen Eisaxt Stufen geschlagen, Griffe ausgekratzt, mich über Spaltenränder gezogen. Jede Bewegung mußte sitzen. Ein einziger nicht geschaffter Klimmzug hätte das Scheitern bedeutet.
Die Strümpfe sind trocken. Die doppelschichtigen Schalenschuhe, die ich in die Sonne vor das Zelt gestellt habe, auch. Ich hole sie herein. Der Feuerball im Westen taucht zwischen atompilzartige Haufenwolken und geht unter. Es wird sofort kalt. Solange es warm war – unter der Sonne sogar stickig heiß –, tropfte es gleichmäßig aus dem Zeltsack. Ehe das Schmelzwasser in der jähen Kälte wieder einfriert, gieße ich es vorsichtig in den kleinen Kochtopf und balanciere ihn auf die Gasflamme. Ich muß immer weiter trinken und die ausgespieene Flüssigkeit ersetzen, damit mein Blut nicht dick wird. Auch während es Nacht wird und die Temperatur auf minus 15 Grad sinkt, trinke ich. Ich darf nicht mehr erbrechen. Noch einmal kotzen – und ich muß umkehren, wenn ich überleben will.

Alleingang: Nur wenige haben vor mir ernstlich versucht, einen Achttausender solo zu gehen. Maurice Wilson, der 1934 auf den Mount Everest wollte, kam niemals wieder. Zwei Jahre später fand man seine Leiche in 6400 Meter Höhe. Der Kanadier Denman kam am gleichen Berg auch nur bis unter den Nordcol.
Alleingang: Die nächsten Menschen sind jetzt schon 2400 Höhenmeter unter mir in einem winzigen Basislager. Terry, der sich aus purer Neugier freiwillig gemeldet hat, besitzt keinerlei Bergerfahrung. Auch Ursula kann mir in Bergnot nicht helfen. Aber vielleicht Hilfe holen, wenn ich mit Leuchtraketen oder über Sprechfunk zu erkennen gebe, daß ich mich in Gefahr befinde.
Ich habe weder Sprechfunk noch Raketen noch sonst ein Notsignal dabei. Es wäre sinnlos. Der nächste Ort mit gelegentlicher Verbindung zur Außenwelt – Babusar – ist vier Tagesmärsche entfernt. Dort gibt es ein Kurbeltelefon, das manchmal funktioniert. Um Gewicht zu sparen, habe ich nicht einmal eine Taschenlampe mitgenommen. Die Gasflamme ist meine einzige Lichtquelle, bis ich genug getrunken habe und mich zum Schlafen einrolle. Nachts kann mir hier nichts passieren. Mein Minizelt

steht geschützt unter einem Eisüberhang. Ich habe es mit einem Seilrest an die ins Eis gedrehte Eisschraube gebunden. Selbst dem Sog einer Lawine, die in der Nähe abgeht, müßte es standhalten. Müßte.
Ich bin ziemlich erschöpft, lasse meinen Kopf zurücksinken auf den Anorak, den ich als Kissen auf die Matte gelegt habe. Erst jetzt fällt mir ein, auf die Uhr zu sehen. Es ist wenige Minuten nach 18 Uhr.
Plötzlich habe ich das Gefühl zu schweben. Es ist, als ob ich ganz leicht sei. Dabei keine Angst zu fallen. Ich denke und fühle nicht mehr in gewohnter Weise. Dann liege ich wieder erschöpft da. Dieser Wechsel zwischen Müdigkeit und Selbstauflösung! Ich nehme das alles wahr; zuerst abwechselnd, dann gleichzeitig. Ich schaukle zwischen der gewohnten Wahrnehmung und diesen nicht alltäglichen Empfindungen. Nach einer Weile trennen sich die beiden Gefühle, und ich spüre, wie ich an der Zeltdecke schwebe und auf mich selbst hinunterschaue. Dann ist es wieder umgekehrt. Es ist mehr als nur ein Spüren, ich sehe alles wie ein Bild vor mir – einmal von oben, dann von unten. Diese Gefühle sind so ähnlich, wie ich sie oft beim Aufwachen habe. Beides kann ich weder denken noch ausdrücken. So verschwommen das Bild ist, so klar ist die unmittelbare Erkenntnis daraus.
Wieder rede ich mit jemandem, und zwar nicht nur mit mir selbst. Ich bin überzeugt, daß ich mit Menschen spreche, mit Wesen, die ich aus den Augenwinkeln zu sehen glaube. Nein, das sind wirklich keine Halluzinationen. Solche habe ich 1970 erlebt, als ich vom Nanga Parbat heruntergekommen bin. Damals habe ich Leute gesehen, die mir entgegenkamen, und dann waren sie plötzlich nicht da. Ich habe einige sogar erkannt. Sie saßen auf Pferden, ritten auf mich zu, bewegten sich. Dann aber ertastete ich sie als Steinklötze, sah anstelle eines Schimmels einen Schneefleck am toten Gletscher.
Jetzt bin ich sicher, daß hier Leute sind, kann sie aber nicht sehen. Ich unterhalte mich mit ihnen, weiß jedoch nicht, ob ich dabei laut spreche. Ich will auch nichts Konkretes herausfinden; bin nur da, beobachte – bin das alles. Verstandesmäßig glaube ich selbst nicht an diese Begleiter, aber wenn ich nichts denke, sind sie wieder da. Für mich ist es klar, daß diese Stimmen von außen kommen. Zwischendurch sage ich mir wieder: »Das gibt es nicht, daß da jemand zu mir spricht. Ich bin ja allein.« Aber auch dieses Gefühl wird aufgelöst durch die Gegenwart der Stimmen. Ich weiß nicht, ob ich phantasiere oder nicht; ich teile anderen Gedanken mit im starken Bewußtsein, daß diese anderen da sind.
Wenn ich die Augen schließe, höre ich meine Freunde besser. Ich spüre sie dann noch deutlicher in meinen Augenwinkeln. Daß da Menschen sind, die mir beim Kochen helfen, die mit mir reden, belustigt mich nicht; ich bin froh darüber, und ich unterhalte mich über alles mögliche

mit ihnen: über meine Kindheit, über mein gescheitertes bürgerliches Leben ...

Die Hügelketten im Westen sind in ein bräunlich-graues Licht getaucht, als ich ein letztes Mal aus dem Zelt schaue. Die Sonne ist schon seit einer Weile untergegangen. Die Regenwolken, die sich jetzt an den Berghängen bilden, wachsen rasch. Ich muß hier warten, bis das Wetter entweder gut oder schlecht wird. Solange sich Wolken um die Gebirgskämme zusammenziehen, ist es zu gefährlich weiterzumachen.

Die Stille in dieser Wand ist großartig. Nur der leichte Wind, der mit den Nebeln im Tal herantreibt, zischt an den Zeltstangen. Ich kann riechen, daß es schneien wird.

»Unten wird es wohl regnen«, stelle ich fest.

»Es regnet schon.« Der das sagt, hat keine bestimmte Gestalt, er ist nur da. Die Nebel und die feuchte Luft machen mich schläfrig. Ich friere. Wie schwer und wie dick diese Nebelbänke sind! Fast schwarz stehen sie gegen den noch hellen Sternenhimmel.

Erst im Biwak kommen die Probleme. Wenn zwischen mir und der nächsten Bezugsperson Wüste liegt, weiß ich, daß ich zurückkomme; aber hier, in einer so gefährlichen und schwierigen Wand, weiß ich das nicht, bin ich mir dessen nicht sicher. Das läßt die Entfernung und die Zeit, die zwischen mir und den anderen Menschen liegt, unermeßlich groß werden. Die Einsamkeit, die man eingesperrt, vielleicht freiwillig in ein Zimmer eingesperrt erlebt, und die Einsamkeit, die ich jetzt erlebe, sind nicht gleich. Das hier ist kein Warten auf etwas anderes; mit jedem Schritt, den ich nach oben mache, tue ich zwei Schritte von der nächsten menschlichen Behausung weg. Und jeder Schritt wird anstrengender, je höher ich komme. Das endgültige Alleinsein ist ein Problem, mit dem der Mensch nicht fertig werden kann.

Es ist vermutlich einfacher, als Einhandsegler um die Welt zu schiffen, sich auf dem Meer treiben zu lassen, wenn Sturm herrscht. Sicher, auch der Segler muß gegen die Naturgewalten ankämpfen; aber ich komme nie auf einen Achttausender, wenn ich nicht auch gegen die Weigerung des Körpers ankämpfe, der von selbst nicht einmal mehr abwärts geht.

Ich verkrieche mich tiefer in den Schlafsack und stelle den halbgefüllten Kochtopf auf die Gasflamme. Das geschmolzene Wasser darf nicht zu Eis werden, sonst verbrauche ich zuviel Brennstoff. Es ist schwierig, alles alleine zu machen. Mit der linken Hand halte ich den Griff des Kochtopfes, so daß er nicht umkippen kann, mit der rechten schütte ich das Suppenkonzentrat aus der Alufolie in das dampfende Wasser. Niemand ist da, der umrührt.

Da fällt mir ein, daß mein linkes Steigeisen kaputtgegangen ist. Mit einem kaputten Steigeisen komme ich weder vor noch zurück. Ich muß

es flicken. Mit dem Taschenmesser repariere ich die Bindung und bin beruhigt, als es bei der Probe auf den Schuh paßt.
Was ist nur los mit mir? Die Finger sind sofort nach Sonnenuntergang klamm geworden; dauernd schlafen mir Arme und Beine ein. Ob ich in zwei Tagen den Gipfel erreichen werde? Wenn ich noch einmal erbrechen muß, ist es aus. Dann muß ich schleunigst absteigen, und für einen neuen Versuch reichen weder meine psychischen noch meine physischen Kräfte.
Aus Sicherheitsgründen schlafe ich ohne Schlaftabletten.

Geborgen im Eis

Am Morgen des 8. August gibt es im Basislager große Aufregung. Ursula hat mir Tage danach erzählt, wie es war: Um 5.15 Uhr hört sie Terry laut schreien. Sie liegt noch halb schlafend im Zelt. Terrys aufgeregte, atemlose Stimme reißt sie sofort in die Gegenwart: Nanga Parbat, Basislager, Reinhold seit drei Tagen unterwegs.
»Ursula, an earthquake and an avalanche right in the wall!« Lawine! Erdbeben! »Wie? Wo?« – Sie ist jetzt hellwach, nein, eigentlich noch verschlafen. Die Augen wollen nicht offenbleiben. Sie verheddert sich im Schlafsack, wirft die Schüssel mit den Lebensmitteln und den Kocher am Zelteingang um, bleibt irgendwo am Zeltgestänge hängen, findet den Knoten nicht. Nie hat sie Terrys Stimme so aufgeregt gehört. Noch während sie am Knoten des Zeltverschlusses herumfummelt, ruft sie hinaus: »Can you see him?« Terry ist inzwischen vor Ursulas Zelt angelangt, unser einziges Fernglas in der Hand. Mit den Beinen immer noch im Schlafsack, krabbelt Ursula so weit aus dem Zelt hinaus, daß sie am kleinen Vordach vorbei die Nanga-Wand sehen kann.
Die Lawine ist schon ganz unten. Schnell zieht sie eine Hose an, läuft barfuß zu Terry und nimmt das Fernglas. Sie sucht »den Punkt«, den sie seit mehr als 60 Stunden verfolgt. Plötzlich kommt ein starker Wind auf, es schneit.
Ursulas Haare wirbeln um ihren Kopf, Flocken schlagen ihr ins Gesicht. Den Arm vorm Gesicht, dreht sie sich um, bückt sich, kauert sich zusammen. Nach einem kurzen Blick auf den blauen Himmel glaubt sie, sie sei verrückt geworden.
Öfter schon hat Ursula Schwierigkeiten gehabt, Träume von der Wirklichkeit zu unterscheiden. Deshalb braucht sie lange und mehrere Beweise, um die Realität kontrollieren zu können. Immer noch kann sie nicht sicher sagen: Bis dahin war es Traum, jetzt fängt die Realität an. Als sie nochmals zum blauen Himmel emporsieht und gleichzeitig vom

Auf einem Plastik-Container sitzend, das Fernglas an der Tragkraxe aufgestützt, so starrte Terry fast fünf Tage lang in die Wand.

Luftdruck weggedreht wird, weiß sie alles. Die Eiskristalle tun weh in den Augen und im Gesicht. Sie wendet sich von der Wand und der Lawine ab. Für kurze Zeit ist sie erleichtert. Nochmals denkt sie an einen schlimmen Traum; ein Glück, daß es nur ein Traum ist.
Daß dieser Schneesturm eine Folge einer Lawine ist und deshalb auch in keinem Widerspruch zum blauen Himmel steht, wird ihr erst bewußt, als Terry sie aufklärt; Terrys Erläuterungen rauben ihr alle Illusionen. Das alles ist kein Spuk, kein schlechter Traum.
Diese Realität – Traum-Realität-Phase – dauert höchstens ein paar Sekunden, und doch reicht diese Zeit aus, ihr die Vorstellung eines fallenden Körpers einzujagen.
»He is there«, strahlt Terry. Er hat »den Punkt« in der Wand ausgemacht, einen Punkt, der sich bewegt. Ursula atmet auf, sicher ist sie trotzdem nicht. Sie zweifelt schon seit gestern an der Identität des Punktes mit mir. Sie kann sich nicht vorstellen, daß ich am ersten Tag so hoch gekommen bin.
Für ihre Vorstellungen ist »der Punkt« viel zu hoch oben. Aber, gesetzt den Fall, sein Biwakplatz wäre weiter unten gelegen, so hätte ihn die Lawine sicher weggefegt, denkt sie. Als Verdrängungskünstlerin akzeptiert sie Terrys Feststellung. Wie an einem Strohhalm hält sie sich an seiner Beteuerung fest, die Lawine sei unterhalb meines Biwakplatzes abgegangen. Er könne sehen, daß ich munter dort oben sitze und den Schnee- und Staubwolken nachsehe. Bei dem Gedanken aber, ich hätte, wie schon einmal, meinen Start um nur einen Tag verschoben und wäre dann unweigerlich in der Lawinenrutschbahn gewesen, läuft es Ursula nicht nur einmal kalt den Rücken rauf und runter. Am liebsten würde

Ursula Terry um den Hals fallen, als sie selbst durch das Fernglas sieht, daß sich da oben ein Punkt von eben jener Stelle weg, wo gestern mein Zelt stand, auf den Gipfel zu bewegt.
Terry erzählt Ursula von einem Erdbeben, das vor mehr als einem Jahrhundert am Nanga Parbat so große Eis- und Erdrutsche verursachte, daß eine unübersehbare Katastrophe folgte. Um die Jahreswende 1840/41 war die Westseite des Licharkammes am Nanga-Parbat-Massiv, gegenüber Gor, bei einem Erdbeben herabgestürzt und hatte das Industal an der Enge, wo später die Rakhiotbrücke erbaut wurde, ungefähr 300 Meter hoch aufgefüllt. Das Flußbett war vollkommen geschlossen. Im April 1841 warnte Jabbar Khan, der Amtmann in Astor, die Regierung in Kaschmir und sagte, daß der Fluß vielleicht noch einen Monat aufgestaut bleiben würde. Der Stausee war schon 60 Kilometer lang. Um die gleiche Zeit sandte auch der Raja Karim Khan von Gilgit Warnungen, die er auf Birkenrinde hatte schreiben lassen, durch das Haupttal des Indus hinab. Aber es wurde wenig Notiz davon genommen. Der Damm brach. »Der Fluß kommt!« Alle trockenen Kanäle füllten sich mit Wasser. Mit einer Mauer von Schlamm raste der Strom daher. Er hatte nicht im entferntesten die Farbe von Wasser. Es war ein furchtbarer Schwall von aufgewühltem Wasser, Leichen, Kamelen, Zelten, Maultieren, Eseln, Bäumen und Haushaltsgegenständen. Wer es nicht rechtzeitig sah, war unweigerlich verloren. Viele retteten sich auf Felsen, die aber auch rasch überflutet wurden. Nur jene entkamen, die sofort zu den Uferhöhen gelaufen waren. Das Unheil war riesengroß. Hunderte Hektar Ackerland hatte das Wasser aufgerissen und weggespült. Alle Bäume, die das Ufer gesäumt hatten, die Männer in den Bäumen, die Pferde und Maultiere, die an den Bäumen angebunden waren, alles war im Strudel versunken und für immer verschwunden. Wie eine Frau mit einem nassen Handtuch eine Legion Ameisen wegwischt, so hatte der Fluß eine ganze Armee weggewischt!

Während Ursula und Terry im Basislager ihr Frühstück bereiten, bin ich oben am Nanga schon wieder unterwegs. Ein pakistanischer Bauer bringt ihnen die Nachricht vom Erdbeben; er hat es im Radio gehört. Genau im Gebiet des Indusknies lag der Kern des Bebens, Stärke acht. Ich weiß nichts von all dem, ich habe nur gesehen, wie die Eiswand unter mir in Riesenschollen abbrach. An diesem Dienstag, dem 8. August, wachte ich um 5 Uhr morgens auf. Mein Höhenmesser zeigte 50 Meter mehr als am Vorabend. Ich war nicht im Schlaf emporgeschwebt – der Luftdruck war gefallen. Kein gutes Zeichen.
Ich schmolz wieder hartgefrorenen Schnee im Kochtopf, machte das Wasser heiß und hängte einen Teebeutel hinein. Nach dem Tee gab es

Am Vormittag des 8. August stieg ich vom Biwakplatz (Bildmitte ganz unten) diagonal nach links aufwärts. Rechts die Mazenoscharte; über den anschließenden Südwestgrat erreichte Hanns Schell mit seiner Grazer Gruppe 1976 den Gipfel.

Suppe aus Wasser und einem in Alufolie verpackten Konzentrat. In der eisigen Stille des Tagesanbruchs plötzlich ein Geräusch wie von einem gewaltigen fernen Wasserfall.
Ich riß den vereisten Zelteingang auf, steckte den Kopf hinaus. Unter mir mußte die halbe Eiswand abgebrochen sein. Alles schien in Bewegung. Links von mir tosten Eislawinen wie Sturzbäche zu Tal. Unter mir wälzte sich eine breite Lawine wie eine Flutwelle hinab zum Bergfuß. Sie bestand aus dem Eis, über das ich heraufgeklettert war. Sie überrollte den Biwakplatz, von dem aus ich gestern um diese Zeit aufbrach. Gebannt schaute ich dem Ende zu, das mich jetzt ereilt hätte, wenn ich 24 Stunden später aufgestiegen wäre.
Keine Panik, obwohl mir das Blut in den Schläfen pochte. Ich sagte mir

Unter der steilen, konkaven Gipfelwand oberhalb der Westmulde fand ich meinen dritten Biwakplatz. Unter mir ein gewaltiger Hängegletscher.

nur: Da rauscht sie hin, deine Abstiegsroute. Da kommst du nicht mehr runter. Du mußt dir etwas anderes einfallen lassen für den Heimweg.
Im kaltblauen Schatten der Wand klappte ich mein Zelt zusammen und verstaute die Sachen im Rucksack. Ich nahm alle Verpflegung für die weiteren Tage mit: zwei Dosen Corned beef, eine Dose Landleberwurst, eine Pfunddose Streichkäse, zwei harte Südtiroler Fladenbrote, Suppen, Tee, Kaffee. Ich habe das Gefühl, daß ich mich nicht warmlaufen kann. Der Schnee ist ungleich, einmal blankes Eis, einmal Bruchharsch, einmal pulvrig. Meine Füße fühlen sich nur sicher, wenn fester Grund unter den Steigeisen knirscht. Ein kalter Wind bläst mir vom Gipfel her ins Gesicht; der Rucksack drückt. Ich wollte ursprünglich ein kleines Depot am Lagerplatz zurücklassen, Nahrungsmittel für den Abstieg. Aber jetzt, wo es unter mir keinen Abstieg mehr gibt, muß ich alles weitertragen, höher hinauf; vielleicht klettere ich über die Südseite ab.

Ich steige schräg nach links an, einem zerklüfteten Sérac entgegen, an dem ich eine schwache Stelle erspähe. Wenn ich darüber hinwegkomme, bin ich im flacheren Gipfelbereich, bin ich vorerst gerettet. Das Wetter beunruhigt mich, ich vermute Schnee. Im Westen Zirren am Himmel; über dem Nanga-Parbat-Gipfel, wie ein Hut, eine Wolke in den Regenbogenfarben.

Für die ersten 100 Höhenmeter brauche ich länger als am Vortag für 500. Das gibt es doch nicht! Mit dieser Geschwindigkeit komme ich nie zum Gipfel!

Als in allen Winkeln der Diamirflanke Lawinen abgingen – unter mir, links von mir, rechts von mir –, dachte ich im ersten Augenblick: Lawinen zu dieser frühen Stunde, das ist gegen meine Erfahrung. Aber dann fand ich mich damit ab. Das Schauspiel ist mir geblieben wie ein Schreck. Als ich die Eismassen zum Basislager hinausschwimmen sah, fürchtete ich, sie könnten es überspülen.

Nicht, daß ich etwa meine, Glück gehabt zu haben. Ich war eben hoch genug. Ich weiß nicht, welche Kraft mich zur richtigen Zeit durch die gefährlichen unteren Wandzonen geführt hat. Es ist dieselbe Kraft, die mich ein andermal zwingt, einen Tag später zu starten und genau unter die Lawine zu laufen. Es sind sonst keine Gedanken mit dieser Lawine verbunden, es ist nur die Gewißheit da, überlebt zu haben.

Wenn ich beim Klettern zwischen den Beinen hinunterschaue bis zum Wandfuß, fällt mir auf, daß der gestern noch schmutzige Gletscher wie frisch verschneit aussieht, sonst hat sich wenig verändert.

Ich bin jetzt so hoch wie die höchsten Gipfel der Mazeno Peaks und kann über die Bergketten links und rechts des Diamirtales hinwegsehen. Es ist mir, als könnte ich aus dieser Höhe die Linien der Welt fühlen. Ich könnte stundenlang so schauen. Aber ich muß weiter. Ich steige aufwärts, gezwungen von etwas, das ich nicht verstehe, wohl aber spüre.

Diese Eisflanke ist eine wunderbare Welt! Ich habe eine gute Beziehung zu ihr. Als ich zum Gipfel hinaufblicke, erfaßt mich eine Welle positiver Gefühle. Er gibt mir Kraft. Ich kann jetzt, eingespannt zwischen diesem Gipfel und dem fraglichen Abstieg, ahnen, was ich wirklich bin. Wenn ich die Wolken ansehe oder die Berge ringsum, weiß ich, daß ich hierher gehöre.

Zwischen 9 und 10 Uhr streift mich erstmals die Sonne. Es wird warm und später unangenehm heiß. Ich habe die 7000-Meter-Marke überklettert und nähere mich jenem trapezförmigen Gipfelaufbau aus Fels, an dessen Fuß ich einen sicheren Lagerplatz zu finden hoffe. Teilweise bis zu den Hüften im Schnee wühlend, nähere ich mich Schritt für Schritt den Felsen. Fünf Schritte, Verschnaufpause, wieder fünf Schritte. Im gleißenden Licht und mit den stark absorbierenden Sonnenbrillen ist es

schwierig, einen geschützten Lagerplatz auszumachen. Zudem haben mich die Hitze und der schwere Rucksack zermürbt. Nirgends erspähe ich einen überhängenden Felsen, unter dem ich mein nächstes Biwak aufschlagen kann. Und dieser grundlose Pulverschnee! Hätte ich doch einen Partner, der mich in der Spurarbeit ablösen könnte! Aber ich muß alles alleine machen: spuren, suchen, schleppen. Niemand, der mir hilft; niemand, der mich aufmuntert.
Die Felsen sind nach unten geschichtet. Nirgends auch nur eine quadratmetergroße ebene Fläche zum Schlafen. Ich schleppe mich zurück nach rechts in den Schnee. Dort, zwischen zwei Spalten, finde ich einen brauchbaren Lagerplatz. Ich bin völlig ausgetrocknet, habe keine Kraft mehr, lasse mich in den Schnee fallen. Ich schaffe es einfach nicht mehr, das Zelt aufzubauen.
Ich bin heute wieder einige steile Passagen geklettert, habe sehr wenig fotografiert. Daß sich das Wetter wieder zum Guten gewandt hat, interessiert mich im Moment kaum, obwohl ich weiß, daß mich niemand hier herausholen kann, wenn ich es selbst nicht mehr schaffe. Nicht einmal ein Hubschrauber könnte mich retten. Ich hoffe nur, daß Terry und Ursula nicht allzusehr unter der Ungewißheit über meine Lage leiden.
Wenn ich könnte, würde ich darüber nachdenken, was mich hier heraufgebracht hat in dieses Elend. Als ob die Besteigung des Mount Everest ohne Sauerstoffgeräte im Mai dieses Jahres nicht schon genug des Zuvor-für-unmöglich-Gehaltenen gewesen wäre.
Ich liege im Schnee, sauge die dünne Luft ein und stoße sie so aus, daß sie sich kurz vor dem Ausatmen noch einmal in der Lunge staut. Die Nachmittagssonne glüht. Ich muß trinken, wieder Schnee schmelzen im Zeltsack.
In diesem ausgebrannten Sein, in diesem Leiden werden Gedanken, die ich noch nicht ganz gedacht habe, plötzlich ausgelöscht. Vielleicht ist meine grenzenlos einsame Position nur deshalb noch erträglich.
Während ich so daliege in meiner Müdigkeit, ausgepumpt, gedankenlos, habe ich plötzlich das Gefühl, daß ein Mädchen neben mir sitzt. Ich sage mir, warum soll ich das Zelt alleine aufbauen, wir können das auch zu zweit machen. Mein Zelt ist eine einfache Konstruktion: ein Sack in Igluform, der an zwei halbrunden, in sich gekreuzten Duraluminiumstangen hängt. Es ist nur schwierig aufzubauen, weil man die Stäbe spannen muß.
Das Mädchen sieht mir zu, wie ich den Schnee niedertrete, und ich denke, es wird ihm zu heiß sein aufzustehen. Obwohl ich weiterhin alles alleine machen muß, ist es doch schön, daß sie da ist. Nach einer halben Stunde steht das Zelt. Oben lege ich den Schlafsack drauf, so daß die Sonnenglut nicht durchkommt. Ich räume Matten und Rucksack ein,

hänge den Schneesack ins Zelt. Erst nach zwei Stunden beginnt es daraus zu tropfen. Ich bin heute zuversichtlicher als gestern, obwohl ein Nebelmeer unter mir liegt, das alle Täler und Berge bis auf 6500 Meter einhüllt. Im Westen aber steht ein rötlicher Dunststreifen am Horizont, der mir gutes Wetter verspricht. Es sieht aus, als ob die Welt dort aufhöre. Und mich interessiert vorläufig nicht, was dahinter vor sich geht. Um mich herum aber beobachte ich Kinder, Männer und Frauen. Ich kenne sie nicht und will nichts von ihnen. Sie sind nur da, abwechselnd. Und ich unterhalte mich mit ihnen. Wir besprechen alles, was ich tue. Zum Beispiel, wenn ich auf den Höhenmesser schaue und die Striche zähle, um die er gefallen ist.
Durch die Nebel brennt die Sonne besonders stark aufs Zelt. Ich liege fast nackt da. Aus einer halb offenen Dose Corned beef esse ich zwischendurch einen Mundvoll. An der Zeltwand sehe ich den Schattenriß meines Pickels, den ich draußen in den Schnee gestoßen habe. Ab und zu öffne ich den Zelteingang, um Schnee hereinzuholen oder das Wetter zu beobachten. Die mächtigen Haufenwolken am Horizont bilden ein eigenes Gebirge. Welch faszinierende Formen, vage wie Gegenstände unter Wasser!
Während ich koche und trinke und zwischendurch die Luft in meiner Lunge staue, kehrt die Zuversicht allmählich zurück. Ich bin jetzt eingebettet, geborgen in diesem Verlorensein.
Nur manchmal noch das Gefühl der absoluten Einsamkeit. Umständlich krieche ich aus dem Zelt. Das Mädchen ist wieder da. »Wir sind schon schön weit heroben«, sage ich.
»Morgen kommst du zum Gipfel«, meint sie.
»Nur wenn das Wetter so bleibt.«
»Es hält schon.«
Ich bleibe vor dem Zelt stehen und schaue nach Westen. Ringsum nichts als Haufenwolken. Das grelle Licht im Schnee, die noch warme Luft, zwischendurch sehe ich Sterne am Himmel. Das Mädchen lacht nur, als ich es ihr sage. Aus dem rechten Augenwinkel glaube ich noch zu sehen, wie sie aufsteht und weggeht.
Wieder schaue ich durch ein Nebelloch hinauf in den Nachmittagshimmel, und wieder bemerke ich Sterne. »Das habe ich noch nie gesehen«, sage ich.
»Wirklich nicht?« fragt sie.
Im Gewölk über mir werden immer wieder Löcher frei, schwarzblau der Himmel darüber.
»Hol dir genug Schnee ins Zelt«, sagt das Mädchen, und ich spüre, wie sie sich bückt. Ich mag ihre Stimme, sie bleibt mir lange in Erinnerung. Sie erzählt mir nichts, wir reden nur. Banales Zeug, aber wir reden.

»Sicher«, sagt sie, »das Wetter bleibt gut ... bis du wieder unten bist.«
Es muß wohl stimmen, denke ich; es ist fast windstill und trotz der Nebel noch warm.
4 Uhr nachmittags. »Ich bin froh, daß ich alleine bin«, sage ich.
»Froh?« fragt das Mädchen.
»Ja froh, ich fühle mich besser als bei früheren Expeditionen. – Ich gehe niemandem auf die Nerven, und mich stört niemand; ich steige so schnell ich will und lege mich ins Zelt, wann ich will; ich fühle mich alleine wirklich freier hier heroben.«
Mit den Sonnenstrahlen, die durch das Grau brechen, wird alles um mich herum lebendig. Die Nebel sind nicht mehr so ruhig wie vorher. Ich höre seltsame Geräusche um mich, ein Zischen und dann wieder ein Säuseln. Sind es Halluzinationen? Mir ist völlig bewußt, daß ich mit mir selbst oder mit meinem Schatten spreche, daß alles andere ein Spuk ist. Aber dann sind meine Freunde wieder da, und wir unterhalten uns weiter. Wie seltsam solche Begegnungen sind; diese Gegenüber, die ich nur fühlen, nicht greifen, nicht anschauen kann. Manchmal ist das Mädchen so nahe, daß es mich fast berührt. Aber wenn ich hinschaue, sehe ich es nicht.
Es ist schon ein verrücktes Gefühl, einfach so da zu sein, als einzelner zu existieren und doch zu jeder Zeit Freunde rufen zu können. Wie oft habe ich früher schon einen inneren Dialog geführt; mir selbst unbewußt nachgewiesen, daß ich nicht alleine war. Ich bin auch hier nicht mit mir alleine.
Am Abend gehe ich ein letztes Mal vors Zelt. Mein Blick fällt auf meinen eigenen Schatten.
Vor dem Zelt stehend beobachte ich, wie das Licht übergeht von einem warmen Gelb in ein kühles Rot. Später wird es grünlich und dann violettschwarz. Oben am Gipfel des Nanga verlischt der letzte Schimmer. Eine Weile schaue ich, schon im Zelt liegend, wie ein Tier aus seiner Höhle hinaus. Über dem glitzrigen Firn vor dem Zelt und die untergehende Sonne blinzle ich hinweg und weiß, ohne diese Welt noch zurechtdenken zu müssen.

Nichts sagen können

Als ich am Morgen des 9. August erwache, lastet etwas auf mir. Es ist, als ob ich meine Augen nicht öffnen könne. Mein Zustand ist ein Wachsein, ohne daß ich aufwachen will. Ich erlebe ein bedrückendes Übergangsstadium aus dem Halbschlaf in die erschreckende Realität:

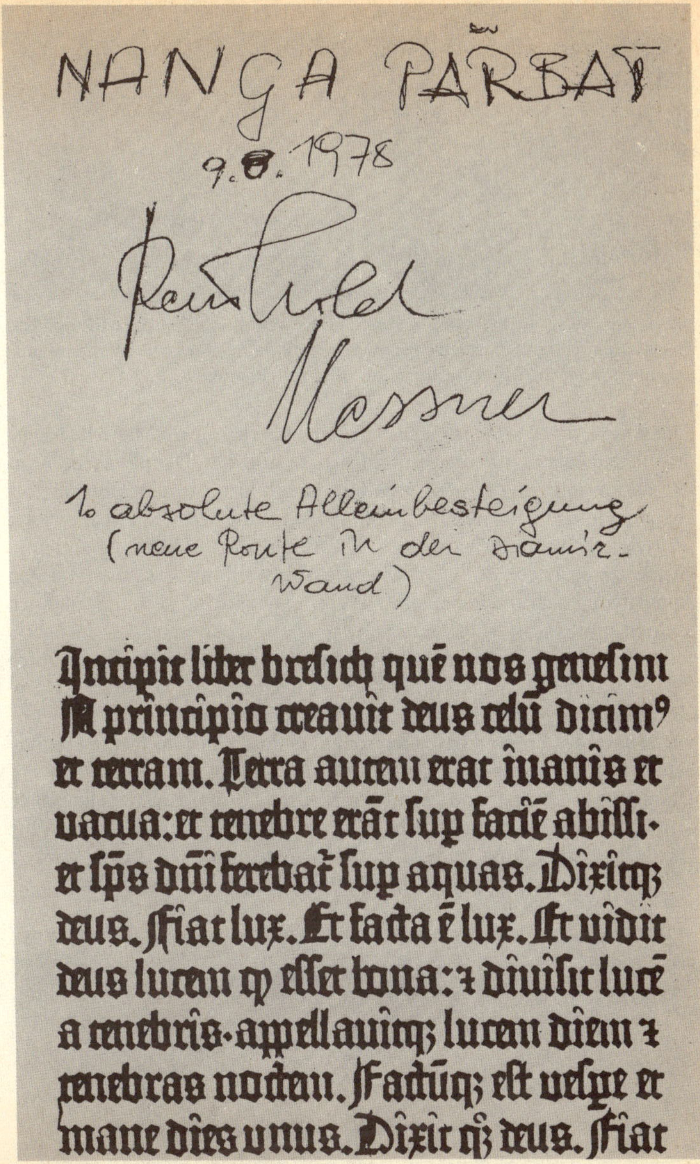

NANGA PARBAT
9.8.1978
Reinhold Messner
1. absolute Alleinbesteigung (neue Route in der Diamir-Wand)

Incipit liber bresith quē nos genesim
In principio creavit deus celū dicim9
et terram. Terra autem erat inanis et
vacua: et tenebre erāt sup faciē abissi.
et sp̄s dn̄i ferebat sup aquas. Dixitq;
deus. Fiat lux. Et facta ē lux. Et vidit
deus lucem q esset bona: et divisit lucē
a tenebris. appellavitq; lucem diem et
tenebras noctem. Factūq; est vespe et
mane dies unus. Dixit q; deus. Fiat

Mein »Gipfelbuch«, die erste Seite der Gutenberg-Bibel.

Am Gipfel wechselte ich zweimal den Film. Ich verschoß mit meiner Kleinbildkamera einen ganzen Schwarzweißfilm und bemühte mich so, den höchsten Punkt mit allen möglichen Hintergründen im Bild festzuhalten.

Die Angst, da zu sein; ich selbst zu sein; überhaupt ein Mensch zu sein. Im Schlaf habe ich vergessen, daß ich alleine bin. Die plötzliche Konfrontation mit einer so absoluten Einsamkeit löst sofort Depressionen in mir aus. In den Monaten nach meiner Trennung von Uschi war es beim Aufwachen oft ähnlich gewesen. Dieser plötzliche Druck, der mich in Stücke zu sprengen droht, ist wie eine Verzweiflung, die von tief unten kommt und sich meines ganzen Wesens bemächtigt: so stark, daß ich weinen muß.

Ich öffne den Zelteingang und schaue hinaus. Sofort fühle ich mich besser. Ich habe das Gefühl, daß dies ein guter Platz für mich ist. Die Zerreißprobe ist vorbei. Meine Angst vor der Einsamkeit und die Sehnsucht nach der Einsamkeit haben sich versöhnt. Es ist doch eine Freundschaft mit mir selbst möglich.

Der Morgen kommt noch nicht ganz durch. Es wird zwar heller, aber auch die Nacht über war es nicht völlig dunkel gewesen. Die Luft ist sehr kalt. Die Empfindung, alleine noch übrig zu sein, hat einem starken Identitätsgefühl Platz gemacht. Ich und meine Träume sind eins.

Das Spiel der düsteren Wolken unter mir ängstigt und fasziniert mich zugleich. Zwischen den steigenden Wolken ab und zu ein Berggipfel. Es ist, als ob ich bei der Schöpfung dabei sei, als ob ich von außen zusehen könne.
In der ersten Verwunderung über das drohende Schlechtwetter fällt mir nichts ein. Ich schaue nur hin. Die Situation ist sonderbar. »Tike«, sage ich, nur ein Wort, das mir in den Sinn kommt – so hingeworfen. Ich könnte jetzt Seifenblasen machen und das Zelt daran aufhängen. Einen winzigen Moment lang geht etwas Warmes durch meinen todmüden Körper.
Nochmals schlafe ich und komme erst um 7 Uhr aus dem Zelt. Das Wetter ist trüb, aber ich kann den Gipfel sehen. Wenn fester Schnee oder Eis zwischen mir und ihm läge, wäre ich in zwei, maximal drei Stunden oben. Aber der Schnee, durch den ich mich weiterwühle, ist grundlos und tückisch wie Treibsand.
Unendlich mühsam plage ich mich voran.
Meine unsichtbaren Begleiter sind nicht da. Ich bin wieder alleine. Ich komme nicht vom Fleck, habe das Gefühl, gelähmt zu sein. Der hüfthohe Schnee läßt sich nicht zur Seite schieben. Ich muß ihn niedertreten und grabe mich ein Stück weit vorwärts, eine tiefe Wühlspur hinter

mir offen lassend. Um 10 Uhr, nach drei Stunden grenzenloser Schinderei, weiß ich, daß es unmöglich ist, so den Gipfel zu erreichen. Ich weiß, daß ich auch nicht mehr hinunterkomme, wenn ich mich noch mehr verausgabe.
Sobald es um Leben oder Tod geht, ist mir der Gipfel gleichgültig – der Gipfel, dessen Anziehungskraft gestern noch so groß war, als würde nur dort eine Möglichkeit zur Sinnerklärung für dieses letzte Abenteuer des Alpinismus liegen. Entweder auf der Stelle umkehren . . . oder? Oder die letzte Möglichkeit riskieren, die mir noch bleibt: über die steile Felsbarriere auf der kürzesten Linie zum Gipfel klettern.
Diese Machtlosigkeit! Dieses Losgetrenntsein von allem Lebendigen, das jeden Menschen mit der Zeit in den Wahnsinn treibt! Keine Vergleichsmöglichkeit! Kein anderes Gesicht als Spiegelbild; keine Kameraden zum Anfassen und Anlehnen. Das Bewußtwerden dringt nicht ganz durch, aber unterschwellig ist es da, und mit ihm eine hemmende Angst beim Weitergehen.

Die Grenze zwischen Aufgeben und Draufgehen ist schon sehr schmal geworden.
Einen letzten Versuch will ich mir noch erlauben. Wenn die Felsen über

mir kletterbar sind und der Schnee dort nicht zu lawinengefährlich ist, habe ich eine kleine Chance.
Felskletterei war von Kindheit an meine Stärke. Ich klettere vorsichtig, gehe aber ganz aus mir heraus, wie man es in einer senkrechten Dolomitenwand machen muß, um überhaupt hochzukommen. Aber Dolomitenwände sind harmlose, heitere Klettergärten gegen das hier. Weshalb ich nicht abrutsche, hier in 8000 Meter Höhe, mit plumpen Doppelschuhen an den Füßen und schlechter Sicht durch die Gletscherbrille – ich weiß es nicht. Offensichtlich helfen mir meine natürlichen Instinkte. Vielleicht ist, da der Gipfel in greifbarer Nähe liegt, meine Seele schon dort oben. Ich balanciere über handbreite Leisten und wühle mich durch eine Schneerinne. Alle meine Sinne sind hellwach; innere Reserven werden mobil, von denen ich glaubte, daß es sie nicht mehr gibt.
Einmal stehe ich im Licht, dann wieder im Schatten. Wolken ziehen über die Sonne. Alles ist verschwommen. Ab und zu schneit es. Das Tal steckt im Finstern; nur manchmal steigt eine verschwindend kleine Almlandschaft aus den Nebeln unter mir auf. Das alles ist unverständlich, jenseits aller Beschreibung. Einmal ist mir, als ob alles klar sei, dann wieder, als ob der Wahnsinn sich ausbreite. Ich werde nie mehr ganz dazugehören.

Der Horizont im Westen erscheint mir unwirklich und unendlich weit weg. Menschen kann ich mir da unten nicht mehr vorstellen. Ich empfinde keinerlei Mitleid mit mir selbst, auch keinen Stolz. Die Schrecken am frühen Morgen und die wunderbare Tatsache, da zu sein, haben Frieden in mir geschlossen. Nichts mehr von der stolzen Genugtuung des Ausgesetzten wie bei früheren Expeditionen. Ich will nicht etwa aus dem Industriezeitalter zurückfliehen in die Urzeit, ich bin auch nicht auf der Flucht vor den Menschen, ich bin nur unterwegs. Als wolle ich, sinnlos durch die senkrechte Eiswüste steigend, mich selbst in jene Einsamkeit versetzen, die mir seit Monaten Gewohnheit ist. Schon bin ich völlig außerhalb der wohlgeordneten Welt. Seit Tagen lebe ich im Eis, in dieser chaotischen Leere, und alles, was durch meinen Körper strömt, wird zur Erkenntnis; so entdecke ich die Welt neu.
Die Bilder rings um mich her sind irreal. Die Leere ruft mich lauter als Reklametafeln oder mit Werbeschildern gesäumte Boulevards. Je öder die Eisfläche ist, desto mehr kann ich sehen, desto mehr Bilder können in mir wachsen. In diesem Steigen wird mein Menschsein geweckt und gleichzeitig getötet. Dann wieder ist meine Erschöpfung so groß, daß es keine Gedanken mehr gibt. Und doch ist mir in der Müdigkeit alles glasklar. In meinen Stimmungen liegen Erhabenheit und Banalität ganz

nahe nebeneinander. Die einfachsten physiologischen Nöte sind ebenso wichtig wie das hochtrabendste philosophische System.

Nur langsam komme ich über das Gipfeltrapez voran. Da und dort kann ich Felsbarrieren ausnützen; oft muß ich mich über Schneebänder und Rinnen mühen. In den Rastpausen sehe ich jetzt große, trockene Landstriche im Westen. Sie liegen unter einem transparenten Schleier von Dunst und Wolken. So leer und geisterhaft die Welt um mich herum ist, es ist befreiend und schön, sie anzuschauen. So hoch bin ich schon gestiegen, denke ich. Man müßte meinen, es sei etwas Überhebliches an dem Gefühl, vorgedrungen zu sein in Regionen, die sonst kaum jemandem zugänglich sind. Nein, ich erlebe nur eine Art Schweben über allem, was ich hinter mir gelassen habe und was es vielleicht gar nie gab.

Die Kletterei verläuft ohne Zwischenfall. Nur dort, wo der Schnee harschig in engen Spalten liegt, habe ich Mühe, mit den Füßen sicheren Halt zu finden. Ich treibe keine Haken in den Fels, um mich daran zu sichern. Angst vor dem Absturz habe ich trotzdem nicht; nur dann und wann Bedenken, daß mir die Kraft ausgehen könne.

Ich mag jetzt den Kontakt mit dem Eis, den Felsen, dem Schnee; vor allem, wenn ich an steilen Passagen die Handschuhe ausziehe und den

rauhen Fels unter den Fingerkuppen spüre. Trotz einer leichten Betäubung in den Fingern kann ich seine Festigkeit fühlen. Er ist rauh wie Schmirgelpapier. Die Schuhe können nicht abrutschen.
Ich muß sofort stehenbleiben, wenn ich schneller gehe, als meine Kraft es zuläßt. Ich atme bewußt schneller – hyperventiliere –, um mein Blut mit mehr Sauerstoff vollzupumpen. Weil ich weiß, wieviel Anstrengung zwischen mir und dem Gipfel liegt, empfinde ich das Hinaufschauen als Schmerz. Seine Silhouette berührt den Himmel.
Immer wieder finden meine Augen kleine Spalten, in die ich Felshaken eintreiben könnte, aber ich tue es nicht. Der einzige Haken, den ich mit mir führe, steckt im Anorak, er ist nur für den Notfall. Wenn die Ritzen so breit sind, daß ich die Finger einer Hand hineinschieben kann, um mich festzuhalten, fühle ich mich geborgener. Ich versuche, die Schuhe so aufzusetzen, daß der Hebel nicht allzu groß ist und meine Wadenmuskeln nicht überanstrengt werden. Das Geräusch, das meine Steigeisen am Fels machen, ist wie ein Knirschen, und es ist neben meinem schweren Atmen oft das einzige Geräusch, das mich umfängt.
Als ich einen etwa 80 Meter hohen Steilaufschwung hinter mir habe, finde ich kleine Schneefelder, über die ich mich hochwühlen muß. Mir dämmert, daß die Anstrengung noch lange nicht zu Ende ist. Die Felsen

sind mir lieber als die flacheren Schneepassagen. Von hier könnte ich in die fast senkrechte Wand rechts der Gipfelfallinie hineinpendeln und dort an trockenen Felsen aufsteigen, aber ohne Seil ist dieser Quergang nicht denkbar. Deshalb steige ich trotz anstrengender Spurarbeit gerade weiter.
Zwischen einem Alleingang mit Selbstsicherung und einem Alleingang ohne jedes Fortbewegungs- und Selbstsicherungsgerät habe ich stets unterschieden. Eine solche Wand mittels Haken oder Bohrhaken zu bezwingen, sich hinaufzunageln, das hätte mich nie gereizt.
Ich komme nicht mehr so glatt voran. Manchmal habe ich das Gefühl, als wären meine Beine nicht mehr richtig aufeinander eingespielt. Ich schiebe mich jeweils so weit vor, wie ich es gerade schaffe, kauere mich dann in den Schnee und raste. Erst wenn ich ein bißchen erholt bin, schaue ich nach oben. Dann gehe ich weiter. Selbst auf den letzten Schneefeldern ist das Gefühl, daß es vielleicht unmöglich ist, noch nicht ausgeschaltet. Gleichzeitig aber steckt die Überzeugung in mir, daß ich es schaffen werde. Jeder Meter verlangt Selbstüberwindung.
Für den in der sauerstoffarmen Luft ausgelaugten Körper ist es eine Qual, weiter zu müssen, anzukämpfen gegen die Schwerkraft. Bei jedem Schritt geht mein ganzer Körper mit. Dieses Zusammenspiel, obwohl schon von vielen Aufstiegen bekannt, erlebe ich sehr intensiv. Es ist heute runder und stärker als sonst. Die Gefährlichkeit des Aufstiegs ist mir zwar bewußt, aber dieses Bewußtsein verkrampft meine Muskeln und Bewegungen nicht.
Eine schwere Müdigkeit läßt mich langsamer und langsamer werden. Wenn ich nach einigen Rastminuten wieder aufschaue, fühle ich mich gut. Die Felsen sind eisig kalt, aber immer dann, wenn die Sonnenstrahlen sie streifen, wirken sie warm und weniger ausgesetzt. Im Schatten ist das Hinfassen schwieriger.
Die Luft über dem Gipfelgrat ist immer noch rein, der Himmel tiefblau bis schwarz. Ob da oben die Welt aufhört? Obwohl ich nicht schwitze,

liegt ein salziger Geschmack auf der Zunge. Wenn ich über die Lippen fahre, klebt alles. Nach einer weiteren halben Stunde erreiche ich einen Felsvorsprung, auf dem ich mit dem ganzen Fuß stehen kann. Ich überlege kurz, ob ich den einen Haken einschlagen und mich für eine Viertelstunde sichern soll. Aber ich verzichte und hocke mich so hin. Ich lasse die Beine über dem Abgrund baumeln, versuche mich zu entspannen. Den Oberkörper lehne ich an die fast senkrechte Felswand hinter mir. Ich spüre den Druck im Rücken und die feuchte Kälte von unten; durch den Hosenboden kriecht sie in mir hoch.
Kürzer als notwendig raste ich, stehe dann umständlich auf und schaue wieder nach oben. Es ist, als ob sich durch diese Rast die Entfernung zum Gipfel verändert hätte. Auch die Wand unter mir ist steiler geworden, ausgesetzter. Ich würde ins Bodenlose stürzen, wenn ich losließe. Ich kämpfe eine Zeitlang mit dem Fotoapparat und hole nach zwei Bildern, die ich aus Augenhöhe von mir selbst gemacht habe, ein Stückchen hartes Brot aus meiner Hosentasche. Ich kaue es langsam.
Nochmals schmiege ich mich an den Fels, der sich bauchig vor mir aufbaut. Beide Füße auf dem stuhlgroßen Podest, den Oberkörper an die Wand gelehnt, kann ich frei dastehen. Ich stecke meine behandschuhten Hände zwischen meine linke Wange und die Wand, so daß ich mich stehend in Schlafstellung befinde. Hochbefriedigt schiebe ich das Brot in meinem Mund hin und her und denke, daß jetzt höchstens noch 50 Meter bis zum Gipfel fehlen können; die letzten 50 Meter dieses 400 Meter hohen Felspfeilers im Gipfeltrapez.
»Es geht schon«, sage ich zu mir selbst.
»Sicher«, sagt ein anderer. »Du kletterst zwar langsam, aber abwärts geht's schneller.«
»Ja, ich weiß, hinunter bin ich immer noch gekommen.« Ich mache mir selbst nichts vor, denn ich weiß, daß diese letzten 50 Meter die anstrengendsten sein werden, und ich weiß auch, daß ich nicht mehr trödeln darf.
Ich stelle mich zuerst gerade, dann lehne ich mich ein bißchen hinaus und schaue die Wand hinab. Ich habe jetzt keine Lust, an den Abstieg zu denken. Ich muß weiter. Ich leide Durst. Erst am Abend werde ich wieder trinken können. Immer noch, wenn mein Blick über die plumpen Plastikstiefel hinuntergleitet bis auf die grau schimmernde Gletscherzunge am Wandfuß, verspüre ich ein Unbehagen im Bauch. Instinktiv klammere ich mich dann an der Wand fest. Wenn ich hinabblicke in die schier endlose Tiefe, kommt ein Unsicherheitsfaktor dazu, den es beim Klettern selbst nicht gibt. Solange ich steige, jeden Schritt abwäge, kommt dieses Prickeln nicht auf. Auch nicht, wenn ich zwischen den Beinen nach unten schaue.

Nur wenn ich mich nicht auf die Felsen konzentriere, wenn ich frei dastehe, faßt es mich an. Es ist kein unangenehmes Gefühl; es ist, als ob etwas meinen Schwerpunkt verlagere, etwas, das in mich zurückkommt, wenn ich ganz aus mir herausgegangen bin. Schon als ich im Kindesalter in den Dolomiten herumgeklettert bin, erlebte ich dieses Gefühl. Ich erlebe es auf ganz schmalen Graten, auf Standplätzen, auf ausgesetzten Bändern.

Diese ausgiebige Rast hat mir gut getan; ich steige jetzt leichter, selbstverständlicher. Ich nehme mich zusammen und lasse mich trotzdem gehen. Es geht nicht um die Entscheidung, um den Endspurt, ich steige jetzt selbstverständlicher als vorher. Ein Scheitern kommt nicht mehr in Frage, auch wenn meine Kraft nahezu erschöpft ist. Für einen Augenblick denke ich, die Zeit wird für den Abstieg nicht reichen, aber dieser Gedanke verflüchtigt sich schnell. Ich bin wieder leichter.

Ich führe keinen Kampf gegen die Schwerkraft mehr; ich schleppe mich in eine Müdigkeit, die alles ausfüllt. Speichel, der mir beim hundehaften Atmen aus den Mundwinkeln rinnt, gefriert am Bart. Die Stirn, auf den Pickel gestützt, ist heiß. Mit verzerrtem Gesicht kauere ich da, selbstvergessen. Wie die Lunge in meinen Ohren röchelt! Wie das Herz hämmert! Es ist schmerzhaft, wenn sich die beiden Geräusche in meinem Kopf überlagern.

Ich spreize eine kleine Verschneidung hoch. Plötzlich ein leises Klimpern: Der Schutzdeckel des Objektivs an meiner Kamera ist weggefallen und bleibt zehn Meter tiefer liegen. Ich kann nicht nochmals zurückgehen. Ich habe nicht die Kraft dazu, auch ist meine Richtung eine andere. Ich kann nur noch aufwärts steigen, will nur noch aufwärts steigen.

Ich fotografiere mich nur mehr selten. An den schwierigen Passagen kann ich mich sowieso nicht selbst fotografieren. Ich brauche beide Hände zum Klettern, und mit dem Selbstauslöser will ich mich nicht aufnehmen, weil ich dann die entsprechende Kletterstelle dreimal machen müßte. Dafür reichen meine Kräfte nicht aus, und ich bin schon froh, wenn ich es einmal geschafft habe, ohne abzustürzen.

Es ist etwa 16 Uhr, der 9. August, als ich am Gipfel ankomme. Ich stoße den Pickel am höchsten Punkt in den Firn und sehe mich um: der Silbersattel, unter dem in der Zwischenkriegszeit Willo Welzenbach und Willy Merkl gestorben sind, scheint zum Greifen nahe unter mir.

Rechts davon das Rupaltal; dazwischen ein himmelhoher Abbruch. Vor acht Jahren bin ich schon einmal hier gestanden, um dieselbe Tageszeit. Damals mit Günther, der dann beim Abstieg von einer Lawine erschlagen wurde.

Ich gehe im Kreise, schaue mich nochmals um, als wolle ich nicht glauben, daß ich ganz oben bin. Ich erlebe keinen so starken Gefühlsausbruch wie am Mount Everest; ich bin ganz ruhig, so ruhig, wie ich noch nie auf einem Achttausender gewesen bin. Später habe ich mir oft noch Gedanken darüber gemacht, warum gerade am Nanga-Parbat-Gipfel diese Emotionsausbrüche, die mich am Mount Everest mit Weinen und Schluchzen geschüttelt hatten, ausblieben. Ich bin zu dem Schluß gekommen, daß ich mir am Nanga-Gipfel, allein wie ich war, solche starken Gefühlswallungen nicht hätte leisten können. Ich wäre dann oben geblieben. Unser Körper weiß mehr, als wir mit dem Kopf wissen können.
Ich blicke mich auf der Firnschneide um und habe nach einer vollen Drehung alles in mich aufgenommen. Trotzdem kann ich nicht sagen, was. Ich fühle mich weder großartig noch bedrückt, auch nicht gleichgültig. Erleichtert nur und ein bißchen stolz. Ich schüttle mich zuerst und setze mich dann, die Füße nach Westen, auf die Felsen, die nur wenige Meter unter der spitzen Pyramide des Gipfels aus dem Schnee ragen. Es ist 16.30 Uhr. Während ich so dasitze, fällt mir mein Schriftstück ein, und ich hole die Aluminiumhülse aus dem Anorak, den Haken auch und schlage ihn in die erste Ritze, die ich von meinem Sitzplatz aus erreichen kann. Ich befestige die Hülse, fingere noch einmal das Pergament heraus und kritzle Namen, Route, Datum darauf.
Auch als ich die Wächte sehe, an der Günther und ich 1970 aus der Rupalwand ausgestiegen sind, bleibe ich ruhig.
Ich fotografiere mich zehn Minuten lang, zuerst in Farbe, dann in Schwarzweiß und nochmals in Farbe. Der Schnee am Gipfel ist jetzt niedergetreten. Ich fotografiere mich nach Osten zum Silbersattel hin, nach Süden, nach Westen, wieder nach Osten. Die Karakorumberge sind kaum zu erkennen. Eine massive Wolkendecke, die sich vom Industal aufwärts über die Landschaft geschoben hat, verdeckt sie alle. Im Süden, winzig klein, wird der Rupal Peak frei. Ich kann kaum glauben, daß das ein 5000 Meter hoher Berg ist. Die Mazenomauer ist zwar steil, aber klein, und auch der Ganalo Peak macht von hier aus keinen besonderen Eindruck.
Meine Idee und ich sind eine Einheit. Die Welt steht still. Wic weit sie hier heroben ist! Unter mir, nach Süden, in ungeheuere Tiefe, sehe ich durch ein Nebelloch ein Wasserauge und grüne Matten. Schon schlagen die ersten Schleier über den Grat. Es ist ein kurzes Nebelspiel, das dann um so geheimnisvoller den Blick auf das Diamirtal freigibt. Im Silberplateau entlang zeige ich nach Nordosten, als ob es dort etwas zu sehen gäbe. Der Wind ist stärker geworden. Er wirbelt Schnee in meine Fußstapfen.

Der Gipfel, auf dem ich stehe, wirft seinen graublauen Schatten auf das tiefe Rupaltal. Er bleibt, bis die Sonne hinter Wolken verschwindet. Es ist nun 17 Uhr.
Über die Felsen komme ich nicht mehr hinunter, die sind zu steil, und der Umweg über die Westmulde ist anstrengend.
»Es wird spät, wenn du nicht absteigst.«
»Der Mond wird kommen.«
Immer noch bin ich fasziniert von den massiven Wolkenbänken, die etwa 1000 Meter unter mir die Täler füllen und über Bergrücken segeln.
Langsam breitet sich im Talgrund die Nacht aus. Sie ist wie eine vage, taukühle Dunstschicht, die alle Einzelheiten verschwimmen läßt. Nur in den höheren Wolken fängt sich noch warmes Sonnenlicht.
Ich kann mich noch immer nicht vom Gipfel losreißen. In den grellen Sonnenstrahlen flimmern plötzlich Eiskristalle in der Luft! Jetzt mußt du wirklich absteigen, denke ich. Ob ich nachts das Zelt wiederfinde? Wie seltsam sind manche Entschlüsse, wenn es ums Überleben geht. Der Gipfel erscheint mir so ruhig und der Abstieg so unwichtig. So, als ob ich mir selbst nichts zu bedeuten hätte; als sei ich hinausgestiegen aus einem Meer von Einsamkeit in die Geborgenheit des Weltalls. So weit das Auge reicht: Wolken, Firngipfel; keine Spur von Leben. Dieser Berg, Symbol der Lebensfeindlichkeit, der Kälte und der Abgeschiedenheit, vermittelt mir ein starkes Allgefühl. Der Horizont um mich herum ist wie ein Kreis. Meine Fußstapfen im Schnee sind die einzige sichtbare Veränderung weit und breit. Ich leide darunter, daß ich nichts sagen, daß ich niemandem von diesen starken Empfindungen erzählen kann. Aber das, was ich empfinde, könnte ich gar nicht in Worte fassen. Ich bin an einem Punkt angekommen, wo ich endgültig zu denken aufhören kann. Der verschwommene Horizont, die Schlieren am Himmel – das alles ist jenseits der Sprache. Mit meinem Verstand komme ich nicht an diese Empfindungen heran. Ich sitze einfach nur da und lasse mich auflösen in Gefühle. Ich weiß alles sofort, ohne Zweifel. Ich möchte mich für immer in dieses Zwielicht überm Horizont verlieren.
»Ich«, sage ich; aber schon dieser einzige Laut aus meiner Mitte droht mich zu zerreißen. Während ich still dasitze, werde auch ich eine Wolke, ein Nebel. Diese unendliche Ruhe löst Zufriedenheit in mir aus. Und die Stille drängt mich, den Gipfel nur behutsam zu berühren. »Ich bin's und ich bin's doch nicht.« Als ich wieder sprechen will, bringt sie mich zum Schweigen. Meine persönliche Geschichte breitet sich vor mir aus wie der Wind. Dabei das klare Bewußtsein, daß es nicht endlos weitergehen wird. Ich bin nicht traurig darüber. Die Welt schließt mich ein und spuckt mich aus, ich erlebe sie brodelnd und wirbelnd.

Als ich vor acht Jahren hier stand, waren die Gefühle stärker – oder anders; vielleicht auch gleich. Günther kam um diese Zeit über die letzte Firnschneide zum Gipfel. Einen Augenblick lang habe ich jetzt das Gefühl, auf einer dieser Wolken zu schweben und uns zuzusehen, wie wir uns umarmen. Dann sehe ich die Verzweiflung über uns, als es klar wird, daß es unmöglich ist, über die Aufstiegsroute zurückzuklettern. Wie ein Vorwurf bleibt sie zwischen uns stehen. Ich kann mich an ein und denselben Vorgang von damals besinnen, als hätte ich zwei getrennte Erinnerungen.
Heute bin ich nicht so aufgeregt. Der Nanga war damals mein erster Achttausender und ich noch unerfahren.
Nach einer Stunde steige ich vom Gipfel ab. Zuerst über den Südgrat, dann über den Schnee der Westmulde. Die Schatten sind lang. Die Spur hinter mir hebt sich aus der rosafarbenen Schneefläche dunkel ab. Im ungleichen Schnee lasse ich mich Schritt für Schritt nach unten fallen. Ich merke, wie zerschlagen, wie müde ich bin. Oft besteht die Anstrengung allein darin, die Schuhe hinter mir aus der tiefen Spur zu zerren. Als ich merke, daß sich die Rampe, auf der ich gehe, im steilen Felsgemäuer verliert, ist es zu spät. Zurückgehen kann ich nicht, dafür bin ich viel zu müde. Ein direkter Abstieg kommt auch nicht in Frage, weil senkrechte Stufen zwischen mir und der Westmulde liegen. Meinem Instinkt vertrauend, suche ich zwischen den Abbrüchen und einzelnen Schneefeldern einen neuen Weg. Einige Male muß ich all meine Kräfte auf einen einzigen Punkt konzentrieren, um nicht auszurutschen.
Am Biwakplatz angekommen, hat diese Welt einen Sinn für mich. Das Zelt ist klein und vereist, alle Wände sind schief. Der Eingang ist so schmal, daß ich mich nur mit Mühe hineinzwängen kann. Ich ziehe, im Zelt sitzend, draußen die Schuhe aus. Dann schlage ich sie gegeneinander, so daß der Schnee abfällt, und hole sie herein. Es ist noch hell. Ich lege mich auf meinen Schlafsack, der auf einer 50 Zentimeter breiten Matte liegt, und versuche, meine Sachen zu ordnen. Ich schließe die Augen, um besser rasten zu können. Ich denke an den Abstieg. Abgeschnitten – wie vertraut mir das ist!

Dem Tod begegnen

Vor dem Einschlafen weiß ich, daß das Wetter schlecht wird. Zuerst denke ich nur daran, dann ist es wirklich so. In der Nacht spüre ich die Nebel, die auf das Zelt drücken. Es ist unnatürlich still, und ich ahne, daß der Sturm mich festhalten wird.
Von allen Scharten und Graten ertönt plötzlich ein Pfeifen und Säuseln.

Am Morgen koche ich und schaue aus dem Zelt. Ich kann nicht sehen, wie stark es schneit, weil es noch ziemlich düster ist. Alles ist verhangen. Die frischen Flocken mischen sich sofort mit dem schmutzigen Schnee. Nur links überm Zelt schimmert ein Rest heller Himmel, vielleicht ist es auch nur eine Täuschung. Gegen 6 Uhr früh krieche ich aus meiner Behausung und schaue in den Nebel. Der Schnee rieselt vom Zeltdach. Die Hände sind sofort feucht. Es schneit und stürmt. Neben mir redet wieder eine Frau, aber ich verstehe sie nicht. Mit einer Handvoll Schnee reibe ich mein Gesicht wach. Der Höhenmesser ist um 27 Striche gestiegen; Orientierung gleich null; Abstieg unmöglich; ich muß abwarten. Es geht ums Überleben.

Ich habe noch für fünf Tage Essen. Aber wenn am Nanga Parbat das Wetter schlecht wird, kann es auch zehn Tage lang schlecht bleiben. Also muß ich Gas und Nahrungsmittel rationieren. Ich will nicht sterben.

Ginge ich jetzt los, ich würde mich unweigerlich verirren wie Franz Jäger und Andi Schlick, die beiden Kameraden, die 1972 bei unserem Abstieg vom Manaslu im Schneesturm verschollen sind. Also warte ich ab. Ich kauere im Zelt, bin ausgedörrt und sehr, sehr müde. Ich werde auch ungeschickt. Zweimal fällt mir der volle Kochtopf um. Dabei verbrenne ich ein Stück meines Daunenschlafsacks. Noch ist mein Überlebenswille ungebremst. »Wenn ich Gas spare«, sage ich mir, »kann ich es fünf Tage lang hier aushalten. Ich muß nur alle Tage ein bißchen trinken.«

Schon sausen draußen die ersten Lawinen die Wand hinab. Schneerutsche, die der Wind vor sich herweht. Eine Zeitlang sehe ich den Wassertropfen zu, die innen über die Zeltplane laufen. Ich bin beglückt, etwas entdeckt zu haben. Dann unterhalte ich mich wieder. Mit meinen unsichtbaren Begleitern spreche ich über ein Land, in dem man mit jedem Menschen reden kann, den man trifft, so wie wir miteinander reden; in dem man von jedem ernst genommen wird und auch selbst jeden ernst nimmt.

Es schneit noch immer. Vergebens versuche ich, etwas mehr Ordnung im Zelt zu schaffen. Dabei stelle ich mir immer wieder den abgeschnittenen Rückweg vor: riesige Séracs, über die ich mich nicht abseilen kann, weil ich kein Seil dabei habe; blankes Eis, über das jetzt Lawinen donnern.

Ich hatte nicht damit gerechnet, daß dieses schlechte Wetter ohne jede Vorwarnung über mich hereinbrechen würde. Jetzt habe ich keine Ahnung, wie lange es noch dauern wird. Ich kenne die Diamirwand gut. Trotzdem, bei Nebel könnte sie mir zur Falle werden.

Die nächsten Stunden, bis es hell wird, verbringe ich mit Tagträumen. Sonderbar, daß ich mich in dieser Ausweglosigkeit mit ihnen beschäftigen kann. In klaren Bildern sehe ich, wie mein Zelt in der Mulde eingeschneit wird.

Die Zukunft, die zur Erinnerung wird, das Leben vor dem Tod. Später habe ich Durst, und ich sehe mich als kleinen Buben mit einer leeren Flasche zu einer Quelle marschieren, um meinem Großvater, der auf einer Bergwiese Heu erntet, Wasser zu bringen. Ich habe das oft getan, und ich weiß noch, daß da Kresse wuchs, rund um das Wasser, das gurgelnd aus dem Boden drang. Ich mache eine Pfütze und lasse den Sand absinken, bevor ich die Flasche flach in das Wasserloch lege. Ich warte, bis die Flasche vollgelaufen ist.

Wenn ich länger mit den Schultern aus dem Schlafsack heraußen bin, fröstle ich. Obwohl ich mich bemühe, mit kleinen gymnastischen Übungen gegen die Kälte anzukämpfen, kann ich mich nicht aufwärmen. Das erste heiße Wasser schlürfe ich andachtsvoll. In Gedanken fasse ich immer wieder die Situation zusammen: Der Quergang hinaus zur Mazenoscharte in die Rupalwand kommt bei Neuschnee nicht mehr in Frage. Die Lawinengefahr ist zu groß. Der Abstieg über die Brücke ist durch das Erdbeben unmöglich geworden. Die obere Mummery-Rippe ist jetzt vereist. Der einzige Weg, der bleibt, ist die steile Eisrinne rechts der Mummery-Rippen. Wenn ich es nicht schaffe, dort hinabzuklettern, bin ich verloren.

Zweifellos ist auch der untere Teil dieser Rinne mit Wassereis überzogen, aber dort sind keine übergroßen Abbrüche, und meine Steigeisen sind noch scharf.

Die Wolkendecke über dem Nanga Parbat senkt sich weiter und weiter herab. Terry kann mich den ganzen Tag über nicht sehen. Trotzdem sucht er durch jedes Loch im Nebel mit dem Fernglas die Wand ab. Zwischendurch steht er auf, um seinen verspannten Rücken zu entkrampfen. Hartnäckig versucht er, ein Stückchen aus der Gipfelwand in seine Sehfläche zu bekommen.

Hier oben herrschen Sturm, Neuschnee und eisige Kälte. Alle Felsen unter mir müssen mit einer dicken Eisschicht überzogen sein. Wenn jeder Kamin, jeder Riß, jede Spalte vereist ist, gibt es für mich als Alleingeher keinen Rückweg mehr. Natürlich weiß ich, daß dort, wo ich absteigen will, kein Biwakplatz ist. Wenn ich auf halbem Weg schlappmache, gibt es keine Rettung.

Als ich meinen Kopf wieder aus dem Zelt stecke, steht am dunklen Himmel der erste Stern. Es ist also schon Abend. Oder sehe ich zwischen den Wolken die Sterne am Mittag? Im Westen und unter mir in den Tälern liegen düstere Nebelbänke. Ich habe keine Ahnung vom Wetter-

Das Silberplateau liegt wie eine Gletscherfläche zwischen den beiden Silberzacken im Osten, dem Gipfelgrat und dem Nordgipfel im Westen. Dort oben begann 1934 eine der schlimmsten Himalaja-Tragödien: Neun Menschen kamen dabei um.

bericht, keine Ahnung, daß sich neue Monsunausläufer vom Süden her dem Nanga Parbat nähern.

Auf dem kleinen Gaskocher, wackelig zwischen der Zeltwand und meinem Schlafsack plaziert, braue ich noch einen Becher Tee. Dann versuche ich zu schlafen. Manchmal setze ich mich halb auf, den rechten Arm auf den Schlafsack gestützt, um wieder einen Schluck zu trinken. Ich trinke nicht mit Genuß, ich trinke, weil ich muß. Mein Blut darf nicht zu dick werden. Das Essen, ein Bissen Käse, dann hartes Brot, schmeckt klebrig und fade. Es bleibt an meinem ausgetrockneten Gaumen hängen.

Trotz der Zweifel, die mich plagen, zwinge ich mich zur Entspannung. Aber solange mir nicht warm ist, bekomme ich keine Kontrolle über

mich. Dieser Tag der Untätigkeit zehrt an meinen Nerven. Nur dazuliegen und nichts zu tun, kostet auch Energie. In dieser Höhe und Abgeschiedenheit ist alles anstrengend.
In der steilen Eiswand unter mir gibt es keine Rastplätze. Ich werde mich also beim Abstieg nicht erholen können.
In meinem Dahindämmern erkenne ich, wie draußen Wolkenfetzen über den Himmel jagen. »Es wird schon gehen«, sage ich, einen Lieblingsausspruch meiner Mutter wiederholend. Indem ich etwas sage, unterbreche ich die Stille. Vielleicht will ich mir auch nur Mut machen. Aus den kleinen Helligkeitsunterschieden kann ich durch die Zeltwand erkennen, daß es jetzt Nacht ist. Abwechselnd enthüllt und verbirgt sich der Mond. Eine unheimliche Stimmung draußen.
Die Sterne sind plötzlich wie ausgelöscht. Das Wetter ist wieder schlechter geworden. Das Dramatische dieses wechselnden Lichts wird noch verstärkt durch die Tatsache, daß in der Wand jetzt völlige Windstille herrscht. Zum ersten Mal seit ich alleine unterwegs bin, steht die Luft. Nicht einmal in den Schneekristallen ist ein Säuseln zu hören. Und was noch Schlimmeres verheißt, es ist jetzt warm. Oder ist nur mir so, weil ich mich eine Zeitlang mitsamt dem Kopf in den Schlafsack verkrochen habe? So habe ich mich mit meiner eigenen Atemluft gewärmt. Lange Zeit liege ich da und höre in das Schweigen hinein. Nichts und niemand unterbricht es. Das Weiche, Warme in der Luft erinnert mich an schlechtes Wetter, an Schneestürme; erinnert mich auch an die dramatischen Tage im Juli 1934, als Merkl und Welzenbach in den Tod gingen. Wie oft habe ich diese Geschichte schon gelesen! Jetzt bin ich genauso hoch wie die Expedition damals – und ebenfalls Schneesturm. Sie waren schon hoch oben überm Silbersattel, der Gipfel zum Greifen nahe. In der Nacht aber, in der sie sich zum letzten Angriff rüsteten, überraschte sie der Sturm. Auch im Zelt war es kaum zu ertragen. Die Kälte setzte ihnen zu. Ihre Kleider waren vereist und begannen, in den Schlafsäcken durch die Körperwärme aufzutauen. Der Sturm wehte riesige Schneefahnen vom Grat her über das Lager. Merkl wie auch Welzenbach hatten ohne Schaden viele Gefahren in den Alpen überlebt. Sie und ihre Kameraden wußten auch vom Unterschied zwischen einem Sturm in den Alpen bei 3000 und 4000 Meter und einem Himalaja-Orkan bei 8000 Meter.
Der 7. Juli zog als Sturmtag auf. Das Sonnenlicht erstickte im Wirbel der Schneeböen. Merkl, Schneider, Welzenbach und Wieland berieten im Hauszelt. Was tun? – Abwarten. Sahibs und Träger lagen stumpf in den

Drei Tage blieben wir noch in unserem winzigen Basislager. Dann bestellten wir einige Träger und bereiteten uns für den Rückmarsch vor.

Während wir ins Industal hinausmarschierten, setzte die oberösterreichische Expedition den Aufstieg an der Kinshofer-Route fort. Alois Indrich fotografierte Alfred Imitzer in der Eisflanke unterhalb der Bazhinmulde.

Links: Allein stieg Hermann Buhl 1953 über den Ostgrat zum Silbersattel. Zwischen den beiden schwarzen Silberzacken entschwand er den Blicken der Kameraden, die unten auf ihn warteten. Das Silberplateau ist von unten nicht zu sehen.

Es ist unmöglich, einem Laien die Dimensionen eines Achttausenders verständlich zu machen. Vorne links der Mohrenkopf; im Profil der Südostpfeiler.

Links oben: Als ich 1978 den Nanga Parbat wiedersah, erschrak ich über seine Steilheit und Höhe.

Links unten: Angtsering war der letzte aus der Spitzengruppe von 1934, der sich lebend bis ins Basislager durchschlagen konnte. Dort kam er völlig erschöpft an und berichtete vom Tod Willo Welzenbachs, von Merkl und Gay-Lay.

Vorhergehende Doppelseite: Ich wußte, daß diese Morgenstunden die sichersten für den Aufstieg waren. Als die ersten Sonnenstrahlen die Séracs streiften, war ich beruhigt.

Schlafsäcken. Der Orkan vereitelte jegliches Kochen. So kam die zweite Nacht. Eine Nacht der sinkenden Hoffnung. Zeltstangen knickten, und Schneestaub sprühte durch alle Ritzen und Nähte. Immer rasender tobte der Sturm.

Am Morgen des 8. Juli waren alle von der Notwendigkeit eines sofortigen Rückzugs in die unteren Lager überzeugt. Das Leben von fünf Bergsteigern und einem Dutzend Trägern stand auf dem Spiel. Merkl ordnete an, daß Aschenbrenner und Schneider mit drei Trägern vorausspuren sollten. Auch die anderen rüsteten zum Abstieg. Die Spitzengruppe kämpfte sich verbissen tiefer. Als sie zum Silbersattel kam, steigerte sich der Sturm derart, daß sie nur mit der größten Vorsicht an den Abstieg der Steilflanke gehen konnte. Etwa 100 Meter unter der Scharte wurde Nima Dorje, ein Sherpa, vom Sturm aus den Stufen gerissen. Es gelang, ihn zu halten. Im tobenden Schneesturm konnten die Männer keine zehn Meter weit sehen. Nur einmal, als der Sturm für einen Augenblick die Wolken auseinanderriß, sahen sie die zweite Partie vom Silbersattel herabkommen. Um 7 Uhr abends waren Aschenbrenner und Schneider, völlig vereist, in Lager 4. Auf die anderen wartete man den ganzen Abend und die ganze Nacht vergebens. Willy Merkl und seine Mannen kamen nicht. Unterhalb des Silbersattels schlugen sie ein Zwischenlager auf. Welzenbach schlief ohne Schlafsack im Schnee. Wieder kein Essen. Ein Sherpa starb. Merkl erfror sich die rechte Hand, Wieland beide Hände. Beim weiteren Abstieg brachen drei Sherpas zusammen. Sie blieben in den Seilen hängen oder im Zelt liegen; tot. Am 9. Juli rissen einmal die schweren Schneewolken auseinander, und man sah für wenige Minuten hinauf zum Grat. Unter dem Silbersattel war eine größere Partie im Abstieg. Warum sind sie denn noch nicht weiter!? Hinter der Gruppe wanderte in größerem Abstand ein einzelner Punkt. Dieser einzelne Punkt war Uli Wieland, der wenig später in seiner Erschöpfung einschlief und starb. In der Nacht fiel wiederum ein halber Meter Neuschnee. Vom Silbersattel peitschten hundert Meter lange Schneefahnen waagrecht über die Rakhiotseite. Vier Männer wateten von oben herab, einen mannstiefen Graben hinter sich offen lassend. Es waren vier Sherpas, restlos erschöpft; am Ende. Ihre Hände waren erfroren. Einer war schneeblind.

Welzenbach schrieb seine letzte Botschaft:

»Lager 7, 10. Juli. An die Sahibs zwischen Lager 6 und 4. Wir liegen seit gestern hier, nachdem wir Uli im Abstieg verloren. Sind beide krank.

Der dunkle Felsrücken im Bild links oben ist der Kopf der zweiten Mummery-Rippe. In der Fallinie unter der Mazenoscharte bezog ich beim Aufstieg mein zweites Biwak (Bild links unten).

Ein Versuch, nach Lager 6 vorzudringen, mißlang wegen allgemeiner Schwäche. Ich, Willo, habe vermutlich Bronchitits, Angina und Influenza. Bara Sahib allgemeines Schwächegefühl und Erfrierungen an Händen und Füßen. Wir haben seit sechs Tagen nichts Warmes gegessen und fast nichts getrunken. Bitte helft uns bald hier in Lager 7. Willo und Willy.«

In der Nacht zum 13. Juli starb Welzenbach im Lager. Am Morgen raffte sich Merkl auf. Auf zwei Eispickel gestützt, ging er abwärts, den Grat entlang. Wenn die Nebel aufrissen, sah er unten die Zelte des Lagers stehen. Rettung von dort war ausgeschlossen. Der Schnee lag zu hoch. Merkl schaffte die Gegensteigung am Mohrenkopf nicht mehr. Er versuchte es immer wieder, brach aber zusammen. Zwei Sherpas waren noch bei ihm. Die drei Übriggebliebenen gruben sich eine kleine Eishöhle. Mit seinem Sherpa Gay-Lay wickelte sich Merkl in eine Decke, als Unterlage hatten sie eine Schaumgummimatte. Aber die reichte nur für zwei, Angtsering mußte sich mit einer Decke begnügen. So verbrachten sie die Nacht im unerbittlichen Brausen des Sturmes.

Am 13. Juli sah man vom Lager 7 drei Leute absteigen. Auf halbem Wege zu Lager 6, in der Scharte vor der Gegensteigung zum Mohrenkopf, trat ein Mann vor und winkte. Wieder rafften sich alle drei auf, um weiterzugehen. Aber Merkl und Gay-Lay kamen nur drei Meter voran, dann konnten sie nicht mehr, mühselig schleppten sie sich zur Höhle zurück. Angtsering hatte noch die Kraft, die Gegensteigung zu überwinden.

Erst am nächsten Abend kam er vollständig erschöpft und mit schweren Erfrierungen nach Lager 4. Schneider und Aschenbrenner versuchten am 15. und 16. Juli noch einmal, das Lager 5 zu erreichen. Umsonst! In den uferlosen Neuschneemengen wurden sie zurückgeworfen. Am Morgen im Wind hörten sie ganz deutlich rufen, aber der winkende Mann am Sattel war nicht mehr zu sehen.

Als man Merkl und Gay-Lay vier Jahre später fand, lagen ihre Körper völlig konserviert im Schnee. Aus der Haltung Merkls war zu schließen, daß er noch nicht mit dem Leben abgeschlossen hatte. Er lag da wie einer, der gerade ausruhen wollte, hatte seine Handschuhe ausgezogen und auf den Oberschenkeln ausgebreitet. Doch deutet alles darauf hin, daß Willy vor Gay-Lay gestorben ist ...

Ich habe das Gefühl dabeizusein. Der Gedanke an den Tod erst läßt mir bewußt werden, daß nichts wirklich wichtig ist.

Die Frage, was nach dem Tod sein wird, beschäftigt mich nicht. Für mich ist beides denkbar: ein Fortleben nach dem Tode wie auch die völlige Auflösung.

Ich habe keinen Spiegel dabei, trotzdem fahre ich mir ab und zu durch die Haare. Sehe ich überhaupt noch aus wie ein Mensch?
Später, leise erst, dann allmählich in Stufen stärker werdend, erheben sich ein Summen und Zischen rund um das Zelt. Ich weiß nicht, ob ich geschlafen oder nur so dagelegen habe. Ich weiß auch nicht, wieviel Zeit vergangen ist, seit ich in meiner Aufmerksamkeit, in meinem Hinhören auf die Stille in dieser untergegangen bin. Jetzt ist es wieder windig draußen. Die Luft hat etwas Gespanntes, etwas Prickelndes. Ich möchte das Zelt öffnen, aber ich tue es nicht. Ich ertappe mich dabei, wie ich durch die Zeltwand starre, um Pickel und Steigeisen auszumachen, die keinen halben Meter von der Plane entfernt im Schnee stecken. Nicht einmal ihre Umrisse kann ich sehen. Wenn sie der Sturm mitreißt, bin ich verloren. Ein Abstieg ohne Steigeisen und Pickel ist unmöglich. Obwohl ich ganz genau weiß, daß ein neuer Schlechtwettereinbruch bevorsteht, will ich nicht mehr darüber nachdenken. So schnell werde ich nicht umkommen.
Ich schlafe ein. Genau in dem Augenblick aber grollt der erste Donner. Dieses Grollen erstickt die letzte Hoffnung auf besseres Wetter.
Nachts fahre ich einmal aus dem Schlafsack hoch und schnappe nach Luft. Ich fühle mich beengt, wie jemand, der in seinem eigenen Unbewußten erstickt. Es schneit immer noch, aber nur leicht. Ich kann an den Geräuschen nicht unterscheiden, ob die Schneerutsche neben dem Zelt, vom Zeltdach oder über die Wand abgehen. Die Lawinen bilden als Geräuschkulisse eine Brücke zwischen meinem unruhigen Schlaf und der Eiswüste draußen. Ich mache die Augen auf, um mich im Zelt orientieren zu können. Wenn ich richtig gesehen habe, ist es 3 Uhr früh. Meine Schultern und mein Rücken sind verkrampft. Vielleicht nur, weil sich die Kälte durch die Schlafmatte und den Schlafsack bis in meine Knochen durchgebohrt hat. Immer wieder ein Donnern in der Ferne. Und dieses unheimliche Rauschen draußen. Wieder kommt mir Merkls Schicksal in den Sinn. Nachts öfter ein Erwachen in totaler Sinnlosigkeit. Momente, in denen die Verzweiflung und die Verwunderung, noch da zu sein, ineinanderfließen.
Die Zeltwand ist steif; innen und außen mit einer spröden Eisschicht überzogen. Auch am Schlafsack hat sich eine Eiskruste festgesetzt. Es tagt schon. Nur im Osten, wo der Gipfel des Nanga Parbat aufragt, ist die Schwärze der Nacht noch nicht ganz aufgelöst. Undeutlich kann ich durch die wenig transparente Zeltplane den eisüberkrusteten Pickel und die Steigeisen sehen. Alles noch da. Instinktiv greife ich nach meinen Schuhen und stecke sie, halbgefroren wie sie sind, in den Schlafsack. Einige Stunden muß ich geschlafen haben. Vielleicht aber habe ich nur dagelegen, ohne etwas wahrzunehmen. Jetzt flaut der Wind ab.

Trotz der schneidenden Kälte, die über den Berg hereingebrochen ist, habe ich warme Füße. Das vereiste Zelt ist offensichtlich ein perfektes Iglu. Während der nächsten halben Stunde versuche ich zu kochen; eine Tasse nur, bevor ich das Zelt aufmache. Essen kann ich nicht. Ich weiß jetzt auch schon ganz genau, wie ich weiter vorgehen will. Ist es klar draußen, nur der Himmel bewölkt, werde ich absteigen; meine Behausung, das Zelt, in eine Spalte werfen und einfach absteigen – an einem Tag bis ins Basislager. Nur wenn es Nebel gibt oder schneit, wenn ich mich nicht orientieren kann, will ich bleiben. Wie schön es ist, alles allein entscheiden zu können! Ich trage hier für niemanden die Verantwortung. Nur für mich selbst. Trotzdem aber schweifen meine Gedanken ab, und ich richte die Aufmerksamkeit auf etwas außerhalb von mir. Oft weiß ich allerdings nicht, worauf.
Der Abstieg wird tückisch, anstrengend. Allein schon der Gedanke an die Séracs unter mir läßt mich frösteln.
Es war ein Fehler, so wenig zu trinken. Mein Blut ist schon eingedickt. Das spüre ich bei jedem Handgriff.
Ich sorge mich um Ursula und Terry, die unten immer noch warten. Vermutlich bin ich für die beiden verschwunden. Ich weiß nicht, was sie tun; ich habe keine Ahnung. Hoffentlich ängstigen sie sich nicht allzusehr.

Am Morgen des 11. August schreibt Ursula in ihr Tagebuch: »Nur ganz selten und zwischendurch, kurzfristig, versuche ich mir vorzustellen, was wäre, wenn der Nanga seine Chance wahrnehmen würde – vielleicht seine letzte, nachdem ihm Reinhold schon einmal knapp durch die Lappen gegangen ist. Mehrmals ertappe ich mich bei dem Gedanken, daß sich die Welt vielleicht einmal für ganz kurze Zeit nach mir umdrehen würde, wenn ich über die letzten Stunden des ›großen Reinhold Messner‹ berichten würde. Ich könnte diesen Auftritt theatralisch und pathetisch gestalten – ungestraft, weil keiner sonst dabei ist!!
Aber sonst – geht's mir beschissen.
Das erstemal seit 27 Jahren schlucke ich Valium – erfolglos. Habe Käse und Honig (was gut sein soll, speziell für die Nerven) in mich reingestopft, gelesen, geschrieben, nachgedacht, meine Augen hinter dem Fernglas rotgeschaut, das blöde Ding weggeschmissen, weil es mich nur noch verrückter macht, um es nach kurzer Zeit wieder zu holen und weiterzustarren. Und dann habe ich einmal eine Wut gekriegt; mit was für einer Berechtigung steigt er eigentlich da hoch! Seinem ›Natural High‹ nachjagen, Befriedigung durch den Berg suchen und wahrscheinlich auch kriegen, während ich, vielleicht auch Terry, hier am Fuße des Nanga, uns verrückt machen, nicht schlafen, Herz- und Daumenspitzen

drücken, auch beten. Hast Du schon einmal für jemanden gebetet? – Ich meine gebetet im weitesten Sinne?
Und geweint habe ich. Eigentlich nicht seinetwegen, allein deshalb, weil es mir hilft, psychischen, emotionalen Streß zu ertragen. Am liebsten würde ich ihn an den Ohren von diesem Drecksberg runterholen. Später kommen die Österreicher, die eine andere Route versuchen, und sie sind sehr nett zu mir, richtig lieb. Sie bieten mir auffällig viele Erklärungen für das Verschwinden ›des Punktes‹ an. Einer schenkt mir einen Bergkristall. Meine Freude darüber ist groß, noch größer meine Verwunderung. Ich sage mir nur: die Bergsteigerwelt ist sich einig – dieses war sein letzter Streich!!
Dann packt mich wieder die große Wut. Denkste, sage ich mir, von wegen, jetzt erst recht: Reinhold schafft's! Eine andere Möglichkeit gibt es gar nicht. Und ich habe überhaupt keine Angst mehr, bin fest überzeugt. Er erlebt dort oben eine gute, starke, intensive Zeit. Er wird zwar müde, aber heil hier runterkommen. Ich beneide ihn und freue mich für ihn. Wie konnte ich bloß eine Minute an seinem Wieder-heil-Runterkommen zweifeln? Was kann auch schon passieren? – In seine Bergsteigerkunst habe ich ein grenzenloses Vertrauen, und was hat er auch zu verlieren? – Wenn nicht mit, dann kommt er halt ohne Gipfel zurück. Dann bleibt ihm zumindest ein Traum!! Und wenn er auf dem Nanga oben sitzenbleibt oder irgendwo weiter unten? Wer kann schon kurz vor dem Tod ein derartiges Hoch erleben? – Mein Gott, wenn ich an unsere bundesdeutschen Intensivstationen denke! Eigentlich müßte ich beten für ihn, daß ihm das eine gegönnt sein und das andere erspart werden möge. Also – anyway, er ist ein glücklicher Mensch. Was soll deshalb Angst, diese dumme Angst? – Wahnsinnig beneide ich ihn um seine Situation, ohne auf den Gedanken zu kommen, sie ihm nicht zu gönnen. Ich bin glücklich für ihn. Und ich kann mir gut vorstellen, daß sogar ich als Antibergsteigerin erhebliche Strapazen auf mich nehmen würde, um so etwas zu erleben.«

Am Morgen dieses 11. August merke ich, daß das Wetter zwar nicht gut, aber doch besser geworden ist. Ohne noch viel zu denken, fasse ich den richtigen Entschluß: alles liegen- und stehenlassen, absteigen. Die Ausrüstung – Zelt, Schlafsack, Kocher – werfe ich in eine Spalte. Im Rucksack habe ich nur einige Filme, die Kamera und Kleinigkeiten wie Höhenmesser und Gletscherbrille.
Es hält mich nicht mehr. Um 5 Uhr bin ich aus dem Zelt; entschlossen, alles auf eine Karte zu setzen. Ich lasse auch sämtliche Vorräte zurück. Die Suppen, den Kocher, alles. Ich muß versuchen, das Basislager in einer einzigen Gewaltetappe noch an diesem Tag zu erreichen. 3000

Höhenmeter tief hinab in der steilsten, direkten Linie. Schaffe ich es nicht, werde ich die kommende Nacht nicht überleben.

Mit diesem Wissen gehe ich los. Es ist ein letzter mächtiger Ansporn. Ich gehe schräg zum Hang, rutsche plötzlich ab. Ich kann das Gleichgewicht nicht wiederfinden. Schon glaube ich zu stürzen. Noch sind es die Steigeisen, auf denen mein Körpergewicht steht, und ich mache einige Sätze, immer darauf bedacht, daß die Steigeisen sich wieder festkrallen. Wenn ich nur den Oberkörper wieder ins Gleichgewicht bringen kann! Nach zehn oder fünfzehn Metern, die ich in Sätzen die steile Wand hinunterspringe, stehe ich fest. Ich zittere am ganzen Körper. Alles Blut ist aus meinem Kopf gewichen. Diese Unvorsichtigkeit hätte als Sturz enden können! Mit dem Eispickel schlage ich eine größere Stufe, um rasten zu können. Das ist noch einmal gutgegangen. Ein gestauchter Knöchel, ein gebrochenes Schienbein hätten das Ende bedeutet. Der Schock bringt mich dazu, alle Kräfte zu konzentrieren. Mein Wesen ist ganz Aufmerksamkeit.
Der Eisschlauch, durch den ich absteigen will, ist die gefährlichste Stelle am Nanga Parbat. Aber ich sage mir: wenn es irgendwo geht, dann hier. Ich weiß, daß ich sterbe, wenn ich nicht Kraft spare oder nicht durchkomme an diesem Tag. Noch habe ich mich nicht abgeschrieben. Vom Biwak bin ich zwar ausgedörrt und deshalb ungeschickt, aber noch frei zum Handeln. Ich weiß genau, wie es ist, wenn man durch schlechten Schnee von oben nach unten steigt. Die Wand ist hier nicht steil, so daß aller Schnee liegen geblieben ist; wie befürchtet Bruchharsch. Ich muß mein ganzes Können zusammennehmen, darf keinen Fehler mehr machen. Die Oberfläche ist so hart, daß ich nur mit den Steigeisen die Harschschicht durchbreche. Darunter komme ich manchmal auf blankes Eis. Bei jedem Schritt sackt der eine Fuß ein. Jedesmal riskiere ich den Verlust des Gleichgewichts. Von oben nach unten zu klettern, ist im Eis schwieriger, als von unten nach oben. Zuerst versuche ich, mit dem Gesicht talwärts, vorgebeugt, hinunterzugehen; haue Stufen. Ich kann nicht die ganze Wand hinab Stufen schlagen. Es gibt nur eine Art des Abkletterns, die jetzt noch in Frage kommt: das freie Abklettern; Gesicht zur Wand; Pickel in der rechten Hand, in der linken einen Fäustling zum Abstützen; die Steigeisen an den Schuhen. So geht's besser. Genau in der gleichen Art, wie ich heraufgekommen bin, steige ich ab. Stufenschlagen kann ich so nicht. Dafür brauche ich mich auch nicht hinauszulehnen, meinen Körper nicht zu verdrehen. Diese Art abzuklettern ist die gefährlichste. Ein Rutscher, und man ist weg. 3000 Meter fällt die Wand unter mir ab. Wenn ich nach unten sehe, gelingt es mir nicht, mich in dieser Wand einzuordnen.

Immer wenn ich ca. 100 Schritte gemacht habe – oder sind es nur 90 –, keuche ich vor Erschöpfung. Ich lehne mich dann mit dem Oberkörper an die Eiswand. Die Luft fährt mir stechend in die Lungen. Meine Arme sind vom ständigen Gebrauch des Eispickels bleiern schwer, wie gelähmt. Wenn ich raste, tausche ich eine Qual gegen die andere.
In den Rastpausen stauen sich kleine Schneerutsche über Schuhen und Armen. Der Wind trägt Treibschnee heran. Bald bin ich mit einem Eispanzer überzogen. Die Talsohle liegt noch immer so entmutigend weit von mir entfernt, daß es nicht lohnt, sich da unten mit den Augen festzuklammern. Also konzentriere ich mich wieder auf Dinge, die jetzt zu geschehen haben.
Bei der nächsten Rast schlage ich eine Stufe in das Eis, um besser Tritt fassen zu können. Immer langsamer komme ich voran, immer öfter muß ich Pausen einschalten. Einmal, als ich mich hinsetzen kann, ist es besonders schwierig, wieder aufzustehen. Nur durch falsche Versprechungen, die ich mir selbst mache, gelingt es mir, meinen Körper auf die Beine zu bringen. Noch einen Schritt, noch eine Stufe, dann ist es wieder einfacher, leichter. Es muß gehen!
Die feinen Risse, dort, wo die Frontalzacken der Steigeisen wenige Sekunden vorher noch Halt hatten, glänzen, während sie in meinem Blickfeld sind. Zwischen den riesigen Séracs darf ich nicht mehr rasten. Jede Minute, die ich hier gewinne, ist geschenktes Leben.
An diesem Tag fotografiere ich nicht mehr. Aber immer noch, jetzt sogar verstärkt, rede ich mit irgend jemandem; sogar in französischer Sprache. Und dies, obwohl ich nie Französisch gelernt habe.

Immer wieder schaut Terry von unten mit dem Fernrohr in den dunklen Eisschlauch. Zwischen den Séracs und der Mummery-Rippe eingebettet, ist diese Rinne das steilste Stück der Diamirwand. Den ganzen Vormittag über bleibt Terry am Fernrohr. Es ist eine körperliche Qual, nur zusehen zu können. Seine Augen brennen. Zwischendurch zwingt er sich aufzustehen, ein bißchen herumzugehen. Das Fernglas aber ist wie eine Droge. Er muß es haben, er muß schauen.

Je weiter ich herunter komme, desto langsamer werde ich. Die Wand ist nicht mehr so steil, und manchmal gehe ich wieder mit dem Gesicht talwärts. Das Eis ist hier so hart, daß ich nicht einsacken kann wie oben beim Lossteigen.
Eine gute Stunde steige ich ab, ohne zu registrieren, wo ich bin und wohin ich gehe. Als ich in die Nähe des ersten Biwakplatzes komme, weiß ich, daß ich gerettet bin. Das Gefühl der Sicherheit und das Wasser, das ich aus einer Schmelzrinne sauge, vertreiben meine Müdigkeit.

Düstere Wolkenbänke ziehen das Diamirtal hinauf. Mir wird bewußt, daß ich eine weitere Nacht im offenen Biwak nicht aushalten kann. Ich muß weiter. Jedesmal, wenn ich ausatme, kommt es wie ein befreiender Ton aus mir heraus. Ein Zeichen, daß ich kurz vor dem völligen Zusammenbruch stehe?
Ich bin nicht sicher, ob ich es noch schaffe bis ins Grüne. Die Waden, die Muskeln der Arme, alles an meinem Körper ist wie verknotet, hart. Den Eispickel halte ich in der Hand, als sei er an mir festgeschweißt. Noch gute zwei Stunden bis ins Basislager. Zu meinen unsichtbaren Begleitern sage ich nicht viel. Ich höre ihnen auch nicht mehr zu. Einmal muß ich noch über eine Spalte springen. Der Sprung, ein weiter Satz, erfordert Konzentration. Es ist schon warm, fast heiß. Überall rinnen kleine Bächlein über das Eis. Ich beiße die Zähne zusammen und beschließe, nicht daran zu denken. Das Trinken macht mich noch müder. Schritt für Schritt steige ich über das Eis bergab. Grünblau schimmert es unter mir in den Spalten. Die Welt ringsum ist von Séracs durchsetzt, Lawinenhänge links und rechts. Wenigstens nicht mehr dieser endlose Abgrund unter mir. Mein Nacken schmerzt. Immer, wenn ich das Steigeisen auf die blanke Eisfläche setze, schaue ich flüchtig hin, mal links, dann rechts, links, rechts. Von meinen langsamen Bewegungen und der Größe des Gletschers verwirrt, kommen mir die Entfernungen ewig vor. Und trotzdem: allein zu sein und nur den eigenen Fähigkeiten zu vertrauen, gibt mir ein starkes Identitätsgefühl.
Der weitere Abstieg vollzieht sich wie in Trance. Öfter sehe ich mich selbst über die spiegelglatte Eisfläche torkeln. Manchmal, wenn die Steigeisen einige Millimeter rutschen, ist es schwierig, Halt zu finden. Aber immer, bevor ich aus dem Gleichgewicht geschleudert werde, haften sie wieder. So, als ob sie von sich aus das Richtige täten.

Im Basislager haben sie mich längst gesehen. Über das Geröll des riesigen Kars kommt mir Ursula entgegen. Sie hat meine Turnschuhe in der Hand. Wir erreichen einander. Ich ziehe meine Klumpfuß-Stiefel aus, werfe sie weg, will sie nicht mehr sehen.

Allein sein

Wenig oberhalb des Basislagers kommt Terry auf mich zu. Er hatte nicht geglaubt, daß ich den Abstieg in einem Tag schaffen würde. Beide haben wir Tränen in den Augen, als wir uns umarmen.
Ursula hat das Empfinden, nicht dazuzugehören, und dieses »Draußenstehen« gibt ihr zu denken. Sie sagt mir das nicht, deutet es nur an. Sie

Am 11. August 1978 kam ich herunter bis zum Wandfuß. Obwohl ich müde war, gönnte ich mir erst dort eine ausgiebige Rast, wo der Gletscher flach und die Eisschlaggefahr gering war.

kommt sich ausgeschlossen vor; ausgeschlossen aus unserer Männerwelt. Obwohl sie tausend Erklärungen dafür hat und ihr Gefühl irgendwie albern findet – es ist da.
»Ich wußte, daß du es schaffst. You are great!« gratuliert Terry.
»Nach diesem Aufstieg bin ich noch stärker.«
»Mein Gott, bin ich froh, daß du alles gut überstanden hast!«
»Das einzige, worauf es mir da oben ankam, war, zu überleben. Deshalb bin ich noch da.«
»Wie war es?« will Terry wissen.
»Ich war in der richtigen Stimmung«, sage ich nur. Ich wundere mich selbst, wie ich über mich hinausgewachsen bin, und es war die Einsamkeit, die mich in die richtige Stimmung versetzt hat. Jetzt, da ich das weiß, fühle ich mich stärker als je zuvor. Ich bin immer am besten, wenn ich sozusagen mit dem Rücken zur Wand stehe. Oben in der Diamirwand hatte ich keine Zeit für dumme Gedanken. So dramatisch es war, ich befand mich in einem wunderbaren Zustand.

Wenn ich jetzt hinaufschaue und zurückdenke an die sechs Tage in der Wand, kommt es mir sonderbar vor, daß es da Stunden gab, in denen ich gar nichts mehr wollte. Weder auf- noch absteigen; ich saß nur da und rastete. Ich hatte keine Angst, und die Einsamkeit war wohltuend.
Plötzlich spüre ich, daß jemand hinter mir steht. Ich drehe mich um. Ein alter, weißhaariger Mann aus dem Diamirtal ist gekommen und streckt mir einen kleinen Blumenstrauß hin. Lauter kleine Astern. Ich freue mich sehr. Es ist derselbe Mann, der beim Anmarsch den Kopf geschüttelt und gemeint hat, ich sei ein Narr. »12, 15, 20 Mann starke Expeditionen sind gekommen«, hat er damals gesagt, »und sie haben es nicht geschafft. Alleine geht das nicht.«
Im Basislager bin ich zuerst euphorisch, nicht besonders müde. Wegen einer Erfrierung am rechten Daumen spritzt mir Ursula durchblutungsfördernde Mittel als Infusion. Als die Nadel steckt, schlafe ich ein.

Die nächsten zwei Tage vergehen zwischen Schlafen und Wachsein. Kurzes Aufwachen und wieder Einschlafen, zwischendurch Trinken. Ich weiß, daß wir heimwärts einen anderen Weg als beim Anmarsch nehmen müssen. Gewitter und das Erdbeben haben im Diamirtal schwere Schäden angerichtet; der Weg ist gesperrt.
Unterm First des Zeltes hängen Infusionsflaschen, ein Höhenmesser, ein kleiner Blumenkranz, den Terry geflochten hat.
Untertags liege ich meist vor dem Zelt.
»Ich bin nicht sicher, ob ich am Nanga-Gipfel gewesen bin«, sage ich in einer Wachpause zu Ursula. »Ich bin mir nicht sicher.«
»Du redest völlig irres Zeug«, antwortet sie.
»Vielleicht war dieser Aufstieg nur das, was ich mir vorstelle unter einem Alleingang.«
»Was?«
»Das verstehst du nicht.«
»Bist du froh, daß wir weggehen?« fragt mich Terry am 13. August, für den wir die Rückmarschträger bestellt haben.
»Es ist Zeit zu gehen.«
»Gibt es irgend etwas, wogegen du diesen Alleingang eintauschen würdest?«
»Nein.«
»Warum nicht?«
»Ich würde eine Bergtour gegen nichts anderes eintauschen.«
»Und wenn du noch einmal zu leben hättest, von vorne an, würdest du dein Leben gleich einrichten?«
»Ich richte mein Leben nicht ein, ich lebe, und zwar jetzt und nur einmal.«

Ursula war sehr erschrocken, als sie mich sah: »Er sah kaputt aus; ausgetrocknet; die Lippen aufgesprungen, mit grünem Schleim belegt«, schrieb sie in ihr Tagebuch.

»Könntest du dir vorstellen, daß es immer so weitergeht?«
»Ich stelle mir nichts weiter vor.«
»Und wenn du den Gipfel nicht geschafft hättest?«
»Ich weiß nicht, ob ich glücklicher oder unglücklicher wäre, wenn ich nicht oben gewesen wäre.«
»War dieser Alleingang die körperliche Grenze für dich?«
»Ich würde sagen, physisch ja. Ich war schon ziemlich kaputt da oben.«
Ein Dialog ist zunächst für mich schwierig. Und das kommt nicht allein von der Erschöpfung. Ich habe zwar das Bedürfnis, etwas zu sagen. Aber offensichtlich verstehen die beiden Kameraden meine Sprache nicht mehr.
»Inwieweit bestimmst du deine Zukunft?« will Terry weiter wissen.
»Meine? Die nächste? Nur was unbedingt notwendig ist.«
»Das ist riskant.«
»Ich glaube, daß ich die Unabhängigkeit habe, auch von der Zukunft unabhängig zu bleiben.«

»So wie du lebst, geht das nur alleine.«
»Oder für zwei, die beide alleine leben können.«
»Der Mensch schafft es gar nicht alleine. Davon bin ich fest überzeugt. Der Mensch ist kein Einzelwesen.«
»Kann sein. Aber ich glaube, daß ich manchmal allein sein muß, um weiterzukommen.«
Das Gefühl, sich selbst zu genügen, war wohl eine der wichtigsten Voraussetzungen beim Alleingang auf den Nanga Parbat. Ob mir diese Erfahrung bleiben wird? Ich komme jetzt viel besser zurecht als noch vor einem Jahr. Ich habe erst wieder lernen müssen, alleine zu leben. Dabei hat weder mein Everest-Aufstieg noch dieser Alleingang zum Nanga Parbat etwas mit meiner Scheidung zu tun. Die Genehmigung für den Mount Everest hatten wir bereits zu einer Zeit, als ich noch gar nicht verheiratet war, und vom Nanga Parbat träumte ich seit fünf Jahren. Das heißt aber nicht, daß diese beiden Expeditionen nicht von meiner Scheidung beeinflußt worden wären. Ich bin fest davon überzeugt, daß ich in meiner früheren Lebenskonstellation weder den Gipfel des Everest ohne Sauerstoffmaske noch den des Nanga Parbat alleine erreicht hätte.
»Sicher wird es wieder Bergsteiger geben, die an deinem Aufstieg herumnörgeln«, warnt Ursula.
»Die gibt es immer«, fällt Terry ein. »Leute, die nie aussteigen werden aus ihrer Illusionslosigkeit, die nichts zu präsentieren haben als ihre langweilige Besserwisserei. Auf die Idee kommt es an, und die kann dem Reinhold niemand mehr nehmen!«
»Glaubst du, daß das nachgemacht wird?«
»Sicher. Und die nächste Generation wird solche Alleingänge noch spielerischer, noch eleganter machen. Ein Achttausender über eine schwierige Wand an einem Tag und mit noch weniger Technik. Das muß alles noch kommen. Ich habe nur den Anfang gemacht.«
Ja, sie werden alles, alles noch eleganter lösen. Sie werden nicht mit mehr Materialeinsatz vorwärtsgehen, sondern mit eigenem Können. Und was wir als die oberste Grenze des Menschenmöglichen hingestellt haben, werden sie aus den Führern streichen und erst wieder schreiben, wenn sie es eleganter gelöst haben. Und was sie zu erreichen wünschen, das werden sie, erreicht, mit besonderer Selbstkritik ansehen. Sollte ihnen dann aber jede Tour fair und sicher gelingen, dann gibt es keine Gnade mehr für jene, die sich aus Eitelkeit nicht einschränken und doch immer laut reden. Nur ein Vorurteil, Achttausender seien ausschließlich von Gruppen besteigbar, hat eine frühere Ein-Mann-Expedition vereitelt. Das Himalaja-Bergsteigen war vom Denken über die magischen Höhen bestimmt, und schon die laut gedachte Idee des Alleingangs galt

als Ketzerei. Aber es war ja schon immer so: Was heute als Wahnsinn belacht wird, ist morgen schon orthodox. So ging es mit dem 7. Grad, mit dem Everest ohne Sauerstoffmaske, so wird es mit diesem Alleingang sein.

Drei Tage nach meiner Rückkehr, als ich mich ein bißchen erholt habe, packen wir unsere Habseligkeiten und verbrennen den Müll. Terry schenke ich meinen Eispickel, und er freut sich wie ein kleines Kind. Während noch Rauch aufsteigt, laden wir alles, was übriggeblieben ist, auf zwei Eselchen und ziehen talwärts. Der Basislagerplatz ist wieder so, wie wir ihn angetroffen haben. Trotzdem: Spuren von Menschen können nie ganz verwischt werden.
Am nächsten Tag schon überqueren wir den Ganalokamm, um so aus dem Diamirtal ins Gunartal zu kommen. Von der Höhe des Passes blicke ich in das märchenhaft stille, karge Tal unter der Diamirflanke, in der sich Gewitterwolken zusammenziehen. Mit gemischten Gefühlen steige ich ins jenseitige Tal hinab. Unmittelbar über uns steht die markante Felsburg des Gunar Peak. Mühsam zieht sich der Abstieg über endloses Geröll. Ich bin nach dem wochenlangen Training in der Höhe gut akklimatisiert und doch sehr müde.
Trotz der Höhe sind hier oben im August nur vereinzelte Firnreste zu finden. Auf den Almen tiefer unten weiden kleine Pferde und Ziegen. Die Hirten geben uns frische Buttermilch. Über einen steilen Rücken, vorbei an sturmharten Latschen und Birken, steigen wir ins bewaldete Tal ab. Bei der nächsten Siedlung werden wir von Männern mit den ersten Trauben empfangen. Die besten Trauben, die wir je gegessen haben.
Immer mehr verliert die Gegend an Reiz, immer mehr tritt das Grün zurück und weicht einem eintönigen Grau.
Jetzt, beim Zurückgehen, denke ich manchmal, daß ich doch ein Kind haben möchte. Ich müßte ihm all das zeigen. Leider ist ein Kind aus mir selbst heraus nicht denkbar, und ich möchte kein Kind von einer Frau, kein Kind, das von zwei Menschen abhängt. Das eigene Kind aus mir selbst als Idee und doch gleichzeitig als rational nicht greifbare Vorstellung.
Mein Wunsch, alles ganz alleine zu machen, etwas alleine zu Ende zu führen, selbst zu schöpfen, dieser Wunsch ist nach diesem Alleingang auf den Nanga Parbat noch stärker als vorher. Es ist weniger das Bedürfnis, allmächtig zu sein und alles zu können, als vielmehr ein starkes Bedürfnis nach Autonomie und Autarkie. Ich möchte in mir selbst ruhen. In mir selbst sein.
Trotz meiner Müdigkeit und Beschaulichkeit begleitet mich jetzt das

Nach meinem Alleingang schenkte ich Terry jene Eisaxt, mit der ich fünf Tage lang geklettert war; mit der ich Biwakplätze eingeebnet und den Gipfelhaken geschlagen hatte.

tiefe Bewußtsein, alle Geheimnisse dieser rätselhaften Welt in mir zu haben – die Fragen wie die Antworten; in mir die Kraft des Lebens, und Leben zu geben; in mir den Tod, Anfang und Ende.
Es regnet jetzt wolkenbruchartig, aber ich gehe weiter. Gegenüber am Berghang stürzt das Wasser in einem Wildbach über Felsen und durch ein bewaldetes Tal. Er reißt Steine und Holz mit sich, führt Schlamm, ist ein einziges Ungeheuer.
Seit dem letzten Dorf bin ich schon ein ziemliches Stück gegangen. In einer baufälligen Hütte finde ich Unterschlupf. Wie schön und durchsichtig ist doch der Regenvorhang, der vor meinem Gesicht vom Dach fällt! Ich stelle mir ein Fenster mit lebendigen Regentropfen als Vorhang vor.
Auch Terry und Ursula kriechen zu mir unter das Dach. Niemand sonst ist da. Wir sitzen auf trockenen Balken und schauen dem Regen zu. Kein Hund, der bellt, keine Tiere auf den Feldern – vollkommene Ruhe. Der Regen und dieser Wildbach, alles wird mir zutraulich. Mein Wesen wandert hinüber zum Wasser, und eine Weile schwimmt es den Bach hinab. Der Himmel oben ist grau, leer. Trotz der ziehenden Gewitterwolken hat er nichts Düsteres, nichts Bedrückendes an sich.
Die Landschaft, durch die wir eine Stunde später weiter abwärts steigen, ist wildromantisch. Unser Weg führt durch enge, steil aufragende Schluchten, auf kühn angelegten Steigen, an tiefen Abgründen vorbei. Ein falscher Schritt würde tödlich enden.
Es geht hinaus in das weite, sandige Tal des Indus. Heiß brennt wieder

die Sonne. Sie bringt hier jedes Pflanzenleben zum Absterben – öde Wüstentäler. Und doch auch anheimelnd. Wie die Landschaft aus einem Ganghofer-Film. An den wenigen Laubbäumen, die vereinzelt an den steilen Felshängen wachsen, sind schon Zeichen des Herbstes zu erkennen. Richtige Dörfer gibt es nicht. Dann und wann kommen wir an ein paar baufälligen Hütten vorbei. Sie kleben wie Balkons an geneigten Mulden.

Weit draußen im Tal sind grüne Flecken zu erkennen. Wenn die Sonne hinter der grauen Wolkenbank durchbricht, leuchtet das Grün herauf. Dort sind die ersten richtigen Dörfer. Wie das Wasser der Fjorde, so greifen hier die Wiesen aus dem dunstigen Industal in seine wüstenhaften Seitentäler.

Es ist noch sehr weit bis dorthin, und ich weiß nicht, ob wir es bis zum Abend schaffen werden. Aber dann denke ich nicht mehr weiter daran und gehe einfach dahin. Nicht zu wissen, wo wir schlafen werden, bedrückt mich nicht. Ursula ist weit hinter mir zurückgeblieben. Wie ich, geht auch sie gern für sich alleine. Auch von Terry habe ich seit Stunden nichts mehr gesehen. Wie glücklich mich dieses Alleinsein beim Gehen macht!

Ich schaue, mache halt, gehe um Steine und Bäume herum. Wenn die Sonne durchkommt, ist sie immer noch warm. Einmal segelt eine Spinne vor mir, und ich bleibe stehen. Dann gehe ich vorbei und sehe die weißen Fäden, an denen sie sich von einem Baum herunterläßt. Ich wandere weiter und schaue; bin einverstanden mit allem. Sogar mit mir selbst. Da und dort grüne Flecken aus Laub; der Bach, der unten rauscht; in der Luft das Summen von Fliegen. Alles ist da, mehr als ich mir wünsche. Was fehlt, erfinde ich. So kommt die Welt rundherum in mich hinein, und gleichzeitig tritt sie aus mir aus. Es herrscht Harmonie zwischen den Bildern, ein Gleichklang der Töne aus dem Boden und meinem Kopf. Ich weiß nicht, wie weit es noch ist bis zum Dorf, aber ich gehe dorthin.

Es ist nicht Neugierde, die mich vorwärts drängt, auch nicht Gewohnheit; vielleicht eine Art Gedankenlosigkeit. Warum sollte ich auch haltmachen?

Den ganzen Tag und die halbe Nacht wird marschiert. In der Dunkelheit erst stehen wir überm trostlosen Industal. Die letzten, langen Schutthänge wollen kein Ende nehmen, und halb im Schlaf wanken wir Richtung Gunar. Dieses nächtliche Dahingehen als Urform der Meditation.

Die Grenzsituationen sind nicht das Wesentliche in meinem Leben. Sie öffneten mir nur die Augen für eine andere Wirklichkeit. Sie sind eine Art Schlüssel für jene Bewußtseinszustände, die sonst in mir brachlä-

gen. Wie bestimmte magische Kräuter ist auch das Bergsteigen ein Kraut; mein Kraut. Es ist mir weniger wichtig, ob ich verstehe oder nicht, wenn nur mein Körper weiß. Das Wissen im Kopf kommt mir oft oberflächlich vor; das andere Wissen füllt mich ganz aus, wenn es auch gleich wieder vorbeigeht.
Es ist ein großartiges Gefühl, ohne zu denken in meinem Körper zu stecken und über dieses Land zu gehen. Es mit meinen Füßen und Augen auszumessen – ohne Maß. Einfach zuzugehen bis ans Ende. Ich fühle mich jetzt sogar hier heimisch – als hätte ich keine Bindung und keine Vergangenheit mehr.
Es ist faszinierend, überall daheim zu sein, überall und nirgends zugleich. Wie ich dazu komme? Früher hatte ich immer einen Ort, einen Platz, an den ich dachte, wenn ich von daheim sprach. Jetzt ist es mir unmöglich, dabei an eine Gegend zu denken. Ich bin nirgends mehr zu Hause. Wie schnell das doch gegangen ist! So traurig ich anfangs darüber war, das Heimatgefühl verloren zu haben, jetzt bin ich froh darüber.
Irgend etwas hat mich über meine Grenzen hinausgetragen: meine Kraft, das Alleinsein! Vor einem Jahr noch war die Einsamkeit meine Schwäche. Ich sage jetzt nicht, daß ich mit ihr fertig geworden bin, nein, ich bin nur für ein paar Tage ganz allein gewesen. Und es war schön. Noch nicht alles über das Alleinsein wissen; auch das ist ein beruhigendes Gefühl.
Wieder bin ich begeistert von dieser kargen Berglandschaft. Wieder identifiziere ich mich instinktiv mit dem, was ich tue, was um mich ist. Ich bin auf einem Weg, der nie ganz aufhört, den ich immer suchen muß, auch wenn er mir klar vorgezeichnet erscheint. Der Tod gibt ihm die Richtung.
Diese Art des Unterwegsseins ist für mich die einzige Möglichkeit, das Leben auch alleine zu ertragen. Das Einssein mit meinem selbstgewählten Weg als Alternative zum bürgerlichen Feilschen um Dauerzustände, ewige Liebe und Treue, soziale Sicherheit.
Auf dem Dach des Hauses eines unserer Träger dürfen wir schlafen. Es ist schon Mitternacht, als wir auf drei Pritschen unsere Schlafsäcke ausrollen. Unzählige Sterne stehen am Himmel. Eine Zeitlang sitze ich noch da, ohne an etwas Bestimmtes zu denken. Durch die ziehenden Wolken läßt der Mondschein nur unklare Umrisse unserer märchenhaften Umgebung erkennen.
Ich weiß nicht, ob ich wach war oder geschlafen habe, als mich jemand an der Schulter faßt. Erschrocken schnelle ich im Schlafsack hoch. Ein kühler Wind streicht um meine nackte Haut. Der Mond ist schon untergegangen. Vor mir steht ein Mann. In der Dunkelheit erkenne ich nur

seine Umrisse, nicht sein Gesicht. Woher wir kommen, will er wissen.
»Nanga«, sage ich.
»Diamir?«
»Tike«, bestätige ich, »Diamir.«
Der Fremde sieht mich lange an – als ob er wüßte, daß das die einzige Art ist, über etwas zu sprechen, wofür es keine Worte gibt.

Der Weg zum Gipfel
ist wie der Weg zu sich selbst –
ein Alleingang.

Alessandro Gogna, Bergsteiger aus Mailand

25 Jahre Nanga-Parbat-Besteigung

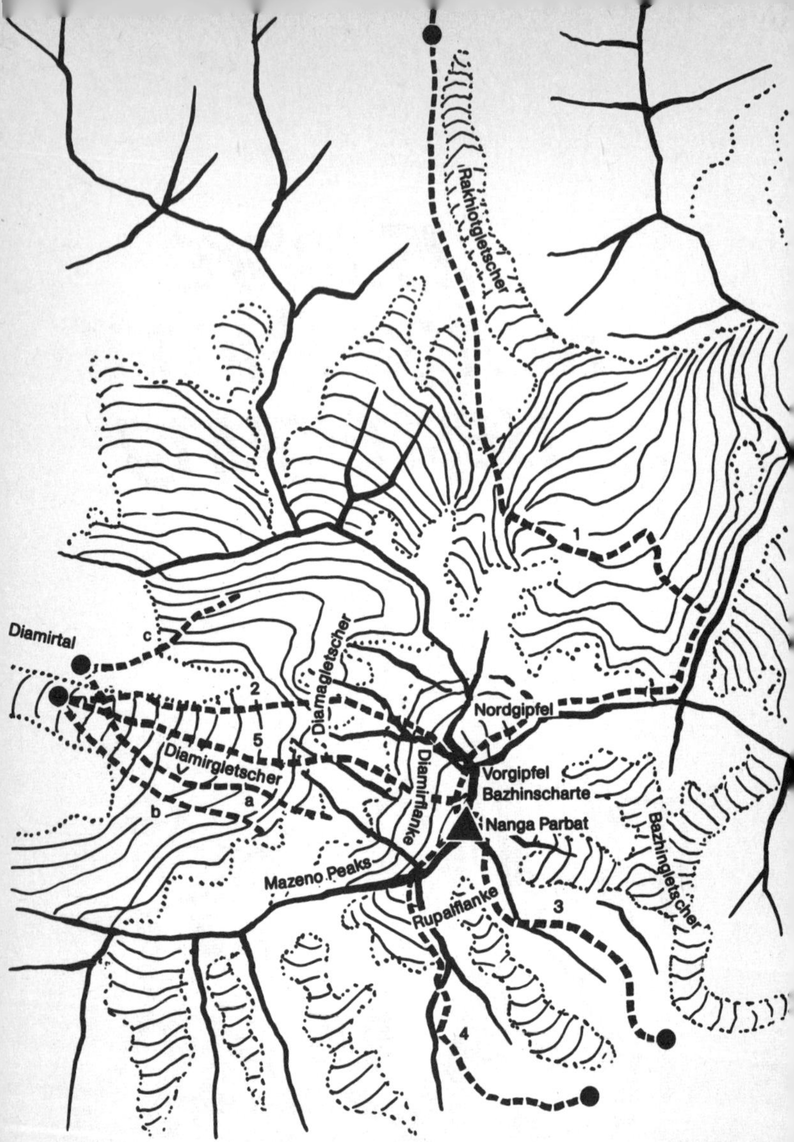

Der Nanga Parbat mit den Aufstiegsrouten: 1 Rakhiotseite, Buhl-Route, 1953; 2 Diamirseite, Kinshofer-Route, 1962; 3 Rupalseite, Direttissima, 1970; 4 Rupalseite, Schell-Route, 1976; 5 Diamirseite, Messner solo, 1978; a, b, c Erkundungen Mummery und Aufschnaiter.

Nanga-Parbat-Chronik

Geographische Lage des Nanga Parbat: 35° 14′ 32″ n. Br. / 74° 35′ 40″ ö. L.

1841 Nach einem Bergsturz aus dem Nanga-Parbat-Massiv staut sich der Indus und bringt eine Katastrophe über das Industal südlich des Nanga Parbat.

1845 Gulab Singh erobert die bisher tibetische Provinz Balti und damit auch das Gebiet des Nanga Parbat.

1850 Gulab Singh macht sich Chilas und Gilgit (1852) untertan.

1854 Auf Empfehlung von Alexander von Humboldt sollen die Brüder Schlagintweit die Gebiete des Himalaja geographisch und geologisch erforschen.

1856 Adolf Schlagintweit stößt bis an den Fuß des Nanga Parbat vor. Damit kommen erste Skizzen und Berichte nach Europa.

1857 Adolf Schlagintweit wird im August in Kaschgar enthauptet. Der Regent Wali Khan hatte in dem Asienforscher einen europäischen Spion vermutet.

1892 W. M. Conway kommt bei seiner Karakorumfahrt am Nanga Parbat vorbei und bezeichnet die Rakhiotseite als die beste Anstiegsmöglichkeit.

1895 Erster Versuch einer Gipfelbesteigung des Nanga Parbat und überhaupt eines Achttausenders durch den britischen Bergsteiger Albert Frederic Mummery. Seine Gefährten sind G. Hastings und J. Norman Collie, zu denen später noch für einige Zeit Major C. G. Bruce kommt. Mit einem Gurkha-Träger (Ragobir) erreicht Mummery nach der Erkundung der Rupalseite in der Diamirseite eine Höhe von etwa 6000 Meter (genaue Angaben fehlen). Nach meinem Dafürhalten ist Mummery rechts der nach ihm benannten Rippen über das Eis emporgestiegen. Beim Versuch, über die Diamascharte ins Rakhiottal überzuwechseln, bleibt Mummery mit seinen beiden Trägern verschollen.

1909 Luigi Amadeo, Herzog der Abruzzen, kommt auf seiner Karakorum-Expedition am Nanga Parbat vorbei.

1910 Der Verleger und Bergschriftsteller Walter Schmidkunz erwirbt die deutschen Rechte an Mummerys Buch und das Nachdrucksrecht seiner Briefe an seine Frau. Schmidkunz studiert anhand aller greifbaren Unterlagen den Nanga Parbat und verrät in den zwanziger Jahren Willo Welzenbach und Paul Bauer die Vermutung, daß der Nanga Parbat von Nordosten her aus dem Rakhiottal möglich sein müsse.

Die Brüder Schlagintweit, von links Robert, Hermann und Adolf, die nach Forschungsarbeiten in den Westalpen das Himalaja-, Karakorum- und Kunlun-Gebirge erforschten. Adolf stieß dabei bis zum Nanga Parbat vor.

1913 Der Engländer E. Candler umwandert den Nanga, dringt aber nicht in die Hochregionen vor.

1914 Der Himalaja-Pionier Dr. Kellas kommt nach Astor und steigt auf den Ganalokamm. Er hält die Nordseite des Nanga für besteigbar.

1930 Willo Welzenbach konkretisiert die Idee von Schmidkunz/Mummery und will zur Westseite des Nanga Parbat. Er beginnt mit der Planung.

1931 Die bevorstehende Nanga-Parbat-Expedition von Welzenbach kommt nicht zustande, weil der hervorragende Bergsteiger von der Stadt München, für die er arbeitet, keinen Urlaub bekommt.

1932 Deutsch-amerikanische Himalaja-Expedition unter Leitung von Willy Merkl. Im Gegensatz zu Welzenbachs Vorstellungen hat Merkl, der von Welzenbach Idee und Planung übernahm, die Nordseite des Berges ins Auge gefaßt. Die Gruppe besteigt den Rakhiot Peak und erreicht am 30. Juli den Ostgrat. Die Expedition scheitert an mangelnder Himalaja-Erfahrung.

1934 Willy Merkl leitet sein zweites Unternehmen: die Deutsche Himalaja-Expedition. Über die 1932 erkundete Route stößt eine große (zu große!) Gipfelmannschaft bis auf das Silberplateau vor (fünf Bergsteiger und elf Sherpas). Aschenbrenner und Schneider erreichen eine Höhe von ca. 7850 Meter. Eine wissenschaftliche Gruppe erarbeitet die Nanga-Parbat-Karte. Bei einem Schneesturm, der über eine Woche andauert, kommen Wieland, Welzenbach, Merkl sowie sechs Sherpas um. Der Bergsteiger Drexel war am Beginn der Expedition an einer Lungenentzündung gestorben. Der dramatische Verlauf dieses Unternehmens wird international diskutiert.

1937 Im Hochlager IV unterm Rakhiot Peak werden die gesamte Klettermannschaft und neun Hochträger durch eine Eislawine getötet. Nur die beiden Wissenschaftler überleben. Paul Bauer organisiert eine Bergungsexpedition und kann in kürzester Zeit die Unfallstelle erreichen, wo nur mehr die Leichen der sechs Bergsteiger sowie des Expeditionsleiters Karlo Wien geborgen werden können.

1938 Der erfahrene Expeditionsleiter Paul Bauer führt eine starke Mannschaft zur Nordseite des Nanga Parbat. Trotz Einsatzes der JU 52 – das Flugzeug soll die Expedition von Srinagar aus mit Ausrüstung und frischen Lebensmitteln versorgen – sind die Erfolge bescheiden. Rebitsch und Ruths erreichen eine Höhe von 7300 Meter.

1939 Eine Erkundungsexpedition, die Peter Aufschnaiter leitet, kommt in der Diamirflanke an zwei Punkten bis knapp auf 6000 Meter.

1950 Eine britische Expedition führt eine erste winterliche Erkundung am Nanga durch. Der Leiter Thornley und der Bergsteiger Crasse werden im Lager II eingeschneit und kommen dort um.

1953 Erste Besteigung des Nanga Parbat durch Hermann Buhl am 3. Juli. Dr. Karl Maria Herrligkoffer, der diese Expedition organisiert hat, und Peter Aschenbrenner, einer der Überlebenden von 1934, haben vorher zum Rückzug geblasen. Dr. Walter Frauenberger, Hans Ertl und Hermann Buhl nehmen die Verantwortung für den Gipfelgang auf sich. Neben Hermann Buhls Leistung – ohne Vergleich –, der 1300 Höhenmeter im Alleingang bewältigt, dreht Hans Ertl bei dieser Expedition einen einzigartigen Film. Die Meinungsverschiedenheiten zwischen der Leitung auf der einen und Ertl, Frauenberger und Buhl auf der anderen Seite sind bis heute nicht vollständig geklärt.

1961 Eine neue Herrligkoffer-Expedition erkundet die Diamirflanke am Nanga Parbat, und Toni Kinshofer findet eine zwar schwierige, aber relativ sichere Aufstiegsroute im linken Wandteil, über die eine Höhe von 7150 Meter erreicht wird.

1962 Die zweite Expedition Herrligkoffers an der Diamirseite bringt auch die zweite Besteigung des Nanga Parbat. Über die 1961 erkundete Route im rechten Teil des Massivs des Nordgipfels (eine Folge von Rinnen, Schluchten und Eisfeldern) gelingt Toni Kinshofer, Anderl Mannhardt und Siegi Löw der Gipfelvorstoß. Die neue Route ist zwar kein direkter Anstieg, aber teilweise extrem schwierig. Sie ist die erste Zweitroute an einem Achttausender. Beim Abstieg stürzt Siegi Löw, der sich mit Pervitin aufgeputscht hat, tödlich ab.

1963 Eine Erkundungsexpedition unter der Leitung Herrligkoffers macht mehrere Aufstiegsmöglichkeiten an der Südflanke (Rupalwand) des Nanga Parbat aus: eine »Direttissima« im zentralen Wandteil, die Kinshofer für unbegehbar hält; einen Aufstieg im linken Teil der Flanke, weiter über den Südostgrat.

1964 Ein Versuch an der Rupal-Direttissima (Herrligkoffer) scheitert im unteren Wandbereich. Anschließend versucht eine bayerische Gruppe unter der Leitung des Industriellen Rosenthal den Mazeno Peak westlich des Nanga Parbat.

1968 Eine überaus schlagkräftige Mannschaft – wieder ist Herrligkoffer der Leiter – setzt zum Großangriff auf die Rupalwand an. Peter Scholz und Wilhelm Schloz dringen ein Stück über das Merkl-Eisfeld vor.

1969 Eine tschechoslowakische Expedition unter der Leitung von Ivan Gálfy versucht eine Nanga-Parbat-Besteigung über die Buhl-Route.

1970 Erste und zweite Begehung der Rupalwand durch Günther und Reinhold Messner (27. Juni) sowie Felix Kuen und Peter Scholz (28. Juni). Die Brüder Messner sehen sich gezwungen, über die Westseite (Mummery-Rippen) abzusteigen; so gelingt ungeplant und unvorbereitet die erste bisher einzige Überschreitung des Nanga Parbat. Günther Messner wird am Wandfuß von einer Lawine erschlagen. Wie schon 1953 gibt es nach der Expedition Meinungsverschiedenheiten zwischen der Expeditionsleitung und einem Teil der Mannschaft.

1971 Einer starken tschechoslowakischen Expedition, erneut unter der Leitung von I. Gálfy, gelingt die fünfte Besteigung des Nanga Parbat, die zweite Begehung der Nordseite. Eine japanische Gruppe operiert an der Ostseite des Berges und besteigt den Chongra Peak.

1975 Eine erneute Herrligkoffer-Expedition teilt sich am Fuße der Rupalwand in drei Gruppen. Eine versucht den Aufstieg über den Rakhiot Peak, eine über den Südostpfeiler und eine den von Toni

Kinshofer ausgekundschafteten Weg zum Südwestgrat. Die Erfolge bleiben bei allen diesen Vorstößen bescheiden.

1976 Ohne viel Aufhebens und mit bescheidensten Mitteln organisiert und leitet der Grazer Hanns Schell eine kleine Expedition (vier Bergsteiger und ein Arzt) zu der von Toni Kinshofer ausgekundschafteten Aufstiegsmöglichkeit im linken Teil der Rupalflanke. Alle vier Bergsteiger erreichen den Gipfel. Die neue Route (Schell-Route) ist – Gefahren, Länge und Schwierigkeit mit einkalkuliert – bis heute der einfachste Weg zum Nanga-Parbat-Gipfel. Trotzdem scheitert wenige Wochen später eine österreichisch-deutsch-polnische Gemeinschaftsexpedition am selben Weg. Zur gleichen Zeit muß auch eine japanische Expedition an der Diamirseite aufgeben.

1977 Eine amerikanische Expedition des »Explorer Club« will die Kinshofer-Route an der Diamirseite wiederholen. Eine Steinlawine trifft ein besetztes, kopflos aufgestelltes Lager in der ersten Eisrinne und tötet zwei Bergsteiger. An der Rupalseite scheitert in diesem Sommer eine österreichisch-polnische Expedition.

1978 Die pakistanische Regierung gibt drei Genehmigungen für den Nanga Parbat und einer tschechoslowakischen Gruppe die Erlaubnis für die erste Besteigung des Nordgipfels. Dieser gelingt über eine der Rippen in der Westflanke der erste Aufstieg. Die schwäbische Expedition an der Schell-Route scheitert im unteren Bereich. Reinhold Messner führt über die Diamirwand die erste absolute Alleinbesteigung des Nanga Parbat und damit gleichzeitig eines Achttausenders durch (neue Route auch im Abstieg). Eine oberösterreichische Kleinexpedition wiederholt in dem von Hanns Schell am Hidden Peak und zwei Jahre vorher am Nanga Parbat praktizierten Stil die schwierige Kinshofer-Route (2. Begehung). Fünf der sechs Teilnehmer erreichen den Gipfel, wobei von der Bazhinmulde aus ein teilweise neuer, leichterer Aufstieg als 1962 genommen wird.

R. M.

Nr.	Jahr	Leiter	Nation/Expedition/ Organisation	Route
1.	1895	A. F. Mummery	Großbritannien Erstbesteigung des Diamirai Peak (5568 m)	Erkundung d. Südseite (Rupalflanke), Übergang Mazenopaß (5360 m), Angriff Diamirflanke bis 6100 m (?), verschollen beim Übergangsversuch Diamirscharte (ca. 6200 m)
2.	1932	W. Merkl	Deutschland/USA Erstbesteigungen: Südl. Chongra Peak (6448 m) Rakhiot Peak (7070 m)	Rakhiotflanke
3.	1934	W. Merkl †	Deutschland (u. 3 Tiroler) Wissenschaftl. Gruppe, Leiter Prof. R. Finsterwalder	Rakhiotflanke Silbersattel
4.	1937	K. Wien †	Deutschland Exp. d. »Deutschen Himalajastiftung« (DHS), zuzügl. 2 Wissenschaftler	Rakhiotflanke
5.	1937	P. Bauer	Deutschland Bergungs-Exp. d. DHS nach der Katastrophe von Exp. Nr. 4	Rakhiotflanke
6.	1938	P. Bauer	Deutschland Exp. d. DHS	Rakhiotflanke

Nr.	Jahr	Leiter	Nation/Expedition/ Organisation/	Route
7.	1939	P. Aufschnaiter	Österreich/ Deutschland Erkundungsgruppe d. DHS	Diamirflanke
8.	1950	J. W. Thornley †	Großbritannien Winter-Erkundung	Rakhiotflanke
9.	1953	K. M. Herrligkoffer W. Frauenberger	Deutschland/ Österreich »Willy-Merkl-Gedächtnis-Expedition« 1. Besteigung	Rakhiotflanke
10.	1961	K. M. Herrligkoffer	Deutschland Exp. d. »Deutschen Instituts f. Auslandsforschung« (DIAF)	Diamirflanke
11.	1962	K. M. Herrligkoffer	Deutschland Exp. d. DIAF 2. Besteigung	Diamirflanke via Bazhinscharte Kinshofer-Route
12.	1963	K. M.Herrligkoffer	Deutschland Erkundungsexp. d. DIAF	Rupalflanke
13.	1964	K. M. Herrligkoffer	Deutschland Exp. d. DIAF	Rupalflanke
14.	1964	Ph. Rosenthal	Deutschland »Bayerische Karakorum-Expedition«	Rupalseite, Versuch Mazeno Peak (ca. 7100 m) Mazenopaß (5360 m)
15.	1968	K. M. Herrligkoffer	Deutschland »Toni-Kinshofer-Gedächtnis-Exp.« d. DIAF	Rupalflanke

Nr.	Jahr	Leiter	Nation/Expedition/ Organisation	Route
16.	1969	I. Gálfy	Tschechoslowakei	Rakhiotflanke
17.	1970	K. M. Herrligkoffer	Deutschland/ Österreich »Siegi-Löw-Gedächtnis-Exp.« d. DIAF 3. und 4. Besteigung u. 1. Überschreitung	Rupalflanke »Direttissima« via Südostsporn
18.	1971	I. Gálfy	Tschechoslowakei 1. Besteigung d. Vorgipfels (7910 m), 1. Besteigung d. Kleinen Silberzacken (7530 m) 5. Besteigung	Rakhiotflanke, Buhl-Route
19.	1971	M. Kaitsu	Japan 1. Besteigung d. Chongra Peak (6830 m)	Ostseite
20.	1971	R. Messner	Italien Suchaktion nach seinem 1970 am Fuße der Diamirflanke wahrscheinlich in einer Lawine verschwundenen Bruder Günther	Diamirseite
21.	1975	K. M. Herrligkoffer	Deutschland/Österreich/Schweiz »Felix-Kuen-Gedächtnis-Exp.« d. DIAF	Rupalflanke u. Ostseite
22.	1976	H. Schell	Österreich Grazer Exp., 6. Best.	Rupalflanke Südwestgrat
23.	1976	H. Kato	Japan	Diamirflanke

Nr.	Jahr	Leiter	Nation/Expedition/ Organisation	Route
24.	1976	M. Gradnitzer W. Rutkiewicz	Österreich/Deutschland/Polen Gemeinschaftsexp. unter Org. d. DIAF	Rupalflanke
25.	1977	G. Bogel †, D. Bunce J. Hellman	USA	Diamirflanke
26.	1977	A. Zyzak	Polen/Österreich	Rupalflanke
27.	1978	M. Šajncha	Tschechoslowakei 1. Besteig. d. Nordgipfels (7816 m)	Diamirflanke
28.	1978	R. Messner	Italien 1. absoluter Alleingang 7. Besteigung	Diamirflanke neue Route
29.	1978	R. Wurzer	Österreich Oberösterreichische Naturfreunde-Exp. 8. u. 9. Besteigung	Diamirflanke neue Route über 7200 m
30.	1978	A. Kraus	Deutschland Expedition aus Schwäbisch Hall	Rupalflanke Schell-Route

Erfolgreiche Gipfelbesteigungen

Nr.	Datum	Besteiger	Route	Expedition/Leiter Expeditions-Nr.
1.	3. 7. 1953	Hermann Buhl	Rakhiotseite via Bazhinscharte Alleingang ab Lager V (ca. 6850 m) 1. Besteigung	Deutsch-Österr. Exp. (K. M. Herrligkoffer), stellvertr. Exp.-Leiter u. Organisator d. Gipfelangriffs Dr. H. Frauenberger I

Nr.	Da- tum	Besteiger	Route	Expedition/Leiter Expeditions-Nr.
2.	22. 6. 1962	Toni Kinshofer Siegi Löw † Anderl Mannhardt	Diamirflanke via Bazhinscharte 1. Begehung	Deutsche Exp. (K. M. Herrlig- koffer) II
3.	27. 6. 1970	Reinhold Messner Günther Messner †	Rupalflanke (Steilwand) I. Begehung u. 1. Nanga-Parbat- Überschreitung Abstieg Diamirseite	Deutsch-Öster- reichische Exp. (K. M. Herrlig- koffer) III
4.	28. 6. 1970	Felix Kuen Peter Scholz	Rupalflanke 2. Begehung	
5.	11. 7. 1971	Ivan Fiala Michal Orolin	Rakhiotseite Buhl-Route 2. Begehung	Slowakische Exp. (I. Gálfy) IV
6.	11. 8. 1976	Hanns Schell Robert Schauer Hilmar Sturm Siegfried Gimpel	Rupalflanke Südwestgrat 1. Begehung	Österreichische Exp. (H. Schell) V
7.	9. 8. 1978	Reinhold Messner	Diamirflanke 1. Begehung neue Route 1. absoluter Alleingang	Solo-Exp. VI
8.	23. 8. 1978	Reinhard Streif Rudolf Wurzer Wilhelm Bauer	Diamirflanke teilweise neue Route oberhalb 7200 m (vgl. Nr. 2)	Österreichische Naturfreunde-Exp. (R. Wurzer) VII
9.	28. 8. 1978	Alfred Imitzer Alois Indrich	Diamirflanke 2. Begehung, oben erwähnte Route	Österreichische Naturfreunde-Exp.

Zusammenfassung (bis Ende 1978):

- Bisher neun erfolgreiche Besteigungen durch sieben Expeditionen (davon ein absoluter Alleingang).
- 19 Bergsteiger bezwangen den Nanga Parbat über hauptsächlich fünf verschiedene Routen (Reinhold Messner zweimal auf zwei verschiedenen Routen, inkl. einer Überschreitung; jeweils Erstbegehung auch im Abstieg).
- 30 Unternehmen, davon 23 Besteigungsversuche, drei Erkundungen, zwei Expeditionen zu naheliegenden Gipfeln, eine Bergungsexpedition, eine Suchaktion.
- Eine vollständige Überschreitung (R. und G. Messner) – die zweite an einem Achttausender (die erste erfolgte 1963 am Everest).
- 36 Todesopfer: davon 17 Europäer, 2 Amerikaner, 15 Sherpas, 2 Gurkhas.
- Über den Nanga Parbat gibt es inzwischen mehr Dokumentationsmaterial als über die meisten anderen Achttausender: an die zwei Dutzend Bücher, Hunderte von Berichten und einige Dutzend Kammverlaufskizzen. Die bestfundierte Arbeit bleibt nach wie vor Paul Bauers »Ringen um den Nanga Parbat«.
- Die Nanga-Parbat-Karte (R. Finsterwalder und W. Raechl), herausgegeben im Auftrag der Deutschen Forschungsgemeinschaft und des Deutschen und Österreichischen Alpenvereins, ist die beste Karte über einen Achttausender.
- Trotz der vorzüglichen Unterlagen bleibt die Geschichte des Nanga Parbat in einigen Punkten im unklaren.
- Der Nanga Parbat ist gut erschlossen, und es gibt auf keinen Achttausender so viele verschiedene Anstiegswege wie auf den Nanga Parbat: eine Route von Norden, zwei von Süden bzw. Südwesten, vier und eine Variante in der Westseite, dazu einen selbständigen Weg auf den Nordgipfel.
- Trotzdem bleiben noch einige faszinierende Möglichkeiten für die Zukunft: der Südostpfeiler rechts der Direttissima, »Messner-Route« von 1970; ein Aufstieg über den Rakhiot Peak von Süden her; die Nordwestseite vom Diamagletscher aus (über diese Route wäre der Nanga Parbat fast bis zum Gipfel mit Skiern begehbar); wenig reizvoll, aber möglich wäre auch ein Aufstieg von Norden in die Diamascharte und weiter über den Nordgrat zum Gipfel; ein Durchstieg durch die 3000 Meter hohe Nordostwand ist zwar gefährlich, aber für eine schnelle Seilschaft möglich.

Am Nanga Parbat hat die Eroberung der Achttausender begonnen. Mit 8125 Meter Höhe steht er in der Liste der 14 Achttausender an achter Stelle. Die Geschichte dieses Berges ist dramatisch. Der Nanga Parbat, d. h. Nackter Berg, mit anderem, schönerem Namen Diamir, d. h. König der Berge, bildet als gewaltiger Bergstock den westlichen Eckpfeiler des Himalaja. An ihm nimmt der bis dahin von Ost nach West fließende Indus – einer der großen, heiligen Ströme Asiens – seinen Lauf nach Süden. Rund 7000 Meter beträgt der Höhenunterschied zwischen Flußbett und Gipfel.
Die ersten Nachrichten und das erste Bild des Berges, eine Panoramazeichnung von Norden, kommt von dem Münchner Adolf Schlagintweit. Er hat die Ansicht des Berges um den 20. 9. 1856 gezeichnet.
Der erste Bergsteiger, der einen Angriff versuchte und dabei an der seitdem nach ihm benannten, mächtigen Felsrippe in der Diamirflanke 6100 (?) Meter erreichte (19./20. August 1895), war Albert Frederic Mummery. Er ist nicht nur einer der kühnsten, erfolgreichsten britischen Bergsteiger gewesen; seine Prinzipien des Bergsteigens haben bis heute Geltung und setzen im modernen Alpinismus Maßstäbe. Während bald nach dem Angriffsversuch seine Freunde Collie, Bruce, Hastings »außen herum« um den Nanga Parbat wanderten, versuchte Mummery, von zwei Gurkhas begleitet, den direkten Übergang auf die Nordseite. Dabei ist er verschollen.
Den Gedanken an den Nanga Parbat nahm 35 Jahre nach Mummerys Bergsteigertod zu Anfang der dreißiger Jahre der Münchner Stadtbaurat Dr. Willo Welzenbach, »der erfolgreichste Bergsteiger zwischen den beiden Weltkriegen« (Franz Graßler), wieder auf. Als widrige Umstände die Verwirklichung seiner Pläne verhinderten, gab er seine Gedanken und Unterlagen an seinen Freund und Gefährten Willy Merkl weiter. Willy Merkl brachte Mittel und Mannschaft der ersten deutschen Nanga-Parbat-Expedition zusammen, die dann als deutsch-amerikanische Expedition firmierte. Obwohl von viel Pech verfolgt, erreichten Merkl, Bechtold und Wießner am Nanga Parbat den Rakhiotgrat mit dem Mohrenkopf unterhalb des Silbersattels (bis etwa 6900 m). Aschenbrenner und Kunigk erstiegen als erste den Rakhiot Peak (7070 m). Anhaltend schlechtes Wetter erzwang den Abbruch des Unternehmens. Der amerikanische Bergsteiger Rand Heron stürzte auf der Heimreise bei Ersteigung der Cheopspyramide so unglücklich, daß er an den Verletzungen starb.
Willy Merkl brachte vom Berg die feste Überzeugung mit, »den einzig möglichen Anstieg zum Gipfel« (Graßler) gefunden und eröffnet zu

Die Teilnehmer der Deutschen Nanga-Parbat-Expedition 1934, von links nach rechts: vordere Reihe Schneider, Welzenbach, Aschenbrenner, Merkl, Kapp, Müllritter, Kuhn; hintere Reihe: Bernard, Wieland, Capt. Sangster, Hieronimus, Bechtold.

haben – und den festen Willen, wiederzukommen. Dabei ist der Anstiegsweg von der Großen Moräne durch die Gletscherbrüche und die weiten Firnfelder darüber, dann über die Rakhiot-Eiswand, über Silbersattel, Silberplateau, Vorgipfel, Bazhinscharte, Schulter zum Gipfel der längste aller Anstiegsrouten auf einen der Achttausender. Höhenunterschied: 4625 Meter, Horizontaldistanz: 18 Kilometer.
In unermüdlichem Einsatz, beredter, ja mitreißender Werbung, besonders im Kreis seiner Arbeitskameraden und in den Sportvereinen der Deutschen Reichsbahn, gelang es Willy Merkl, die Mittel für die zweite Expedition aufzubringen. Der »Kampf« um den Nanga Parbat wird in Deutschland und Österreich populär, nationaler Ehrgeiz – welche Nation erkämpft als erste einen Achttausender – wirkt dabei stark mit. Auch das große Ansehen im In- und Ausland, das sich die Bergsteiger der beiden Expeditionen Paul Bauers am Kangchendzönga, dem »Kantsch«, 1928 und 1931 erworben haben und gewiß auch die großartigen Bilder der Merkl-Expedition, die um die Welt gehen, tragen »den Kampf um die Weltberge« in die Breite.
Willy Merkls Mannschaft für 1934 war ein Kreis erstklassiger Bergsteiger, darunter nicht wenige mit Expeditionserfahrung. Die Teilnehmer: Peter Aschenbrenner, Fritz Bechtold, Willy Bernhard, Alfred Drexel,

Paul Bauer hat die ersten deutschen Achttausender-Expeditionen zum Kantsch geleitet. In der Zwischenkriegszeit war er der Expeditionsleiter im deutschen Sprachraum. Von ihm stammt auch die fundierteste Nanga-Parbat-Chronik.

Rechts: Der Nanga Parbat von Nordosten mit den unteren Lagerplätzen der 34er-Expedition. Auch 1953 folgte man in etwa diesem Weg.

Willy Merkl, Peter Müllritter, Erwin Schneider, Willo Welzenbach, Uli Wieland und Hanns Hieronimus als Lagerverwalter. Dazu eine wissenschaftliche Gruppe: Prof. Richard Finsterwalder, Walter Raechl, Peter Misch. (Sie wurden von der Notgemeinschaft der deutschen Wissenschaft und dem DOeAV finanziert.) Zum ersten Mal verpflichtete man als Hochträger 35 Sherpas.

Drei Wochen nach dem Abmarsch von Srinager war auf der großen Moräne das Hauptlager eingerichtet, und zügig erfolgte der Aufbau der Lagerkette bis Lager IV. Da erkrankte in Lager II Alfred Drexel und starb am 8. Juni an Lungenentzündung. Zur Beisetzung kehrten alle ins Hauptlager zurück. Kostbare Tage verstrichen; erst am 25. Juni wurde Lager IV (6185 m), »das obere Standlager«, wieder besetzt. Diesmal schob die Expedition ihre Lagerkette bis über den Silbersattel vor: Lager V (6690 m) vor der Rakhiot-Eiswand, die Lager VI und VII (7050 m) auf dem Rakhiotgrat bzw. unter dem Silbersattel, Lager VIII am 6. Juli bei 7480 Meter auf dem Silberplateau »hinter« dem Sattel. An diesem Tag waren Peter Aschenbrenner und Erwin Schneider sogar über das riesige Firnfeld bis knapp unter den Vorgipfel (7850 m) gekommen.

Aber in der Nacht vom 6. zum 7. Juli brach »ein gewaltiger Monsun-Schneesturm« (Dyhrenfurth) los. »Ein böser Tag, eine noch bösere zweite Nacht, und am 8. Juli früh wurde der Rückzug beschlossen.« Auf

Merkls Wunsch übernahmen es Schneider und Aschenbrenner, die Route in dem tiefen Schnee aufzubrechen; die anderen sollten dicht aufgeschlossen folgen. Die beiden Tiroler schafften es mit drei Trägern, sich in die unteren Lager durchzuschlagen. Um 19 Uhr waren sie im Lager IV, im Glauben, die anderen, drei Sahibs und elf Sherpas, dicht hinter sich zu haben. »Im rasenden Schneesturm gab es keine Sicht und war Warten unmöglich« (Dyhrenfurth). Die anderen aber hatten nicht zu folgen vermocht. Als erster starb Uli Wieland, in der Nacht zum 13. Juli Willo Welzenbach und offenbar bei einem allerletzten Durchbruchversuch Willy Merkl mit seinem Träger beim Mohrenkopf. Als einziger der Sherpas, die bei ihren Sahibs bis zuletzt ausgeharrt hatten, erreichte der Träger Angtsering »als Bote schon beinahe aus dem Jenseits« (Graßler) das Lager IV und meldete, was geschehen war. Die Tragödie einer Expedition. Seitdem wird der Nanga als »Schicksalsberg« bezeichnet, galt seine Ersteigung als »Vermächtnis der Toten«.

Von nun an wurde die Deutsche Himalaja-Stiftung, geleitet von Paul Bauer, Träger der weiteren Expeditionen. Die Mannschaft 1937 bildeten: Dr. Karlo Wien als Leiter, Peter Fankhausen, Adolf Göttner, Dr. Hans Hartmann, Dr. Günther Hepp, Peter Müllritter und Arnold Pfeffer. Dazu die Wissenschaftler Prof. Carl Troll und Uli Luft.

Anfangs verlief alles glatt nach Plan bis zur Errichtung des Lagers IV in

6180 Meter Höhe am 7. Juni. Sturmtage brachten eine Verzögerung. Beim erneuten Vordringen sind am Abend des 14. Juni alle sieben Bergsteiger und neun Sherpas in Lager IV versammelt. In dieser Nacht vom 14. auf den 15. Juni 1937 begräbt eine riesige Lawine aus der Nordflanke des Nanga Parbat die 16 friedlich in den Zelten schlafenden Menschen. »Die größte Katastrophe, die sich in der wechselvollen Geschichte des Himalaja-Bergsteigens jemals ereignet hat« (Graßler). Am 18. Juni entdeckt der beunruhigte, mit einigen Trägern aufgestiegene Uli Luft, was geschehen war.

Dank großzügiger Hilfe der Engländer war es drei der erfahrensten deutschen Himalaja-Leute, Paul Bauer, Fritz Bechtold und Karl von Kraus, möglich, in unvorstellbar kurzer Zeit den Berg und die Stätte des Unglücks zu erreichen. Vier Wochen nach der Katastrophe konnten sie, bis auf ein Zelt, die Todesstätte freilegen und den Kameraden die letzte Ehre erweisen; wertvollstes dokumentarisches Material wurde geborgen. Schon das Jahr darauf, 1938, führt Paul Bauer die nächste Expedition zum Berg. Mit ihm kamen Fritz Bechtold und Uli Luft, Rolf von Chlingensberg, Hias Rebitsch, Hans Herbert Ruths, Ludwig Schmaderer, Stefan Zuck, der Arzt Dr. Bruno Balke. Ernst Udet hatte der Expedition ein Flugzeug zur Verfügung gestellt, eine JU 52. Die Crew bildeten Alexander Thoenes (Bergsteiger bei der Kantsch-Expedition 1929), Rudolf Mense als Funker, Otto Spengler als Bordmonteur. Der Funker Alfred Ebermann hielt bei der Bergsteigermannschaft die Verbindung zur JU. Zum ersten Mal wurde an den Weltbergen Versorgung aus der Luft versucht und praktiziert.

Auch dieser Expedition blieb der Gipfelerfolg versagt: immer wieder große Schneefälle, viel Schlechtwetter. Am 22. Juli aber entdeckten Bauer, Bechtold, Luft und Zuck am Mohrenkopf die vom Frost konservierten Leichen Willy Merkls und seines Trägers Gay-Lay. In den Taschen Merkls fanden sie die letzte Botschaft Willo Welzenbachs. Mit Recht nennt Franz Graßler diesen Brief mit der Bitte um Hilfe »eines der erschütterndsten Dokumente in der Geschichte des Alpinismus«.

Nach dieser Kette vergeblicher Versuche und furchtbarer Tragödien auf der Rakhiotseite wandte man sich 1939 zum ersten Mal seit Mummery wieder der Diamirseite des Nanga Parbat zu. Eine kleine Erkundungsexpedition, geführt von Peter Aufschnaiter, mit Heinrich Harrer, Hans Lobenhoffer und Lutz Chicken als Teilnehmer, suchte nach Aufstiegsmöglichkeiten über den mächtigen Felspfeiler links der Mummery-Rippe. Es wurde aber nur eine Höhe von 6100 Meter erreicht. Bei Kriegsausbruch wurden die Bergsteiger in Indien interniert. Harrer und Aufschnaiter erreichten in abenteuerlicher Flucht Lhasa; Chicken und Lobenhoffer konnten erst Jahre nach dem Krieg heimkehren.

Links: Hermann Buhl nach der Erstbesteigung des Nanga Parbat.
Rechts: Dr. Karl M. Herrligkoffer, der Organisator der Expedition 1953.

1953: Der Gipfelgang Hermann Buhls

Acht Jahre nach Kriegsende wurde 1953 der Kampf um den Nanga Parbat wieder aufgenommen. Initiator und Expeditionsleiter war der Münchner Arzt Dr. Karl Herrligkoffer. Seine Legitimation war das Vermächtnis seines Stiefbruders Willy Merkl. Herrligkoffer war im alpinen Kreis ein völlig neuer Mann, selbst kein Bergsteiger, und er brachte auch keine Expeditionserfahrung mit; unausweichlich ist er daher stark umstritten. Er beweist Organisationstalent und Zähigkeit bei der Geldbeschaffung. Teilnehmer der Expedition waren neben Dr. Herrligkoffer als Leiter und Arzt: Dr. Walter Frauenberger, St. Johann im Pongau/Salzburg, als stellvertretender Expeditionsleiter; Peter Aschenbrenner, Kufstein/Tirol, Überlebender der Spitzengruppe von 1934 als Führer der Bergsteigermannschaft; Fritz Aumann, München, als Lagerverwalter und Funktechniker; Albert Bitterling, Bergführer, Meteorologe; Hermann Buhl, Kuno Rainer, beide Innsbruck; Otto Kempter und Hermann Köllensperger aus München als Bergsteiger; und dazu Hans Ertl, München und La Paz, als Filmgestalter (mit großer Expeditions- und Himalaja-Erfahrung) aus Bolivien herüber verpflichtet.
Das Hauptlager bei der großen Rakhiotmoräne (3967 m) war am 24. Mai eingerichtet. Der Aufbau der Hochlager bis Lager IV auf 6185 Meter wurde (wie so oft schon) ein langwieriger, zäher, durch viele Neuschneefälle und Schwierigkeiten mit den Hunzaträgern belasteter Pro-

zeß. In ihm hat sich u. a. Kuno Rainer, Hermann Buhls erprobtester Seilgefährte, bis zur Erschöpfung und Erkrankung aufgearbeitet. Später fiel er für den Gipfelangriff aus.
Am 21. Juni hatten Buhl und Kempter zum ersten Mal den Rakhiotgrat und den Mohrenkopf erreicht. Aber Wetter- und Nachschubschwierigkeiten verzögerten Präparierung und Sicherung der Rakhiot-Eiswand. Schlechtwetter zwang zum Abstieg bis Lager III und II. Unter diesem Eindruck beorderte am 30. Juni die Expeditionsleitung Herrligkoffer/Aschenbrenner die Spitzengruppe Walter Frauenberger, Hans Ertl, Hermann Buhl zurück bis ins Basislager. Genau an diesem Tag aber klarte das Wetter nicht nur auf, es wurde schön mit allen Anzeichen auf Dauer. Die Gruppe in Lager III verweigerte den geforderten Abstieg und bestand darauf, die Chance zu nutzen und den Gipfel zu versuchen.
Sie stiegen nach Lager IV auf, das zuerst freizuschaufeln war, dann versicherten Hans Ertl und Hermann Buhl den ganzen Nachmittag hindurch die Rakhiot-Eiswand und die Querung zum Mohrenkopf mit Fixseilen und Stufenleitern für die Träger. Erneute Rückzugsorder ließen sie unbeachtet. »Es war ein anstrengender, aber gelungener Tag«, notiert Hermann Buhl. In der Frühe des nächsten Tages (2. Juli) kam nochmals ein Anruf vom Hauptlager. Buhl: »Läßt man uns jetzt vielleicht gehen?« Doch noch immer beharrte man auf dem Rückzugsbefehl. Nach einer halben Stunde hin und her gelang es Walter (Frauenberger) endlich, denen da unten das erlösende Wort abzuringen: »In Gottes Namen, dann geht schon, unseren Segen habt ihr!«
Otto Kempter war inzwischen von Lager III nachgerückt. An diesem 2. Juli gelang den vier Sahibs mit vier Trägern der Aufstieg bis zum Mohrenkopf. In der Einschartung dahinter stellten sie Lager V auf; ein Sturmzelt mit dem Allernötigsten für zwei Mann. Frauenberger und Ertl stiegen mit den Trägern wieder ab. Es war soweit.
Zur Beurteilung der Leistung Hermann Buhls muß einbezogen werden, wieviel Einsatz er an den beiden Vortagen des Gipfelangriffs gegeben hatte.
Lager V stand auf ca. 6900 Meter. Die Höhendifferenz zum Gipfel: 1225 Meter, die horizontale Entfernung 6 Kilometer. Das Wetter war herrlich, der Himmel wolkenlos. In der Nacht vom 2. zum 3. Juli kam einmal sehr starker Wind auf, der Buhl aus dem Zelt zwang, um es noch zusätzlich zu sichern. Er schlief in dieser Nacht wenig, so gut wie gar nicht. Zu seiner inneren Bereitschaft, das Äußerste zu geben, war als besonderes Stimulans die Nachricht vom Erfolg Hillarys und Tensing Norgays am Everest gekommen. Was Hermann Buhl jetzt, am 3. Juli, verwirklichen will, ist, wie Reinhold Messner viele Jahre später einmal schreiben wird, »ein ungeheuerliches Unterfangen gegen jede ›bergsteigerische Ver-

nunft« und Wahrscheinlichkeit des Gelingens. Es spottet jeglicher Himalaja-Erfahrung. Und dennoch ... Es war der Gang eines von einer Idee Besessenen in das fast sicher erscheinende Verderben.«
Buhl steht um 1 Uhr auf und geht um 2 Uhr früh los. Otto Kempter folgt ihm eine gute Stunde später. Stark unter Höheneinfluß muß Kempter am Silberplateau aufgeben. Hermann Buhl geht allein. Hier in scharfer Raffung die Abschnitte des Weges, Höhenunterschiede, Distanz und Zeiten.
In gut fünf Stunden (ca. 7.15 Uhr) mit kurzer Frühstücksrast erreicht Hermann Buhl den Silbersattel (7400 m) – 500 Höhenmeter, 1600 Meter Distanz. Der Weg über das Silberplateau, zuerst leicht abwärts, dann stetig ansteigend, schließlich steil gegen den Vorgipfel, mißt gut 2200 Meter in der Entfernung und bringt an 500 Höhenmeter. Der Wind hat den Firn auf der Hochfläche zu halbmeterhohen Windgangeln ausgefräst, was das Gehen ungeheuer anstrengend macht. Bei nahezu Windstille ist die Hochfläche noch dazu ein Hitzespiegel. Ab 7500 Meter setzt Buhl die Höhe außerordentlich zu, erzwingt immer wieder Rasten; er muß hier äußerste Energie aufwenden, um nicht liegenzubleiben. Wo der Anstieg gegen den Vorgipfel steil wird, läßt Buhl seinen Rucksack zurück, steckt die Wimpel für den Gipfel, Handschuhe und die Flasche mit Cocatee ein, bindet den Anorak um. Es bringt Erleichterung. Keine 100 Meter tiefer als der Vorgipfel erreicht er in erneutem Energieeinsatz eine Scharte. »Es kann nur die obere Diamirscharte gewesen sein. 7840 Meter hoch« (Bauer). Von hier muß er absteigend in die Bazhinscharte queren, steile Felsen, geröllige Bänder, Schnee, Eis; eine Folge von Kletterstellen, am Ende eine steile Rinne. Gegen 14 Uhr ist die Bazhinscharte erreicht, 7812 Meter. Zwölf Stunden ist Buhl jetzt unterwegs. Die Kletterei empfindet er als anregend.
Vor ihm liegt der Gipfelaufbau. Er kommt ihm »wie ein Berg für sich« vor. Noch 313 Höhenmeter, die Horizontalentfernung genau 1000 Meter. Es ist das schwerste Stück: ein steiler, türmebesetzter Felsgrat, senkrechte Gesteinsaufschwünge, scharfe Wächten. Und alles äußerst ausgesetzt bis hinauf zur Schulter. Hermann Buhl fühlt, daß er bis hierher sehr viel Kraft hat ausgeben müssen. Nach Zögern und Abwägen nimmt er zwei Pervitin-Tabletten. Ein Firngrat bringt ihn zu den Felsen. Er arbeitet sich Stück um Stück voran, »von einem Aufschwung zum anderen, wobei mir jeder einzelne Absatz vorläufiges Ziel bedeutet, und wenn ich dann wieder weit über mir den Gipfel auftauchen sehe, kann ich es nicht mehr recht begreifen, daß ich da hinauf soll«, verzeichnet er. Er stuft die Schwierigkeiten dieses Felsgrates mit IV und V ein. Den Abschluß bildet ein großer Gendarm, ein freistehender Felsturm. Er umgeht ihn auf der Diamirseite mit einer Hangeltraverse und einem

etwas überhängenden Riß. Dann ist er wieder am Grat und erreicht endlich auf einer steilen Firnflanke die Schulter (8060 m). Es ist 18 Uhr. Einzelne Erhebungen, teils Fels, teils Eis, markieren den restlichen, oberen Anstieg. Hier trinkt er den letzten Schluck seines Cocatees. Zu essen hat er schon lange nichts mehr. Jetzt kämpft er buchstäblich um jeden einzelnen Schritt, und hier entgleitet ihm, wie er schreibt, das Bewußtsein, daß es um den Nanga Parbat geht: »Es könnte jeder andere, irgendein Gipfel in unseren heimatlichen Bergen sein.« Die letzten Meter kriecht er buchstäblich auf allen vieren. Bis er endlich den höchsten Punkt – 8125 Meter – erreicht hat. Es ist 19 Uhr. Siebzehn Stunden, seit er den ersten Schritt vom Zelt weg getan hat. »Ich bin mir der Bedeutung des Augenblicks nicht bewußt«, heißt es in seinem Bericht, »fühle auch nichts von Siegesfreude, komme mir gar nicht als Sieger vor, ich bin nur froh, daß ich heroben bin und all diese Strapazen vorläufig ein Ende haben; hinunter wird's schon besser gehen.«
Wie lange er im Abendlicht unter makellos reinem Himmel am Gipfel geblieben ist, wissen wir nach Uhrzeit nicht. Er macht seine Dokumentaraufnahme, legt sogar einen neuen Film ein. Sein Instinkt aber bewahrt ihn davor, diese einzigartige Frist am Gipfel auszudehnen. Zurück bleibt sein Pickel mit dem pakistanischen Wimpel und dem seines Innsbrucker Klubs »Die Karwendler«.
Das Absteigen fällt ihm leicht, er ist fast wie beschwingt. Irgendwo vor der Schulter nimmt er seine abgelegten Skistöcke wieder auf. Dem so schwierigen Grat weicht er jetzt in die Diamirflanke aus. In der Querung gegen die Bazhinscharte zu fällt sehr schnell die Nacht ein. »Über einige Felsrisse gelangte ich noch zu einem Felsblock, den ich die Nacht über zum Standplatz wählte. Die Wand hatte hier eine Neigung von 45 bis 50 Grad. Hier verbrachte ich in etwa 8000 Meter Höhe stehend das Biwak, ohne zweiten Pullover (der war im hinterlassenen Rucksack), ohne Zeltsack, ohne Proviant.« Er hofft, bei Mondlicht bald weitergehen zu können. Aber die Wand liegt im Mondschatten. Er muß bis 4 Uhr morgens aushalten. Diese Stunden kosten ihn die Zehen des rechten Fußes.
Der neue Tag, der 4. Juli, ist so klar und ohne Wind wie der vorherige. Fast verliert Buhl ein Steigeisen und muß es dann immer wieder neu befestigen. Es erschwert die Querung in die Scharte noch zusätzlich. Der unendlich mühsame Gegenanstieg zum Vorgipfel hinauf verzehrt sehr viel Kraft. Stimmen, Gestalten begleiten, narren, beunruhigen Hermann Buhl jetzt immer wieder. Eine Qual die Suche nach dem Rucksack. Endlich entdeckt er ihn doch. Aber von dem Dörrobst, das er darin noch findet, bringt er nichts hinunter. Schlimmer noch quält ihn der Durst. Ein paar Stücke Dextroenergen schluckt er zerdrückt und mit Schnee

vermischt durch die wunde Kehle (»nur Schleim und Blut«); es hilft etwas über kurze Zeit, Schritt um Schritt sich durch die endlos scheinende Weite des Silberplateaus quälend, glaubt er mehrfach, drüben am Silbersattel Gestalten zu sehen. Er meint, die Gefährten kämen ihm mit Tee entgegen. Die Gestalten sind Felsen, »die vom Rakhiot Peak, sie schauten über den Silbersattel herauf«. Auf dem Plateau nimmt er vor der kleinen Gegensteigung zum Silbersattel nochmals Pervitin: »Ich konnte es wagen, denn bis zum Ende würde ich sicher im Lager V geborgen sein.«

Um 17.30 Uhr, 13 Stunden nach dem Aufbruch vom Biwakblock, steht er im Silbersattel, schaut hinunter. Die Lager, die er von hier aus sieht, liegen wie tot und verlassen. Am Mohrenkopf erkennt er zwei Gestalten. Es belebt ihn unendlich. Frischer als irgendwann an diesem Tag steigt er vom Sattel abwärts. Bald darauf (ca. 19 Uhr) liegen sich Hans Ertl und Hermann Buhl in den Armen. Der unglaubliche Gipfelgang ist vollendet.

Buhl sagt: »Hans Ertl, der mir entgegenkommt, verbirgt seine Rührung hinter der Kamera.« Es ist das weltberühmte Bild eines in wenigen Tagen um Jahrzehnte gealterten Mannes, eines der großartigsten Porträts in der Geschichte des Bergsteigens. Das Glück der drei Männer, Hermann Buhl, Walter Frauenberger, Hans Ertl, ist in Worte nicht zu fassen. Buhl erzählt noch die halbe Nacht. Er ist geborgen.

Mit Hermann Buhls großem Gang ist das Ringen um den Nanga Parbat gekrönt. »Erfüllt ist das Vermächtnis all derer, die am Nanga Parbat das Leben verloren haben.« Bis 1953 hatte der Berg mehr Todesopfer gefordert als irgendein anderer Achttausender.

Bewunderung, Ruhm und weitum die Öffentlichkeit, zumal in Deutschland und Österreich, erfüllende Freude wird alsbald nach der Rückkehr beeinträchtigt, »überschattet« durch Streit, Auseinandersetzungen, Prozesse. Eine Dokumentation muß es, auch wenn sie auf Einzelheiten nicht eingeht, doch wohl erwähnen. Niemand hat darunter mehr und tiefer gelitten als Hermann Buhl, bis zu Ausbrüchen blanker Verzweiflung. Hier liegt die Wurzel seines Entschlusses, nie mehr in einer Großexpedition mitzutun, sondern, wenn je wieder, nur in einer kleinen, aufeinander eingespielten Gruppe mit möglichst kleinem Gepäck und einer nur kleinen Zahl an Trägern. Er tut den Schritt zur Kleinexpedition im alpinen (Westalpen-)Stil. Verwirklicht wird sie 1957, nachdem schon 1954 Herbert Tichys Erfolg am Cho Oyu Buhls Vorstellungen und Überlegungen bestätigt hatte. In der Vier-Mann-Expedition, Markus Schmuck, Fritz Wintersteller, Kurt Diemberger und Hermann Buhl, ersteigt er den Broad Peak, seinen zweiten Achttausender. Wenig später endet mit Absturz von der Chogolisa dieses große Bergsteigerleben.

1961/1962: Die Diamirflanke

Die Ersteigung des Nanga Parbat über die Diamirseite, wo Mummery 1895 als erster angesetzt hatte, ist – und bleibt – untrennbar mit dem Namen Toni Kinshofer verbunden.

1961 führte Dr. Karl M. Herrligkoffer seine zweite Expedition zum Nanga Parbat. Träger des Unternehmens war das von Herrligkoffer gegründete und geleitete »Deutsche Institut für Auslandsforschung«, eine gemeinnützige fiduziarische Stiftung (ab 1955 in Nachfolge der »Gesellschaft zur Förderung deutscher Forschung im Ausland e. V.«).

Die Mannschaft umfaßte zehn Personen: Dr. Herrligkoffer als Expeditionsleiter, Rudl Marek als Stellvertreter, Ludwig Delp als Lagerverwalter, Gerhard Wagner als Kartograph, Michl Anderl und Toni Messner (mit mehrfacher Expeditionserfahrung) sowie als Himalaja-Neulinge Toni Kinshofer, Jörg Lehne, Siegi Löw und Harry Rost. Löw und Lehne waren als erstklassige Seilschaft durchaus auch international bekannt, Toni Kinshofer, 27, im »inneren Kreis« seit Jahren als einer der besten Bergsteiger überhaupt angesehen, war seit wenigen Monaten auch öffentlich ein Begriff durch die erste Winterdurchsteigung der Eiger-Nordwand.

Die Expedition errichtete ihr Hauptlager auf ca. 4100 Meter auf der rechten Moränenseite des Diamirgletschers. Bis 1. Juni stand Lager I auf 5000 Meter, lawinensicher, am Beginn einer 45 bis 50 Grad steilen Schnee- und Eisrinne. Die Bergsteiger hatten eine Routenführung als erfolgversprechend erkannt, die zwischen Mummery-Rippe (1895) und Aufschnaiter-Rippe (1939) hinaufführt. Am Ende der Rinne, die sich zuletzt bis 56 Grad aufsteilt, fanden sie einen Depotplatz, er wird »Adlerhorst« benannt. Etwas oberhalb wurde auf 6000 Meter Lager II aufgebaut. In den folgenden 600 Höhenmetern war eine sehr schwierige Felswand – mit Fünfer-Passagen – zu überwinden. Hier brauchte es 1400 Meter Fixseil bzw. Stahlkabel.

Am 20. Juni stiegen Kinshofer, Löw und Lehne bis 7150 Meter auf. Dieses Stück von Lager III herauf führte nochmals über steiles Eis (Kinshofer-Eisfeld), schwierig und heikel, besonders mit schwerem Rucksack. Damit war das Gelände der Bazhinmulde erreicht, der Weg zum Gipfel frei. Die Bergsteiger fanden einen Biwakplatz, etwa in Fallinie des Vorgipfels (7910 m) und, wie sie meinten, schon nahe der Mulde, die zur Bazhinscharte aufwärts zieht. Der Eindruck des in ganzer Breite vor Augen stehenden Gipfelaufbaus verleitet hier besonders dazu, die Entfernung bis dorthin zu unterschätzen. Die drei waren Neulinge im Himalaja. Sie hofften fest darauf, am nächsten Tag den Gipfel angreifen zu können.

Die Diamirflanke mit den verschiedenen Auf- und Abstiegsrouten:
Buhl-Route, 1953 ∧∧∧∧∧ Kinshofer-Route, 1962 • • • • • •
Abstieg der Brüder Messner, 1970 —•—•— Schell-Route, 1976 ————
Aufstieg Messner solo, 1978 — — — Abstieg Messner solo, 1978 +++++

Aber in der Nacht schlägt mit Sturm und Schnee das Wetter um, so daß die Spitzengruppe zurück muß. Es gibt in diesem Jahr keine Chance mehr. Das Ergebnis ist dennoch hervorragend: eine Route gefunden und teilweise gesichert.

Schon im folgenden Jahr, 1962, soll die zweite Diamir-Expedition vollenden, was 1961 so vielversprechend begonnen hat. Die Teilnehmer unter Dr. Herrligkoffers Leitung sind: Michl Anderl, Toni Kinshofer, Siegi Löw, Anderl Mannhardt (Kinshofers Seilgefährte auch bei der ersten Winterbegehung der Eiger-Nordwand), Rudl Marek, Hubert Schmidbauer, Manfred Sturm, als medizinisch-technische Assistentin Sieglinde Ulbrich. Am 24. Mai erreicht die Expedition den Hauptlagerplatz. Man verliert keine Zeit: Basislager und Lager I werden sozusagen gleichzeitig errichtet.

Die steilen Stellen bis zum »Adlerhorst« werden mit Stahlseilen versichert (mehr als 400 m), und zum ersten Mal wird für Lastenaufzug eine »Seilbahn« installiert, deren Tragseil 300 Meter mißt. Die Teilstrecke von Lager II zu Lager III wird von Toni Kinshofer gegenüber dem Vorjahr geringfügig verändert. Bis zum 19. Juni ist auch Lager III

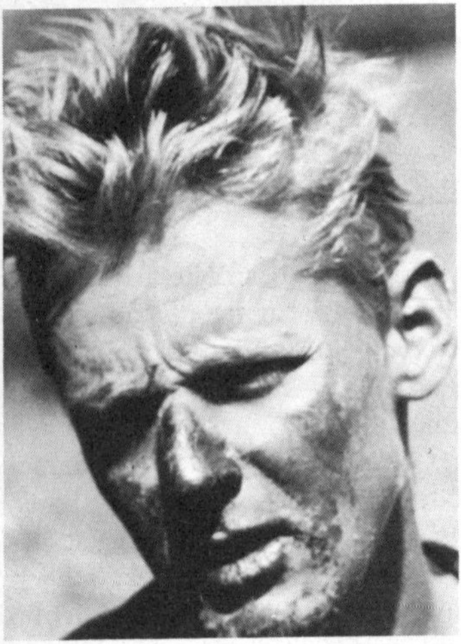

Oben: Toni Kinshofer, Siegi Löw,
unten: Anderl Mannhardt –
die Erstbegeher der Diamirflanke.

(6600 m, zwei Zelte) eingerichtet. Am 20. Juni erfolgt der erste Vorstoß in die Bazhinmulde. »In einer Art Schneekolk unter einem Eiswandl« (Herrligkoffer) wird der Platz für Lager IV (7100 m) gefunden. »Um das Zelt herum gibt es viele Spalten«, lautet eine weitere Notiz Herrligkoffers, der diese Stelle selbst nie erreichte.

Am nächsten Morgen gegen den Gipfel aufzubrechen, vereitelt ein Wettereinbruch, stürmischer Wind, Schneefall, dichter Nebel zwingen die

Bergsteiger ins Zelt. Sollte sich die Situation des Vorjahres wiederholen? Aber in der Nacht zum 22. Juni klärt sich das Wetter vertrauenerweckend auf. Man zögert nicht.
Gegen 1 Uhr ist allgemeiner Aufbruch. Der 47jährige Michl Anderl muß schon sehr bald, auf ca. 7200 Meter, erkennen, daß er seine Leistungsgrenze erreicht hat, und kehrt um. Nach vier Stunden muß auch Manfred Sturm, von Rückenschmerzen gepeinigt und zunehmend durch Höhenwirkung beeinträchtigt, aufgeben. Im Laufe des Tages steigen Anderl und Sturm ins Lager III ab.
Toni Kinshofer, Anderl Mannhardt und Siegi Löw erreichen die Bazhinscharte, etwa 600 Höhenmeter über Lager IV, gegen 9 Uhr.
Die drei treffen hier auf den Weg Hermann Buhls und klettern (wie Buhl vor neun Jahren) den schweren, türmereichen Felsgrat zur Nordschulter mit dem großen Gendarmen am Ende. Der Fels ist vereist und gefährlich, zwei Seillängen Schwierigkeitsgrad V. Der Grat bildet die scharfe Schneide gegen die 4000-Meter-Abbrüche der Rupalseite. Siegi Löw, bei dem sich Energieverbrauch und Höheneinfluß offenbar am stärksten auswirken (er leidet auch an Erfrierungen, die er sich an den Vortagen zugezogen hat), bricht einmal durch eine Schneebrücke. Die sichernden Kameraden müssen ihn wieder heraufziehen. Gegen 16 Uhr erst, nach weiteren sieben Stunden, wird die 8070 Meter hohe Schulter und damit die Gipfelkalotte erreicht.
Knapp nach 17 Uhr stehen sie oben. Die drei ersten deutschen Bergsteiger auf dem Nanga Parbat. Wolken umhüllen den Gipfel, keine Sicht. Knapp unterhalb des Gipfels entdecken sie das am Abend des 3. Juli 1953 von Hermann Buhl errichtete »Steinmandl«. Sie kommen nicht auf die Idee, es zu vergrößern. »Den Zapf'n ham ma jetzt a«, sollen Toni Kinshofers erste Worte auf dem Gipfel gewesen sein.
Mit sinkender Sonne wird es bitterkalt. In 8080 Meter Höhe richten sich die drei in einer winzigen Schneehöhle, um die sie noch eine kleine Windschutzmauer aus Schnee und Steinen bauen, zum Biwak ein. Sie haben nichts bei sich, außer dem, was sie am Leibe tragen. Siegi Löws Füße sind erfroren, er erleidet einen Schwächeanfall. Während der Nacht werden auch Kinshofers und Mannhardts Füße gefühllos.
Gegen 6 Uhr am nächsten Morgen – es ist der 23. Juni – brechen sie auf und entdecken unterhalb der Schulter eine zum direkten Abstieg in den oberen Teil der Bazhinmulde geeignete Steilrinne. Es weht ein schneidend scharfer Wind, der ihnen ununterbrochen Schneestaub ins Gesicht peitscht. Sie sind erschöpft. Um rascher abwärts zu kommen, legen sie das verbindende Seil ab. Kinshofer und Mannhardt bleiben nahe beieinander, Siegi Löw fällt über die Länge des Abstiegs bis ca. 200 Meter zurück. Sie halten Rufverbindung.

Wo die Abstiegsrinne in die Bazhinmulde mündet, antwortet Siegi Löw auf einen Anruf Kinshofers: »Kommt rauf!« Der Schrei klingt ängstlich, unsicher. Toni steigt zu ihm hinauf. »Noch keine 30 Meter hoch gestiegen, fährt ein Schatten an ihm vorüber: Siegi Löw stürzt ab! Mit weit von sich gestreckten Gliedern saust er auf dem Rücken in die Tiefe, ohne einen Laut von sich zu geben. Am Ende der Eisrinne wird der Stürzende über eine Bodenwelle geworfen und trifft so unglücklich mit dem Kopf auf, daß er sich tödliche Verletzungen zuzieht.« Soweit wörtlich ein Bericht aus zweiter Hand von Herrligkoffer über den Absturz.

Toni und Anderl wollen den Schwerverletzten – er hat eine klaffende Kopfwunde und ist bewußtlos – zunächst abtransportieren. Es erweist sich schon nach Metern als unmöglich. Kinshofer bleibt bei Löw, Mannhardt bricht auf, um von Lager III (!) Hilfe zu holen. In direkter Fallinie – auf Gefahren nicht achtend – erreicht Anderl in gut vier Stunden sein Ziel; gegen 18 Uhr wird die erschütternde Nachricht ins Hauptlager durchgegeben. Vor dem Aufbruch hatte Anderl Mannhardt seinen Rucksack über die Füße des Verletzten gezogen. U. a. befinden sich darin auch die Kameras mit den Aufnahmen vom Aufstieg und dem Gipfel.

Toni Kinshofer bleibt, wacht bei Siegi Löw, der nicht mehr zum Bewußtsein kommt. Zwischen 19 und 20 Uhr stirbt er.

Nur langsam findet Toni Kinshofer in seiner Trauer und Erschöpfung – auch er schon höhenkrank – zu sich selbst zurück. Er bricht auf. Es ist etwa 20.30 Uhr. Er geht die ganze Nacht hindurch ins Leben zurück, aus jeder »Rast«, jedem Niedersetzen in immer zunehmender Erschöpfung sich wieder hochreißend. Halluzinationen begleiten ihn, einmal ist ihm, als ginge er zwischen hohen, grünen Pflanzen einer Tabakplantage. Um 9 Uhr am anderen Morgen, es ist der 24. Juni, trifft er auf die Kameraden, die ihm vom Lager III her entgegenkommen. Er ist gerettet. Seit dem Aufbruch um 1 Uhr am 22. Juni sind 56 Stunden vergangen. Eine unglaubliche Leistung!

1963–1970: Die Rupalwand

Erfahrungen und Erfolg in der Diamirflanke gaben den Anstoß, nunmehr auch die Rupalseite des Nanga Parbat zu erkunden. Unmittelbar neben dem sie rechts begrenzenden Südostpfeiler ragt in Gipfelfallinie ein in sich geschlossener, einzigartiger Wandabbruch auf: die Rupalwand, mit 4500 Meter Höhe eine der höchsten Wände der Erde. Am 10. Juni 1963 befand sich unter der Wand, auf der Hochweide Shaigiri (3600 m), ein kleines Lager. Unter der Leitung Herrligkoffers bildeten Toni Kinshofer, Gerhard Haller und Klaus Scheck den Erkundungs-

trupp. Kinshofers schwere Erfrierungen an beiden Füßen hatten zu Amputationen geführt. Die Verletzungen waren aber über den Winter soweit abgeheilt, daß er zu gehen und weiter bergzusteigen gelernt hatte. So konnte der großartige Routenfinder mit dabeisein.
Die Kundschafter – am wenigsten allerdings Kinshofer – brachten die Überzeugung mit, daß die Rupalwand in »Direttissima« ersteigbar sei. Dazu eine stattliche Ausbeute instruktiver Fotos. Karl Herrligkoffer gab den Abschnitten, die der Wandaufbau zeigte, Namen nach den unvergessenen Pionieren und Opfern drüben am Rakhiotgrat: Wieland-Gletscher, Welzenbach-Eisfeld, Merkl-Rinne.
Außerdem entdeckte Toni Kinshofer links der Rupalwand in den Fluchten des Westgrates, an dessen Ende die Mazeno Peaks stehen, eine Route zum Westgrat, die später eine Grazer Mannschaft unter Hanns Schell erstbegeht.
Die erste Großexpedition zur Rupalwand startete am 31. Januar 1964 ab München – als Winter-Expedition. Was waren die Gründe? Alpinistische? Etwa: weniger objektive Gefahren in der ungeheuren Südwand als im Früh- oder Hochsommer? Es hatte eine andere Bewandtnis. Herrligkoffer: »Im Herbst 1964 sollte unser seit Jahren geplantes Antarktis-Unternehmen starten; zu dessen Vorbereitung benötigten wir aber noch viele Monate Zeit. Deshalb mußte unsere Nanga-Parbat-Expedition in den Winter vorverlegt werden.«
Die neunköpfige Expeditionsmannschaft bilden: Dr. K. M. Herrligkoffer, R. Hang, E. Hofmann, G. Lapp, P. Müller, R. Obster, G. Plangger, K. Reinhold, W. Schloz. Am 28. Februar wird das Hauptlager errichtet. Lager I steht auf 4700 Meter, Lager III auf 5800 Meter, 250 Meter über einer Eiswand am oberen Ende des Wieland-Gletschers. In fünf Wochen am Berg hat die Expedition nicht mehr als zehn Schönwettertage.
Im Anstieg zu Lager II werden sechs Bergsteiger von einer Lawine »eine mehr als 500 Meter lange Steilrinne« hinuntergefegt. Wie durch ein Wunder kommen sie alle mit leichten Blessuren davon.
Durch Falschmeldungen des Begleitoffiziers – die Expedition befinde sich auf nicht genehmigter Aufstiegsroute – wird die Expedition durch Entzug des Permits Ende März zu vorzeitigem Abbruch gezwungen. Lager III kann nicht mehr erreicht werden. Die Wand ist bis zur halben Höhe durchstiegen, Schwierigkeiten, »neuralgische« Teilstücke sind erkannt, Lagerpositionen festgelegt. Gewißheit, »daß auch winterliche Verhältnisse kein unüberwindliches Hindernis darstellen«.
Als Toni-Kinshofer-Gedächtnis-Expedition – Kinshofer ist 1964 im Battert abgestürzt – wird 1968 die dritte Rupal-Expedition mit einer sehr starken Mannschaft gestartet. Die Teilnehmer sind: Wilhelm Dirmhirn, Karl Golikow, Siegi Hupfauer, Rolf Rosenzopf, Günther Schnaidt

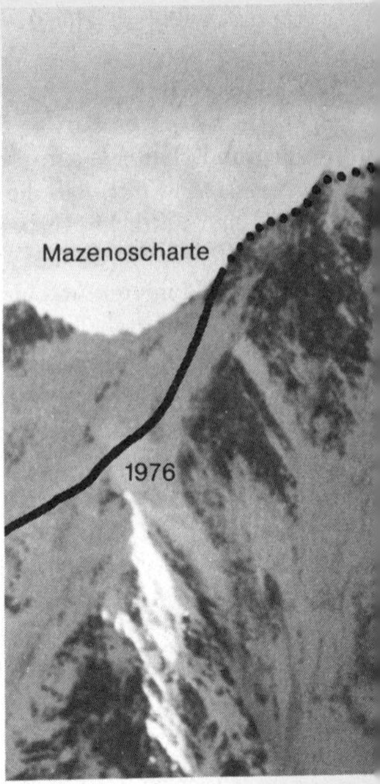

Die Rupalwand – rechts: verdeckt die Buhl-Route; links: teilweise verdeckt die Schell-Route; im zentralen Wandteil die Direttissima

(stellv. Expeditionsleiter), Peter Scholz, Günter Strobel, Wolfgang Theurer, Roland Votteler, Wilhelm Schloz. Als Bildreporter geht Karl Breyer (bis 4700 m) mit und als medizinisch-wissenschaftliche Hilfskraft Beatrice Kaltenbach. Sechs der Bergsteiger (Golikow, Hupfauer, Rosenzopf, Schnaidt, Strobel und Votteler) waren Teilnehmer des spektakulären Unternehmens Eiger-Direttissima.

Die Expedition erreicht mit ihren fünf Tonnen Gepäck (17 Jeeps, 230 Träger) am 7. Juni das Hauptlager, vier Tage später bereits steht Lager II (5800 m). Mitte Juni ist das Bollwerk der 250 Meter hohen Eiswand genommen. Darüber wird eine »Materialseilbahn« montiert. Mit der Seilwinde werden die Lasten zu 50 Kilogramm in flaschenähnlichen Kunststoff-Containern aufgezogen; es dauert mehr als zwei Stunden pro »Bombe«, drei Aufzüge am Tag sind das Maximum. Lager III (5900 m) wird als (oberes) Akklimatisationslager voll ausgebaut.

Als am 25. Juni Scholz, Strobel und Golikow 600 Meter höher dabei sind, das aus dem Welzenbach-Eisfeld zum Platz des Lagers IV hinausführende Eiscouloir zu präparieren, stoppt sie ein schwerer Wettersturz. Vier Tage anhaltender Schneefall zwingt alle zum Rückzug bis ins Basis-

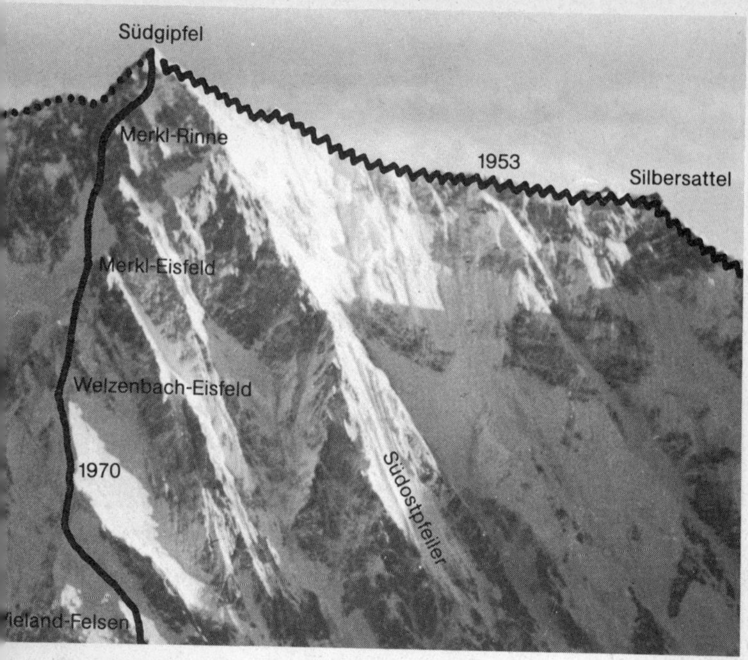

lager. In den ersten Julitagen kommt der neue Angriff in Gang und führt bis zur Einrichtung des Lagers IV auf 6600 Meter. Höhendifferenz zum Gipfel noch 1525 Meter.

Am 19. Juli brechen um 18.30 Uhr Wilhelm Schloz und Peter Scholz zum ersten Vorstoß in die Merkl-Rinne auf und erreichen um Mitternacht – es wird viel nachts gegangen, weil Strahlungshitze untertags den Schnee grundlos macht – die Höhe von knapp 7100 Meter, wo sich »eine Eisspalte quer durch das Eisfeld zieht, die letzte Randkluft vor der felsigen Merkl-Rinne, die 300 Meter höher beginnt«, wie Herrligkoffer die Stelle von unten beschreibt. Die beiden Bergsteiger biwakieren in der Spalte und kehren anschließend nach Lager IV zurück. Es ist der höchste in diesem Jahr erreichte Punkt.

An diesem Tag nämlich zieht sich Günter Strobel beim Sprung über die 4 Meter hohe Randkluft bei Lager II einen komplizierten Beinbruch zu. Für den schwierigen Abtransport des Verletzten werden alle Bergsteiger gebraucht. 3500 Meter der Rupalwand sind durchstiegen. Den schwierigsten Teil hat noch niemand betreten.

Die vierte Expedition zur Rupalwand bringt 1970, im siebten Jahr nach

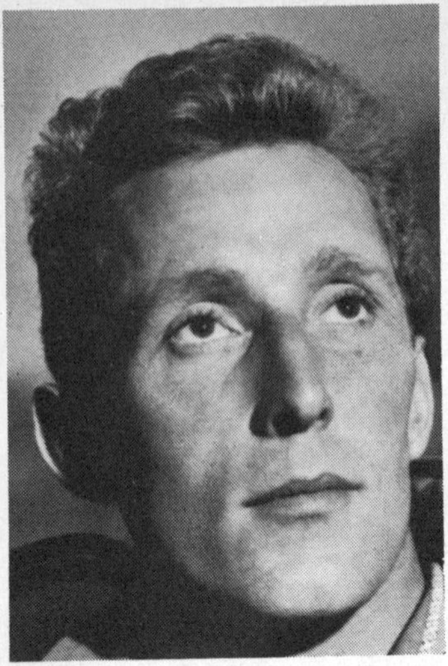

Die Zweit- und Erstbegeher der Rupalwand: von links Felix Kuen, Peter Scholz,

der Erkundung, die Entscheidung. Die Mannschaft umfaßt bei der Abreise 18 Mitglieder unter Dr. Herrligkoffers Leitung, der in diesem Jahr 54 Jahre alt ist. Es sind: Michl Anderl, Gerhard Baur, Wolf-Dietrich Bitterling, Werner Haim, Günther Kroh, Felix Kuen, Dr. Hermann Kühn, Gerd Mändl, Günther Messner, Reinhold Messner, Elmar Raab, Hans Saler, Peter Scholz, Peter Vogler, Jürgen Winkler, als medizinisch-wissenschaftliche Hilfskraft die Apothekerin Alice von Hobe und als Expeditionsgast Max von Kienlin. Die Expedition wird dem Gedächtnis Siegi Löws gewidmet.

Mit Start am 8. April wird das Expeditionsgut in drei großen Lastwagen über 7500 Kilometer nach Pakistan befördert, wo in Rawalpindi am 26. April alle zusammentreffen. Der Flug nach Gilgit verzögert sich bis 7./9. Mai. Mitte Mai wird das Hauptlager am alten Platz bei der Tap-Hochweide errichtet. Eine kleine Zeltstadt von 15 Zelten. Der Vortrieb der Hochlager erfolgt zügig, wenn auch immer wieder durch Schneefälle beeinträchtigt. Am 21. Mai wird die Wieland-Eiswand versichert. Am 26. Mai wird über der Eiswand die Seilwinde von 1968 aus Schnee und Eis freigelegt. Sie funktioniert nach Überholung noch einwandfrei. Am alten Platz, der sicheren Eishöhle, ist Ende Mai Lager III (6000 m) ausgebaut. Bis zum 3. Juni ist die Route über das Welzenbach-Eisfeld mit dem Steilcouloir (60 Grad) am Ende durchstiegen und mit Fixseilen versehen.

Reinhold und Günther Messner.

Eine langanhaltende Schlechtwetterperiode mit riesigen Schneefällen treibt schließlich alle aus den Hochlagern ins Basislager zurück, als letzte die Brüder Messner. Mit Datum 15. Juni schreibt Günther Messner in einem Brief: »... Seit gut zehn Tagen ist hier die Hölle los ... Seit dem 3. Juni schneit und stürmt es praktisch ununterbrochen. In den Hochlagern gibt es täglich große Mengen Neuschnee (ein Meter und mehr). Die Lawinen donnern die endlose Steilflanke herunter. Nur gut, zu gut, daß ich weiß, daß Reinhold und ich bisher jeden Lagerplatz [Anm.: außer Haupt- und ›Windenlager‹] ausgesucht haben und die Lage besonders auf Lawinen- und Steinschlaggefahr geprüft haben ... Die Wand ist bei Neuschnee ungemein gefährlich und heimtückisch ... Innerhalb von zwölf Tagen wurden alle Lager geräumt ... Das erstemal ... sind Reinhold und ich zehn volle Tage im Lager III geblieben und haben auf schöneres Wetter gewartet. Am 10. Juni war dann ein einigermaßen sonniger und windstiller Tag ... und die übrige Mannschaft ... stieg wieder in die Lager auf ... Am 11. Juni wollten Reinhold und ich zum Lager IV aufsteigen, um endlich einen guten Platz am unteren Rand des Merkl-Eisfeldes ausfindig zu machen und ein Zelt einzurichten ... Doch morgens empfing uns ein Graupelschauer, und eine schwarze Wolke umschloß wie ein Ring den Nanga ... Um 8 Uhr war dann wieder die Hölle los. Wir waren sauer. Erstens waren wir bald volle 14 Tage auf Lager III in 6000 Meter Höhe, zweitens fühlten wir, daß wir Bewegung unbedingt nötig hatten ... Am 13. Juni [also zwei Tage später, Anm.] sind wir dann am Nachmittag dank guter Akklimatisation in wenigen Stunden bis ins Basislager hinuntergestiegen ... Der Nebel hängt herunter bis zur Tap-Alpe, und oft regnet es leise. Oben in der Rupalflanke donnern die Lawinen ... Die Hoffnung auf den Gipfel ist durch dieses Sauwetter viel kleiner geworden, und manche meinen, es hätte gar keinen Sinn mehr ...«

Am 18. beginnt der neue Angriff. Am 25. Juni haben die Brüder Messner das Merkl-Eisfeld unter der Merkl-Rinne und den Platz für das Lager V, das Sturmlager, erkundet. Am nächsten Tag tragen Felix Kuen und Peter Scholz das Notwendige hinauf. Das Zelt des Sturmlagers steht »unter einem Felssporn nahe dem Eingang zur Merkl-Rinne« (Herrligkoffer) auf 7350 Meter. Scholz und Kuen kehren nach IV zurück, Gerhard Baur und die Brüder Messner beziehen das Sturmlager.

Bevor Reinhold Messner aufsteigt, hat er in Lager IV das später vielerörterte Funkgespräch mit Dr. Herrligkoffer geführt, bei dem auch die Übermittlung der letzten Wetternachricht durch Signalcharakter vereinbart wird: rot = schlecht, blau = gut. Der um 17.30 Uhr im Basislager aufgenommene Wetterbericht besagt für den 27. Juni »weather fair«. Um 20 Uhr feuert Michl Anderl eine Leuchtpatrone mit blauer Banderole. Sie schießt rot. Eilige Nachschau ergibt, daß keine andersfarbigen Leuchtpatronen im Hauptlager vorhanden sind. Die Entscheidung ist eingeleitet. Wie sie verläuft, ist weltbekannt.

Reinhold Messner steht um 3 Uhr – 27. Juni – auf, peilt das Wetter und beschließt den Blitzversuch zum Gipfel. Günther Messner folgt Reinhold, nachdem sich der Fixseilvorrat, den er mit Baur zusammen in der Merkl-Rinne anbringen soll, zum hoffnungslosen »Seilsalat« verheddert hatte. Gerhard Baur steigt am Abend nach Lager IV ab, wobei er der aufsteigenden Seilschaft Kuen/Scholz begegnet.

Günther Messner holt seinen Bruder in der Merkl-Rinne ein. Ohne viel Worte gehen sie gemeinsam. Um 17 Uhr umarmen sie sich auf dem Gipfel. Beim Abstieg nach einer Stunde zeigt Günther Erscheinungen der Höhenkrankheit, hat auch Halluzinationen. Die Brüder überstehen (ohne Biwakausrüstung) die Nacht in der Merkl-Scharte unterhalb der Südschulter, unweit der Felsabbrüche zur Merkl-Rinne.

Am Morgen des 28. Juni kommt es zu einer Rufverbindung Reinhold Messners mit Felix Kuen und Peter Scholz über eine Entfernung von 80 bis 100 Metern. Es gibt Mißverständnisse.

Kuen und Scholz erreichen am Nachmittag (16 bzw. 17.30 Uhr) den Gipfel, biwakieren »an der Südspitze« und sind am 29. Juni nachmittags in Lager IV zurück. Am 30. Juni um 16 Uhr erreicht Felix Kuen das Hauptlager.

Die Brüder Messner wagen den Abstieg über die Diamirflanke. Nur wenn Günther schnell aus der Todeszone und möglichst bis unter 5000 Meter hinunter kommt, überlebt er. Es ist ein ungeheurer, aber in sich logischer Entschluß, aus unbedingtem Überlebenswillen kommend. »Er war so groß, daß wir über die unbekannte Diamirflanke hinunterfanden. Dies war nur möglich, weil ich im Abstieg, Stück für Stück nach einem möglichen Ausweg suchend, wenigstens 1000 Höhenmeter wieder aufstieg. Einmal, weil ein Sérac den Weiterweg sperrte, dann, weil für Günther eine Felsstufe zu riskant erschien, ein drittes Mal, weil Spalten den Weiterweg abriegelten« (Reinhold Messner in »Die großen Wände«). Im untersten Teil der Diamirflanke ist Günther Messner durch eine Eislawine ums Leben gekommen.
Wie sich Reinhold Messner, nachdem ihm der Tod des Bruders endgültig klar ist, verzweifelt, erschöpft, ohne Nahrung, mit erfrorenen Zehen, in unbeirrbarem Lebenswillen immer wieder sich aufraffend, das Diamirtal abwärts durchkämpft, bis er endlich Einheimische trifft, die ihm weiterhelfen, ihn schließlich das letzte Stück zur Industraße bei der Bunarbrücke tragen, wo ihn ein Offizier im Militärjeep birgt und zu einem Rasthaus Richtung Gilgit bringt – das ist eine bewegende Odyssee und eine der größten Leistungen in der alpinen Geschichte.

1969/1971: Slowaken am Buhl-Weg

Bis zur zweiten Besteigung des Nanga Parbat über die Rakhiotseite des Nanga Parbat – den Buhl-Weg – vergingen 18 Jahre. Slowakischen Bergsteigern gelang beim zweiten Versuch im Sommer 1971 der große Erfolg.
Per Lastwagen, durch sechs Länder steuerte die Großexpedition 1969 ihr Ziel an. Die Teilnehmer: Jozef Korsala, Frantisek Dostal, Juray Weincziller, Frantisek Mrazik, Jan Horan, Dr. Juraj Janovsky, Vladimir Vacata, Ivan Urbanovic, Miroslav Jaskovsky, Arno Puskas, Ing. Zdeno Vasko, Milan Krissak, Miroslav Filip. Alle kommen zum ersten Mal in den Himalaja. Verlauf und Taktik des Unternehmens lassen deutlich erkennen, daß sie sich gut vorbereitet und die Berichte ihrer zahlreichen Vorgänger auf dem längsten aller Anstiegswege auf den Nanga studiert haben.
Am 10. Mai errichten sie auf 4470 Meter auf der großen Moräne des Rakhiotgletschers das Basislager. Erst 15 Tage später steht Lager II (5300 m). Die großen Eisbrüche zu durchschreiten und die sich ständig verändernde Route zu versichern, kostet viel Zeit und Kraft. Das Wetter ist unbeständig mit häufigen Schneefällen. Das für die Jahreszeit typi-

sche »Nanga-Parbat-Wetter«. Am 30. Mai steht Lager III in 6120 Meter, am 16. Juni Lager IV unmittelbar unter der Rakhiot-Eiswand (6690 m). In den nächsten Tagen arbeiten die slowakischen Bergsteiger in der Rakhiotflanke und bringen 350 Meter Fixseile an.
Wettersturz und eine volle Woche großer Neuschneefälle verdammen zum Abwarten. Die kostbare Zeit verrinnt. Am 28. Juni wird noch ein Vorstoß gegen den Rakhiotgrat unternommen – erfolglos. Mehr wird in diesem Jahr nicht erreicht.
Zwei Jahre später kommen die tschechisch-slowakischen Bergsteiger wieder. Unter der Leitung von Ivan Gálfy sind sie 16 Mann stark, acht der ersten Expedition, acht Neue. Von 1969: Ivan Gálfy, Frantisek Dostal, Miroslav Filip, Miroslav Jaskovsky, Jozef Korsala, Milan Krissak, Arno Puskas, Ivan Urbanovic. Die Neuen: Ivan Dieska, Ivan Fiala, Gejza Haak, Bohumir Kismak, Martin Mladon, Michal Orolin, Jozef Psotka, Ludovit Zahornasky.
Diesmal gelingt es. Am 11. Juli 1971 stehen Ivan Fiala und Michal Orolin auf dem Gipfel. Ivan Fiala berichtet: »Misko (= Michal), dieser kleine Hügel vor uns – das ist er, der berühmte Nanga Parbat. Wir machen uns gegenseitig Mut. Größte Willensanstrengung. Ein Schritt, Rasten, zwei Schritte, wieder Rasten ... bis zum letzten Schritt, der uns auf den Gipfel brachte – wir fielen uns in die Arme. ›Misko, jetzt ist Schluß, wir sind oben, das ist der Gipfel.‹ Wir konnten uns der Tränen nicht erwehren.« Es war das erste Mal, heißt es in dem von »Alpinismus« (3/72) veröffentlichten Bericht, daß slowakische Bergsteiger oder überhaupt Alpinisten aus den östlichen Ländern Europas einen Achttausender-Gipfel erreichten.
Am gleichen Tag ersteigen Ivan Urbanovic, Jozef Psotka und Arno Puskas den 7910 Meter hohen südöstlichen Vorgipfel und den 7530 Meter hohen Südostgipfel. Daheim gab es dann Auszeichnungen und Titel »Verdiente Meister des Sports«.

1976: Vier Grazer am Nanga Parbat

Im Sommer 1976 gelang vier Grazer Bergsteigern ohne einheimische Hochträger die sechste Besteigung des Nanga Parbat, zugleich die erste über den Südwestgrat (Nanga–Mazeno Peak). Die Durchstiegslinie in der breiten Flanke westlich der Rupalwand wurde viele Jahre vorher von Toni Kinshofer als möglich erkannt. Diesen neuen Weg zu vollenden, hatten sich die vier Grazer als Ziel gesetzt. Es sind: Hanns Schell, 37, Hilmar Sturm, 37, Robert Schauer, 22, Siegi Gimpel, 20, und Dr. Gerhard Mayer.

Der Nanga Parbat von Westen gesehen; die Schell-Route von 1976 mit den oberen Lagern und Biwaks. Rechts die Rupalseite, links der obere Teil der Diamirflanke.

Hanns Schell, den Wolfgang Nairz, Führer der Österreichischen Everest-Expedition 1978, einen »Bergbesessenen« nennt, ist ein sehr erfolgreicher Mann: sechs Siebentausender, davon fünf als Erstersteiger, erste Skiersteigung des Mount Logan (6050 m) in Kanada, Mount McKinley, Alaska, Aconcagua, höchster Berg beider Amerika, und als seinen ersten Achttausender 1975 den Hidden Peak.
Anreise und Anmarsch zum Basislager, nach nur fünfwöchiger Vorbereitung der Expedition in der Heimat, wurden durch Verzögerungen, Widrigkeiten, besonders die Sperre des Karakorum-Highway, zu einer abenteuerlichen Odyssee. Auf getrennten Wegen trafen sich die fünf Grazer termingenau am 11. Juli im Basislager bei der Tap-Alpe im obe-

Die vier Erstbegeher des Aufstiegs über die Rupalflanke und den Südwestgrat.

ren Rupaltal (3700 m). Hanns Schell und Dr. Mayer erreichten das Rupaltal von der Diamirseite her über den Mazenopaß. Von Diamirai bis hinauf zur Paßhöhe sind es zwar 3500 Höhenmeter, aber besondere Schwierigkeiten gibt es nicht, wie Hanns Schell ausdrücklich feststellt. Es ist eine herrliche Wanderung.

Glücklich am Startplatz ihres Unternehmens vereint, gönnen sich die Grazer keine Stunde Verzug. Am nächsten Morgen, 12. Juli, erkunden und sichern Robert (Schauer), Siegi (Gimpel) und Hilmar (Sturm) den Anstieg zum Lager I, und gleich mit schweren Lasten. Es ist ein kräftiger Anfang über 1400 Höhenmeter, von 3700 auf 5100 Meter. In Anbetracht der Verzögerung beim Anmarsch und weil es das Gelände erlaubt, leisten sie sich einen gewissen Kompromiß und befördern durch Einsatz der Talträger in kürzestmöglicher Zeit 18 Traglasten ins Lager I. Während Schell und Mayer die Träger begleiten, öffnen und versichern die anderen bereits die nächste Tausend-Meter-Etappe auf Lager II (6100 m). Der Kompromiß spart fünf Tragetage für die Bergsteiger ein. Ab Lager I arbeitet die Gruppe ohne Hochträger.

Das Teilstück von I auf II, steiler Fels und Eis und vor allem ein von beständigem Steinschlag bestrichenes Couloir, erweist sich als schwierigstes und gefährlichstes Stück des gesamten Anstiegs. Hier sind Fixseile zwingend. Mehrfach werden sie durch Steine abgeschlagen. Mit viermaligem Tragen bringen die Bergsteiger alles Notwendige über diese

Von links Siegfried Gimpel, Hilmar Sturm, Hanns Schell, Robert Schauer.

»Angststrecke« hinauf. Hier stoßen sie übrigens noch auf Reste von Stahl- und Perlonseil der Expedition des Vorjahres. Knapp vor Lager II finden sie auch ein hinterlassenes Lebensmitteldepot.

Die nächste Etappe zum Lager III auf 7000 Meter ist technisch weitgehend problemlos, aber mit überschweren Rucksäcken eine fürchterliche Anstrengung. Nach der Schinderei beschließen sie, einen Rasttag in Lager II zu verbringen. An diesem Tage erhebt sich plötzlich »starker Wind, der sich am Abend zum Sturm steigerte. Alle Anzeichen ließen einen schweren Wettersturz erwarten.« Deshalb steigen alle vier bis ins Hauptlager ab.

Tagelang regnet es ununterbrochen, schließlich schneit es noch bis ins Hauptlager hinunter. Hatte der Monsun den Nanga-Parbat-Stock doch noch erreicht? Aber die Hirten auf der Tap-Alpe berichten den fremden Besuchern, daß ein derartig langdauernder Wettersturz im Hochsommer auch für sie ganz und gar ungewöhnlich sei.

Nach sechs Tagen klart es endlich auf und wird wieder schön. Aber der Berg und ihre Route sind tief verschneit. Dennoch, sie ziehen sofort los: die vier Bergsteiger in die Flanke, der Arzt Dr. Mayer heim. Von da an sind sie also auch ohne Arzt.

In Lager I finden sie das Zelt, eine Whillansbox mit Flachdach, voll Wasser. Ein Schlechtwettertag hält sie hier fest. Dann finden sie am folgenden Tag in Lager II die japanischen Kuppelzelte (sie lugten nur

noch ein paar Zentimeter aus dem Schnee, und es brauchte stundenlanges Schaufeln) unbeschädigt und im Innern völlig trocken.
Der nächste Tag konfrontiert die vier Grazer mit einer »Teilkatastrophe«. Nach endloser, kraftzehrender Schneewühlerei finden sie ihr unterhalb des Lagerplatzes II angelegtes Materialdepot nicht wieder, wiewohl sie es gut markiert hatten. Alles Graben und Sondieren bleibt vergeblich, »persönliche Habseligkeiten, Biwaksack usw., auch Sauerstoffkartuschen für den medizinischen Notfall blieben verloren«.
Lager III selbst ist im Schnee verschwunden. Über zwei Stunden graben sie an dem genau lokalisierten Platz. Erst in mehr als 2 Meter Tiefe stoßen sie endlich auf das zusammengebrochene »Tonnen-Sturmzelt«. Es erweist sich als nicht mehr verwendbar; sie müssen es durch ihr für Lager IV vorgesehenes Vier-Mann-Bishop-Zelt ersetzen. Sie schlafen da gut. Neue Zuversicht, den Gipfel zu erreichen, erfüllt sie. Vielleicht sogar schon am nächsten Tag. Aber das täuscht.
In knietiefem Schnee, sehr steil und wenn sie an Felsstellen kommen, bis zum Bauch einbrechend, ist der Anstieg eine fürchterliche Strapaze, bei der die vier mehr als einmal an Umkehr denken. Acht Stunden brauchen sie für die 500 Höhenmeter dieses Tages. Bei »einer Scharte«, wie Hanns Schell sagt, finden sie auf 7450 Meter unter dahinterliegenden Felsen einen geeigneten Platz für das mitgenommene Bishop-Zelt. Die spärsame Angabe kann nur heißen, daß sie die Flanke durchstiegen und den Grat zur Diamirseite des Berges überschritten haben. (Auch die Umkehrmarke der Expedition vom Vorjahr liegt bereits hinter ihnen.) 675 Höhenmeter trennen sie noch von dem großen Ziel. Aber bis zum »Fuß« des riesigen Gipfelaufbaus ist es noch weit.
Nach geringem Abstieg weite und heikle Querung lawinengefährlicher Hänge, dann ansteigende Querung einer so steilen Felspartie, daß sie ein Seil fixieren. Wieder Schneehänge. Nach weiterer schwerer Spurerei bis auf 7700 Meter Höhe hinterlegen sie ihr Zeug und kommen nach einer Rastpause »linkshaltend an der Scharte vorbei, zu der (am Ende der Rupalwand) die Merkl-Rinne heraufzieht«. Sie drehen an einer Stelle um, wo etwa der Platz des Messner-Biwaks von 1970 ist, kehren zu ihren hinterlegten Sachen zurück und hacken sich zwei kleine Schneehöhlen für die Nacht.
Es ist eine Freinacht, das Zelt ist offenbar beim Lagerplatz V zurückgeblieben. Hanns Schell schreibt: »Das Wetter war prachtvoll, windstill und so warm, daß man den Eindruck hatte, in den Alpen zu sein. Hilmar und ich bezogen eine Schneehöhle, wobei ich mit dem halben Körper schon im Freien lag. Robert zwängte sich in die zweite Höhle, während Siegi es vorzog, überhaupt im Freien zu schlafen.« Dank ausgezeichneter Schlafsäcke (es waren amerikanische) schlafen sie gut. Schell über

sich: Er habe die ganze Nacht durchgeschlafen. Dieses in mindestens 7600 Metern.

Der nächste Tag, der dritte seit Aufbruch vom Lager IV, muß die Entscheidung bringen. Sie sind dem Gipfel auf 400 Höhenmeter nahe. Das Wetter ist völlig klar, keine Wolke. Aus diesem klaren Himmel aber fällt plötzlich ein starker, erbarmungsloser Wind über sie her und zwingt sie, zu den Schneehöhlen zurückzukehren. Gegen 13 Uhr schweigt der Wind so plötzlich, wie er eingefallen war. Neuer Aufbruch.

»Über der Scharte, ca. 7800 Meter«, notiert Hanns Schell, »eine Felsflanke, die wir etwa 100 Meter westlich ansteigend queren, dann Schnee und einige Kletterstellen. Es wird so steil, daß wir uns lieber sichern, schließlich Ausstieg auf ein flaches Schneefeld westlich der Südschulter, die 8042 Meter hat.«

Es ist 19 Uhr. Was tun? Sie beraten sich und entscheiden nach einigem Hin und Her, noch einmal zu biwakieren. Sie finden dafür etwas tiefer »einen ebenen Schneeplatz unter einem Felswandl«, 8020 Meter hoch. Hier haben sie nur noch einen Schlafsack. Auf den Traggestellrucksäkken sitzend gelingt es ihnen, Füße, Beine und Unterkörper in den Sack hineinzuzwängen. Die Oberkörper schützen Daunenjacken und Anoraks. Durch den schwarzen Himmel dieser einzigartigen, fast windstillen Himalajanacht zieht alles in der Nähe und bis fernhin in der Weite erleuchtend der Vollmond seine Bahn. Die vier finden nur wenig Schlaf und befürchten Erfrierungen. Ernste Schäden bleiben ihnen erspart.

»Erstaunlich frisch« steigen sie am nächsten Morgen »über den steilen Schneegrat direkt zum höchsten Punkt« des Nanga Parbat auf und erreichen »etwa eine Stunde nach der Biwakstelle« den 8125 Meter hohen Gipfel. Hanns Schell: »Wir waren natürlich sehr glücklich. Ich selbst war sehr erstaunt, daß wir den gefürchteten Nanga Parbat trotz des vielen Schlechtwetters bereits genau einen Monat nach Erreichen des Basislagers am 11. August 1976 besteigen konnten. Ein Jahr zuvor, am 11. August 1975, stand ich mit meinen Kameraden, von denen diesmal nur Robert Schauer mit von der Partie war, auf dem 8086 Meter hohen Hidden Peak.«

Nachdem sie einen Haken in den Gipfelfelsen gesetzt hatten, steigen sie ab – und schon mit den ersten Schritten befällt Hanns Schell »bleierne Müdigkeit«. Als er, immer wieder dem Verlangen widerstehend, sich in den Schnee zu setzen, den letzten Biwakplatz – »um Stunden später« – erreicht, haben die Freunde dort schon Getränke für ihn bereitet. Bis er sich zum Lager IV durchgekämpft hat, alle paar Meter wieder ausrastend, ist es bereits Nacht. Erinnern wir uns: Lager IV steht auf 7450 Meter. Hanns Schell verbringt hier also die vierte Nacht über der gefährlichen 7000-Meter-Marke. Sie bringt ihm keine Besserung, die Er-

schöpfung bleibt. Er braucht für jede Abstiegsetappe von Lager zu Lager so lange wie im Aufstieg, im ganzen erfordert sein Abstieg vom Gipfel bis ins Basislager vierunddreiviertel Tage. Aber er schafft es. Im Basislager stellen sich starke Schmerzen in der rechten Lunge ein, die erst nach zehn Tagen in Rawalpindi endlich nachlassen. Nach der Heimkehr nach Graz ergibt eine ärztliche Untersuchung keine bleibende Schädigung. Vermutet wird, daß Schell durch Blutveränderung einen »Mini-Lungeninfarkt« erlitten hatte. Zweifellos ist er mit viel Glück tödlicher Gefährdung entronnen.
Diese Kleinexpedition ohne Träger (auch ohne Sauerstoffverwendung) besitzt alle Kriterien einer in Art und Zähigkeit, Schwung und Härte beispielhaften modernen Achttausender-Ersteigung.

1978: Oberösterreicher an der Diamirflanke

Der August 1978 bringt auf der Diamirseite des Nanga Parbat die zweite Begehung der Kinshofer-Route durch eine Sechs-Mann-Gruppe des Touristenvereins »Die Naturfreunde«, Zweig Oberösterreich. Durch Steinschlagverletzung fällt einer aus, fünf ersteigen in zwei Partien den Gipfel. Ohne Hochträger, ohne künstlichen Sauerstoff, mit genau kalkulierter, geringstmöglicher Ausrüstung, ebenso hartem wie zügigem Einsatz ist es ein weiterer Erfolg einer Kleinexpedition an dem berühmten Achttausender.
Die sechs Bergsteiger sind Rudolf Wurzer als Expeditionsleiter, Wilhelm

Die Oberösterreicher, die 1978 den Nanga Parbat über die Kinshofer-Route bestiegen: von links Alfred Imitzer, Karl Pfeifer, Alois Indrich, Off. Sir Blanc, Rudolf Wurzer, Wilhelm Bauer, Reinhard Streif.

Bauer, Alfred Imitzer, Alois Indrich, Karl Pfeifer und Reinhard Streif. Über Jahre hinweg hatten Rudolf Wurzer und seine Gefährten für ein ganz anderes Ziel geplant, den 7500 Meter hohen Yuksin Garden im Karakorum, hart an der chinesischen Grenze gelegen. Die pakistanische Regierung mußte aber die Genehmigung für den Yuksin Garden verweigern. Sie bot den Österreichern als »Ausweichziel« den Nanga Parbat an. Umstellung und teilweise Umrüstung der fast vollständigen (und kostspieligen) Ausrüstung warfen Probleme auf.
Wurzer und seine Kameraden hatten zunächst daran gedacht, über den gewaltigen Felspfeiler, der die Diamirflanke links begrenzt, eine neue Variante zu legen, entschließen sich an Ort und Stelle aber sehr schnell, der Linie der Kinshofer-Route zu folgen. Sie verläuft im linken Teil des Pfeilers in einem durchwegs sehr steilen Rinnen- und Couloirsystem mit einigen Abschnitten großer objektiver Gefahren.
In zügiger, außerordentlich harter Arbeit schieben die sechs Österreicher die Lagerkette hinauf: Basislager 4300 Meter, Lager I 5000 Meter, Lager II 6000 Meter (ca.), Lager III 6800 Meter, Lager IV auf 7300 Meter über dem Pfeiler in den Firnfeldern unter der Bazhinscharte. Der erste Gipfelangriff durch Alfred Imitzer und Alois Indrich am 20. August muß nach Erreichen des Gipfelgrates bei Sturmwetter abgebrochen werden. Beide steigen bis ins Basislager ab. Am 23. August (Aufbruch ab 5.30 Uhr) erreichen Reinhard Streif (14 Uhr), Willi Bauer und Rudolf Wurzer (15.30 Uhr) den Gipfel. Alois Indrich und Alfred Imitzer gelingt die Gipfelersteigung am 28. August.
Nur einem der sechs bleibt der Gipfel versagt: Karl Pfeifer. Er wird

durch Steinschlag in der Rinne erheblich verletzt. »Eine riesige Fleischwunde am linken Bein in der Kniekehle.« Starker Blutverlust. Pfeifers Abtransport über steilstes Gelände gestaltet sich schwierig und gefährlich. Einer in der Mannschaft ist ausgebildeter Sanitäter. Er näht die Wunde mit normalem Zwirn und Nadel. Sie ist gut verheilt.
Die Mannschaft hatte übrigens einige Sauerstoffflaschen für medizinische Zwecke (Höhenkrankheit, Lungenödem) dabei und trug sie bis auf Lager III hinauf.
Der von den Bergsteigern ausschließlich selbst bewältigte Lastentransport, bis auf 7300 Meter (!), muß eine Schinderei gewesen sein. »Im steilen Eis mit den schweren Rucksäcken zwischen 15 und 18 Kilogramm ist der Aufstieg in 6000 Meter Höhe äußerst schwierig«, notiert Wurzer einmal.
Über seinen Gipfelsieg erzählt Rudolf Wurzer:
»... Reinhard [Streif] – der seit 1.30 Uhr unentwegt Tee und Suppe gekocht hat – verläßt um 5.50 Uhr das Zelt und spurt hinüber zur Eisrinne (im Gipfelbau), wo schon Alois [Indrich] und Alfred [Imitzer] den Gipfel erreichen wollen. Willi [Bauer] und ich folgen ihm eine Stunde später. Mühsam kämpfen wir uns die sehr steile Rinne hinauf. Später wird das Gelände etwas flacher, aber immer wieder gibt es sehr viel Pulverschnee. Anstrengend geht es die letzten Meter hinauf zum Gipfelgrat. Eisiger Sturm und riesige Kälte sind unsere Begleiter. Reinhard erreicht um 14 Uhr (nach 8½ Stunden) den Gipfel. Schon nach kurzer Zeit muß er absteigen. In diesem Sturm ist ein längerer Verbleib am Gipfel unmöglich. In einer Scharte treffen wir zusammen, wechseln einige Worte. Um 15.30 Uhr (nach 9 Stunden) erreichen auch wir den höchsten Punkt. Ein Traum ist in Erfüllung gegangen. Stumm reichen wir uns die Hände, wegen der enormen Kälte in Handschuhen ... Wir betrachten das von Reinhold Messner zurückgelassene Eisenrohr und geben unsere Daten hinein.«
Sehr gut und wichtig diese kurze Meldung Rudolf Wurzers. Für den Abstieg zum Lager IV haben die beiden Bergsteiger fünf Stunden gebraucht. Mit der halben Stunde auf dem Gipfel ergibt sich eine Gesamtzeit von 14 Stunden für den Gipfeltag.
Diese Kleinexpedition ist das Musterstück einer modernen Achttausender-Unternehmung.

Quellen und Materialien

Baul Bauer: »Das Ringen um den Nanga Parbat 1856–1953«, Süddeutscher Verlag, München 1955. Chris Bonington: »Annapurna-Südwand«, Verlag Huber, Frauenfeld/Stuttgart 1971. Hermann Buhl: »8000 drüber und drunter«, Nymphenburger Verlagshandlung, München 1954. G. O. Dyhrenfurth: »Der dritte Pol«, München 1960; »Das Buch vom Nanga Parbat«, München 1954, beide Nymphenburger Verlagshandlung. Dr. Franz Graßler: »Der Kampf um die Achttausender«, Bergkamerad-Bücher 11, Bergverlag Rother, München. Dr. Karl M. Herrligkoffer: »Nanga Parbat – sieben Jahrzehnte Gipfelkampf in Sonnenglut und Eis«, Verlag Ullstein, Frankfurt/Berlin 1967. »Kampf und Sieg am Nanga Parbat«, Spectrum-Verlag, Stuttgart 1971. »Nanga Parbat« in »Berge der Welt« Band 9, Nymphenburger Verlangshandlung, München 1954. Ulrich Link: »Nanga Parbat«, Bergverlag Rother, München 1953. Reinhold Messner: »Die großen Wände«, BLV-Verlagsgesellschaft, München 1977. Zeitschrift »Der Bergsteiger«, Bruckmann Verlag, München, Jahresbände 1958–1978. Zeitschrift »Alpinismus«, Heering-Verlag, München, Jahrgänge seit 1964. »Nachrichten der Sektion Graz«, Heft 7–9/1976, 28. Jahrgang.
Weiter wurden zahlreiche Presse- und Illustrierten-Veröffentlichungen über den gesamten bearbeiteten Zeitraum beigezogen sowie Briefe und persönliche Notizen des Bearbeiters.

Autor und Verlag bedanken sich für folgende Unterlagen

Die Bearbeitung der Beiträge S. 170–175 erfolgte durch Andreas Bolinder, Schweiz; S. 176–206 durch Ulrich Link, München (Beitrag S. 186–190 unter Beiziehung der Unterlagen von Andreas Bolinder)
Die »Deutsche Himalaja-Stiftung« sowie das »Deutsche Institut für Auslandsforschung« stellten freundlicherweise Fotomaterial zur Verfügung.

Abbildungsnachweis

Archiv R. Messner: S. 13, 26/27, 47, 49, 65, 66, 67, 68, 69, 70 (2), 72, 99, 101, 105, 111, 114, 119, 120, 121 (8), 122/123 (8), 124/125 (8), 126/127 (6), 137, 140/141, 142, 143, 144, 166, 187, 195 (2)
Deutsche Himalaja-Stiftung: S. 15, 16, 17, 71, 113, 135, 138, 142, 177, 178, 179, 192
Deutsches Institut für Auslandsforschung: S. 181 (2), 188 (3), 194 (1)
U. Grether: S. 85, 97, 102 (2), 103 (2), 153, 155, 158
A. Indrich: S. 139, 204/205
Archiv H. Schell: S. 199, 200/201 (4)
R. Stummhofer: S. 194 (1)
Grafiken: Hellmut Hoffmann, München. Die Abbildungen der Seiten 40/41 und 42 wurden nach Originalvorlagen aus Tomoya Iozawa, »Trekking in The Himalayas«, angefertigt.